三维信用论

吴晶妹 ·著·

当代中国出版社
Contemporary China Publishing House

图书在版编目(CIP)数据

三维信用论/吴晶妹著. —北京：当代中国出版社，2013.8 (2014.3 重印)
ISBN 978-7-5154-0312-0

Ⅰ. ①三… Ⅱ. ①吴… Ⅲ. ①信用理论—研究 Ⅳ. ①F830.5

中国版本图书馆 CIP 数据核字(2013)第 196988 号

出 版 人 周五一
责任编辑 李一梅
责任校对 康 莹
装帧设计 Faithink
出版发行 当代中国出版社
地 址 北京市地安门西大街旌勇里 8 号
网 址 http://www.ddzg.net 邮箱:ddzgcbs@sina.com
邮政编码 100009
编 辑 部 (010)66572154 66572264 66572132
市 场 部 (010)66572281 或 66572155/56/57/58/59 转
印 刷 北京润田金辉印刷有限公司
开 本 787×1092 毫米 1/16
印 张 19.5 印张 265 千字
版 次 2013 年 9 月第 1 版
印 次 2014 年 3 月第 2 次印刷
定 价 60.00 元

Preface

前言

察古观今，从诚信理念到诚信行为；从诚信文化到信用交易；从“君子一言，驷马难追”到个人信用评分，信用逐渐从抽象的意识发展、转化、演变成具体的、可交易的商品。这种商品是我们每个信用主体都拥有的资本。

信用是一种资本，是一种财富，可交易、可度量、可管理，有社会价值、经济价值和时间价值；信用是现代社会的生产力要素，推动社会经济的升级和发展；信用也是现代社会的消费要素，是我们长期积累的无形资产。信用资本以全新的方式参与社会资源配置，对经济增长具有重要的作用。信用活动与经济增长之间存在着高度的相关性。信用度越高的国家和地区，社会分工和市场交易越活跃，经济增长也就越快；同时经济越发达的国家和地区，对信用的要求也就越高。

信用资本在广泛参与社会资源配置的过程中，形成了新型的社会关系，随之产生了管理这种社会关系的全新管理制度、管理体系、管理政策以及管理部门，这就形成了社会信用体系。社会信用体系是市场经济体制中重要的创新性制度安排。全面推进社会信用体系建设，建立与经济社会发展水平相适应的社会信用体系基本框架和运行机制，是新世纪摆在每个国家面前的紧迫任务。无论是发展中国家，还是发达国家，无论是中国，还是美国，都不例外。

改革开放30余年的今天，我们需要的不仅仅是一个快速发展的社会，更是一个“和谐”的可持续发展的社会。无论是从道德层面，还是从经济层面，信用越来越受到人们的重视，社会信用体系建设也提上了议事日程。而这一切，都需要信用理论的发展与支持。

本人深知学术海洋的浩渺与深邃，信用理论的博大与精深，自己的渺小与浅薄，但却也“位卑未敢忘忧国”。作为学者，我担负着求索与奋进的责任。鲁迅先生说得好——“倘要完全的书，天下可读的书怕要决无；倘要完全的人，天下配活的人也就有限”。就让此书和我成为信用理论与实践发展的一粒铺路石子吧，成为靶子，当万千之箭穿身之时，那是我今生最高的荣耀。

《三维信用论》共设十三章，其主要内容包括：信用资本论，信用三维构成论，信用与经济、社会的关系，信用与社会信用体系建设，详解社会信用体系，建设社会信用体系的思考，政府信用监管，详解合规信用监管，政务诚信建设，商务诚信建设，社会诚信建设，司法公信建设，对中国征信业的思考，对中国信用评级业的思考等内容。

本书的主要特点是把吴氏的主要信用理论框架加以归纳整理，对主要定义、原理、量化分析做了概括总结，省略了数据分析与论证的过程，简明扼要地列举了吴氏相关信用理论的主要观点与结论。有概念、有结论、有思考、有示意图表，可读性较强，适合公务员、金融机构与工商企业信用管理高管、信用协会等相关社会组织负责人、高校研究人员、信用中介机构高级管理人员阅读。特别适合作为培训教材。

感谢出版社和王振德老师、李一梅编辑的支持与帮助。感谢我的助理高茜……其实，要感谢的人真的很多，无法一一列举，也无法用言语充分表达。在此，就对所有关心、支持并促成此书的老师们、同学们、朋友们、亲人们深鞠一躬吧！

最后，引用我曾在我的《金融经济学》前言中引用的、我最喜爱的先辈哲人的一段话，与读者共勉：“置身于一个伟大民族的变革时代，分享时代的艰辛挫折、爱与苦难、喜悦欢乐，拥有传奇与平凡、浓烈和淡薄。也许，这就是幸运。”我的探索，是我为自己寻找的属于自己的幸运，那么读者您呢？

吴晶妹

2013 年 5 月于中国人民大学明德楼

吴氏信用理论简介

三维信用理论是吴氏信用理论的核心。

吴氏信用理论是对信用一般活动规律开展基础性研究的应用性新兴学说。吴氏信用理论创新地定义了系列概念，构建了概念与概念之间的关系，尝试性地量化信用、统计分析信用、探索信用与经济增长及社会管理的关系，初步搭建了独树一帜的、较为完整的、系统的现代信用理论体系。

吴氏信用理论的主要特点是把道德精神层面的信用与社会活动、经济活动紧密结合，对人们常用但模糊的概念与理念作出了明确的定义与机理描述，对实践中存在的热点难点问题从理论层面上进行了分析和解释，理论逻辑论证与现实问题思考相辅相成，自成体系。

吴氏信用理论体系框架主要包括信用资本论、三维信用构成论、信用资本定价论、信用规模与结构及效率论、经济信用化论、信用供求论、信用产业链理论、社会信用体系认识论、政府信用监管论、三大征信中心论与多维信用评级论。

吴氏信用理论各子理论简介

信用资本论：信用是获得信任的资本，信用资本是有价值的，监管者和市场通过对信用主体的信用资本定价进行社会资源配置，信用资本需要社会管理。

三维信用构成论：信用由基本素质、社会活动、经济活动三维构成，表现为诚信度、合规度、践约度，用失信率、违规率、违约率度量。

信用资本定价论：信用资本价值是信用主体自己创造的，由社会相关方进行评价。信用资本定价合理是资源配置公平有效的基础，定价失误可能诱发信用危机。

信用规模与结构及效率论：信用作为独立的经济变量与经济增长有规律性的关系，信用规模及其结构的变化与经济周期密切相关，信用对经济增长的作用有正负效率之分。

经济信用化论：信用交易越来越成为现代经济的主要交易手段；信用风险伴随现代经济发展；经济信用化率是宏观经济运行的重要检测指标，是微观信用风险控制的参照值。

信用供求论：信用需求是无限扩张的，信用供给是有限的，供给与需求之间存在波动和平衡关系，供给与需求的总量及其结构的平衡关系是现代经济的新问题。

信用产业链理论：以信用资本为对象，市场形成从征信到信用评级再到信用风险控制与管理的信用产业链；现代社会分工形成的新兴信用服务业应有创新的产业政策支撑。

社会信用体系认识论：社会信用体系是现代信用经济的创新管理制度，全面统一协调解决信用资本定价与管理及信用产业链建设，实现信用资本配置的公平与效率。

政府信用监管论：政府信用监管的主要内容是制定以信用实现资本配置的新规则，确立信用激励与惩戒机制；是推动和实现社会信用体系建设目标的基础。

三大征信中心论：信用资本定价以信用信息的记录为基础；不同类的信用信息有不同的特点与应用；未来中国将形成行政管理、金融交易、商业信用三大征信中心。

多维信用评级论：信用资本定价以评级报告为主要传播途径，信用评级将形成公共、半公共、商业的多维发展，评级业将随着经济结构的调整而不断升级。

Contents

目录

第1章

怎么认识信用？——信用资本论

在现代经济中，信用变得越来越重要，但到底什么是信用却似乎变得越来越不清楚。重视信用、维护信用、管理信用、防范信用风险、防止信用危机、建设社会信用体系……一切皆需从认识与理解信用的概念开始。

一、什么是信用？信用的内涵与外延

什么是信用？信用是经济的还是社会的？对信用的理解，仁者见仁智者见智。有人说信用是人们的精神追求和道德规范，有人说信用是人与人之间相互信任的社会关系，也有人说信用是有条件让渡货币或商品以获得未来偿还和利息的一种经济交易活动，既是经济的也是社会的。

（一）怎么定义信用？

信用（Credit）是获得信任的资本。信用是其拥有者社会关系与经济交易活动的价值体现。信用由意愿、能力与行为结果构成。信用最终通过社会关系的声誉、经济交易的授信额度、行为记录与评价等表现出来。

信用是信用拥有者在社会关系、经济交易等活动中以自己的意愿、能力、行为获得他人信任而实现的价值。获得信任的标志或结果就是获得机会、形成社会关系、达成信用交易。

信用拥有者即信用主体，也即政府、企业、自然人。信用是信用主体的一种资本，是一种价值实现，是一种财富，可交易、可度量、可管理，有社会价值、经济价值、时间价值。

信用是一种资本。在现代社会中，资本是人们拥有的各种各样财富的总和。信用是新被确认的财富，是资本的新生构成。信用作为资本存在，是人类社会进步的表现，是社会经济运行方式从自然资源为主导向知识智慧为主导转变的标志。

在现代经济中，资本不再仅仅由实物财富构成，除了土地房屋、劳动力，还由各种各样的非实物财富构成，比如知识、信用等。因此，在现代市场经济条件下，在衡量经济主体资本构成与资本总量的时候，就会去考察和度量他们的实物资本、知识资本、信用资本等。

说到财富，人们往往忽略了信用资本这种无形的财富。信用资本同样是人们财富总和的一部分，就像土地、房屋一样，给人们带来利益，实现人们的预期目标。与其他财富相比，信用资本带给人们的利益更强大，更多样化，既包括经济利益，比如资金等，也包括社会利益，比如信誉等。

信用是一种资本，是资源和财富。如何才能拥有这种资本？信用主体具备诚信道德的基础素质，就拥有诚信度资本；信用主体遵守社会行为准则的要求和制度规则的约束，就拥有合规度资本；信用主体在经济交易中达成信用交易，履行契约规定，就拥有践约度资本。信用主体具备三个维度的所有资本，就拥有信用总资本，就拥有这种资源和财富。

在现代信用经济中，社会与市场既按传统的真实资本配置资源，又按信用资本配置资源，以达到资源配置公平、有效的最优状态。从这个意义上说，信用已经成为一种生产要素，与劳动力、土地、资本、技术、信息等共同参与社会资源配置，并在一定程度上持续提高社会资源的配置效率，形成社会生产力，促进经济增长。

（二）信用有广义与狭义之分

广义的信用，即获得信任的资本，是社会与经济领域的综合，包括三部分内容，即诚信资本、合规资本、践约资本。诚信资本主要是指信用主体的诚信道德、文化理念、精神素养等基础素质；合规资本主要是指信用主体在社会活动中遵守社会行政管理规定、行业规则、民间惯例的水平与能力；践约资本主要是指信用主体在信用交易活动中的成交能力与履约能力。社会信用体系建设，对应的就是这种广义的信用，就是要进行诚信道德文化建设，社会活动管理合规建设，经济交易践约建设。这个范畴的信用，对应的是社会全面健康发展。只有加强此范畴下的信用建设，才能促进社会全面健康的发展。

每一个信用主体不一定同时、同水平具备这三种资本，例如，有的人诚信资本特别高；有的人根本就没有诚信意识，信用资本缺失或为“零”；有的人尽管诚信素质差，但为了某种目的，也能表现得具备践约资本，可以遵守交易规定，履行合同，践约承诺；有的人在经济交易上违约，践约资本缺失，但在社会活动中，能遵守社会各方的管理规定，具有合规资本等。诚信、合规、践约三个维度之间相互支撑，相互影响，又互有转化，只有同时具备三个维度的资本，才能全面拥有信用总资本。

狭义的信用，即获得交易对手信任的经济资本，主要包括在金融借贷、有价证券交易、商业贸易往来等交易活动中，信用主体所表现出来的成交能力与履约能力。人们常说的信用风险管理，国际上流行的信用风险管理模型与流程，银行信用风险管理，企业信用风险管理等，都是这个范畴。狭义的信用，对应的是市场，是为经济交易服务的。

更狭义的信用，即信用是获得金融借贷交易对手信任的经济资本，主要是指在银行借贷活动中，信用主体所表现出来的获得借贷的能力与按时还款、履约的能力。一般人们所说的信用都是在以偿还为条件的交易活动中。这是最早的、最基础的对信用的认识，对应的是借贷市场与借贷关系，是为借贷交易双方服务的。

（三）信用的实质

信用是获得信任的资本，其实质是虚拟资本，是信用主体自身拥有、社会或他人赋予的人文资本。在社会活动与经济交易中，人们一般都会对所交往的信用主体遵守信用的意愿、承诺践约的能力、已有的信用行为给予一种综合判断，这种判断实质是一种价值判断，以此价值判断为基础，人们决定授予该信用主体某种机会、某笔商业交易、具体的融资金额。所以信用是有价值的、虚拟的社会人文资本。

信用，作为一种虚拟资本，符合一般虚拟资本的特点，也满足一般虚拟资本与实体资本的基本关系：

信用虚拟资本与实体资本并行，即信用这种虚拟资本是以信用主体的实体资本为基础的。这主要表现在两个方面：一方面，信用主体若没有自身实体资本的支持，很难获得他人信任，拥有信用虚拟资本。从这个角度说，信用主体所拥有的实体资本的大小，将直接决定或影响其信用虚拟资本的多少；另一方面，信用虚拟资本的价值最终将通过实体资本的增长体现出来，即信用是虚拟资本，它自身不能创造实际价值，信用主体只有把自身的信用虚拟资本附加在实体资本中、体现在社会活动中、植入实际的经济交易里，才能实现信用虚拟资本的价值。也就是说，信用主体所拥有的实体资本及其有效运用，是信用虚拟资本价值存在并实现的前提。

信用虚拟资本与实体资本分开运行，即信用虚拟资本独立于实体资本之外，独自运行。这种独立主要表现在两个方面：

一方面表现在信用虚拟资本有自己独立的范畴，主要是信用主体的诚信资本与合规资本活动所涉及的范围，是信用主体的诚信道德、文化理念、精神及在社会活动中遵守社会管理的行为。从微观上说，这是信用主体的信用资本水平，从宏观上说，这是一个国家或地区信用资本的社会发达程度，具体体现在社会综合信用文化与环境中，这些是超越了实体资本的。

另一方面表现在信用虚拟资本有自己独立的运行规律。诚信资本、合规资本、践约资本的运行规律主要涉及人类文明与进步、社会制度与管理水平、信用交易规模与规则，这些均与信用主体的心理、行为、水平有关，任何实体资本的运行规律，如价值运动与价格波动理论，都不能描述微观信用主体的特征与宏观信用环境与秩序的影响因素。信用有自己的运动规律。

未来的经济是信用经济。但究竟什么是信用经济？在信用经济条件下，人们的价值观、价值取向、社会行政管理运行规则应该是什么样的？政府的监管应该定位在哪里、职能和方向是什么？运行的制度和办法又是什么？信用经济已经到来，但全世界谁都没有准备好。对于信用经济，相应的社会制度、社会管理机制都没有成体系地建立起来。所以，在 21 世纪初期，世界就敲响了巨大的世纪警钟，那就是全球化的信用危机。看来，我们只了解实体经济，是远远不够的。社会在进步，资本在发展，该是我们揭开信用资本面纱的时候了！

二、信用有什么特点？信用的四大特征

信用的特点与信用的实质属性密不可分。信用作为一种经济性、社会性的虚拟资本，具有归属性、标识性、传散性和社会性等特点。

（一）信用有归属性

信用作为资本，当然要有明确的归属，要有清晰的所有权。信用是有名有姓的。我们经常说某人信用好，某企业信用好，信用就像是人、企业等微观经济主体经济活动的身份证。

信用的归属性表现在两个方面：信用有所有权，信用是私有的。

信用拥有明确的所有权。企业的信用所有权，就像其他资本所有权一样，是企业的财产，既是无形资产的一部分，也影响实体资产，体现在债权债务交易的记录中。个人的信用所有权，是私有的，是神圣不可侵犯的。个人的信用所有权，既体现在自己的信誉资产中，也表现在自己的债权债务交易中。无论是企业，还是个人，信用所有权，应像其他资产所有权一样，受到法律的保护，对其造成的任何侵害，都要承担后果，要负法律责任，要赔偿。

在现代市场经济中，信用的归属性特点表现得越来越明确，并且应用性越来越强。以此出发，我们就可以理解征信活动存在的基础，即征信活动的理论基础源于现代信用的特点，源于信用的归属性。我们为什么能够征信，因为每个人的信用不同，并且不同的信用属于不同的人，这种强烈的信用归属性，可以使我们根据信用识别每个不同的人。就像根据相貌，我们可以分辨出张三、李四、王五一样，根据每个人的不同信用活动记录及其信息综合，我们就可以同样识别出张三、李四、王五。从这个角度说，信用就是我们的另一张身份证。

这张身份证也有代码，有编号，是我们个人信用身份的唯一识别标识。信用身份证不是别人赋予的，而是我们自己在信用行为和活动中的表现不断累积，被记录，被采集，是我们为自己制作的身份证明。在市场经济比较成熟的征信国家，比如美国，企业或个人的身份识别编码不仅可以作为信用身份的象征，而且可以借助这个编码，按照不同的权限，进入庞大的信用数据库查询信用信息。目前，我国的企业和个人信息也已经积累到一定规模，在人民银行的征信系统、地方政府的信用数据平台、地方高新技术园区等区域性信用信息数据库中，企业和个人

也可以顺利查询信用信息，识别信用身份。信用这张身份证的功能越来越强大，越来越完备。

正是这个特点，才使信用这种资源与财富能被确立并发挥功用。这种资源与财富为政府、企业、院校、各种团体和个人等各自拥有，社会各界有必要维护自己的信用，培育与增加自己的信用资源与财富。信用的标识性与所属性是企业与个人诚实守信的利益基础，是追求信用的动力源，是形成良好的社会信用环境与信用秩序的内在力量。

信用的所有权是私有的。信用资本是信用主体拥有的，是占有性的，是有明确所属关系的。从经济学角度讲，与实物资本一样，信用资本是有明确所有权的。信用主体拥有的信用资本就是该信用主体拥有的私有财产，是神圣不可侵犯的，是受到法律保护的。

企业的信用资产是企业总资产的一部分，与实物资产一样，应该得到充分的尊重和保护，任何有损于企业形象、企业品牌等的行为，其性质就如同损毁企业的厂房、破坏生产流水线一样，应该受到法律的制裁。法律的基础和原则是一样的，只是具体的法律名称和条款有所区别。比如侵害厂房、生产线的条款在经济法里有所规定，损害企业形象和品牌的条款则是在将来的信用法律法规里。

个人的信用资产是个人财富的一部分，与个人实物资产、个人收入一样有隐私性，是神圣不可侵犯的私有财产。任何损害个人信誉、个人信用关系等的行为，其性质就像侵占个人的汽车、房屋等实物资产一样，应该受到法律的制裁。成熟的社会管理制度，应该包括对个人信用资产的确定和法律保护的范畴。

政府的信用资产与政府拥有的财产一样，是政府总资产的一部分，是政府私有的。从这个角度上来讲，与企业和个人一样，政府作为社会信用主体，它的信用资产就是它自己创造和拥有的，是私有的，是别人不能侵害的，也是别人不能占有的，是受到法律法规保护的。任何污损政府信用形象、损害政府信用资产的行为，是违背社会对信用资本公认的理念，是社会不能容忍的，同样要受到法律的制裁。

认识到了信用资本私有性这个实质，就可以理解和解释：为什么人们在对信用主体进行信用评价和信用交易时，那么强调信用主体的信用记录、信用信息的隐私性、秘密性？正因为信用资本的这种私有性，并且企业、个人、政府，每个信用主体的信用资本都有这种私有性，所以每个信用主体自己的信用记录、信用信息等都构成其资本价值的一部分，都要在法律许可的范围内，在信用主体认可的范围内，在社会共识的条件下，享受法律法规对于这种隐私的保护。

（二）信用有标识性

信用有标识性，主要是指信用主体的信用记录、信用行为等综合信用信息应该用最简单明了，最容易流传的方式和符号标识出来，以便社会了解该信用主体的信用状况。信用主体是有差别的，每个信用主体的信用记录又是复杂多样的，信用信息是很庞杂、零散、无序的，要了解信用主体的信用程度与信用水平，需要一定的时间，需要一定的信息搜集，需要一定的信息整理，甚至需要专业知识与信用管理技术。这不是社会公众自己能做的事情，或者更准确地说，社会公众做这样的事情是不经济的。这应该是社会化的工作，应该由社会分工解决，应该由一部分人专门做这件事情，为社会提供这种信用标识性服务。

信用标识需要以信用记录为基础，需要社会多方努力，一般由能够拥有信用记录的机构提供这种服务。这种服务的主要做法是：把多种多样的信用主体，按照一定的信用管理理念分类；把庞杂、零散、无序的信用信息，按照一定的目的与用途分类整理；把多种多样的信用记录、信用行为等，按照一定的规则区分界定。然后用某些种数理、统计方法或建立各种分析模型，把这些整理好的综合信用信息加以处置，形成一个确定的结果，并用简单的符号表示这种结果。这种结果可能是分数，也可能是级别，比如张三信用 500 分，李四信用 680 分；甲企业信用 A 级，乙企业信用 BBB 级等。信用主体的信用状况被标识出来，信用主体的基本信用价值即被确定。信用主体被社会确定的信用价值形成信用资本，并可以发挥资本作用。

信用标识的社会表现。信用标识的方法与机构是多种多样的，不了解的人几乎无法区分，但是实际上都与对信用概念本身的理解与认识有关，并且无外乎三大类。

第一类：行业协会或自律组织。这些机构掌握着企业诚信度方面的信用信息和行为记录，为了加强行业内的诚信自律，对会员企业的信用信息归类整理，用明确的符号标识出每个会员的信用状况，有的可能用 A、B、C 类字母表示，有的可能用 1，2，3 等数字表示。行业协会或自律组织的这种做法是科学的，其理论基础是基于现代信用的标识性特点的，有理论根据，有社会需求，是正确的做法。

这种做法特别符合中国现阶段经济发展和社会信用体系建设的实际。社会上有了这种信用标识，行业自律组织规范会员企业的信用行为，督促会员企业树立自身的信用形象，就有了可供操作的工作手段，从而使整个行业的信用秩序得到有效改善，会员企业的发展环境得到极大净化。同时，可在行业内部产生一种示范和引导效应，带动更多的会员企业注重自身诚信建设，确立本企业的信用品牌。

政府职能部门拥有信用主体合规度方面的基础信用信息和违规记录，为了更好的、更有效的监管，政府职能部门以信用信息为基础，以信用分类为手段，开展信用分类监管。他们整理信用信息，对自己分管的信用主体按监管要求进行分类，区分信用等级，用标识性符号记录下来，一方面用于自己分类监管，按信用程度不同，对监管对象区别对待；另一方面，将分类后的情况、合规程度信用标识结果，有选择地向社会发布，比如“黑名单”，以此为社会公众提供了解和查询的渠道和平台。这种标识不仅使政府提高了效率，也为社会公众提供了公共服务。

政府职能部门的信用标识活动，是在信息时代，政府利用信用信息发挥监管职能，提高监管效率，提供监管服务的有效手段。从信用管理理论上看，政府职能部门的信用标识活动，其理论基础基于现代信用的标识性特点；从社会信用管理实践角度看，毫无疑问，政府职能部门的信用标识活动，是信用监管活动的重要组成部分。政府职能部门把信用主体的具体信用标识结果提供给社会，以这种信用公共服务产品的推广与流行，强有力地约束了社会信用主体的信用行为，培育和强化着信用主体的信用理念。政府职能部门的信用标识活动，有利于信用交易活动健康有序进行，有利于社会信用环境改善。

银行、担保、保险等主要授信机构，与客户交易的过程中，获得客户践约度方面的信用信息，而且这些机构也更关心客户的经济履约能力。他们为了达成交易，实现经济利益最大化，首先就要对客户在践约方面的信用状况进行判断，通过可识别的、有明确含义的符号标识出来，便于自己的客户管理和授信决策。

这些信用标识，与经济交易直接相关，通过科学、严谨的数理、统计方法明确区分信用主体的经济信用状况。经过信用交易实践的检验，这种标识更具有科学性，应用范围更具体，每个标识符号的针对性更强。授信机构甚至能够准确测算出每个标识等级或分数对应的授信额度分布区间，直接指导授信活动和实务操作。这些授信机构的标识性活动，已经逐渐成熟，已经技术化、制度化和程序化，在理论上形成信用管理专著，如《银行信用风险管理》、《企业信用管理》；在教育与培训中形成相应的、专门的信用管理应用课程，具体应用于相应的实践活动。

第三方的信用服务机构，专门从事信用主体的征信和评级工作，信息来源更为丰富，掌握的信用主体信用记录更加全面，能够标识出信用主体的综合信用状况，为社会提供该信用主体的基本信用情况和标识。信用服务机构作为第三方独立的中介机构，信用标识活动的社会性特点非常突出。这些机构发布的信用标识结果，有的服务于资本市场，有的服务于信贷市场，有的满足区域信用服务需要，有的满足一般社会公众需要，甚至有些时候，政府职能部门、行业自律组织、授信机构等主体也会参考第三方信用服务机构发布的标识结果，充分体现了这种标识活动和标识结果的社会性。

在理论上，这种标识活动形成了专注的研究领域，《征信技术》、《资信评级》等都是对这一标识活动的成熟研究体系；在实践中，征信和资信评级技术迅猛发展，服务领域、标识方法、专业培训等在深度和广度上极大扩展，不断提高着这种标识的科学性和公正性。第三方信用服务机构的信用标识活动以专业化、客观性、社会化的服务方式，为广大投资者服务，成为市场经济的有效组成部分。

信用标识的作用。信用标识活动应市场经济下信用交易需求、社会信用环境需求而产生，并随着市场经济的发展而发展，其特点与职能随着市场经济的要求而不断演进和深化。在市场经济发展的初级阶段，人们要求建立诚信度，要求培养社会基本信任关系，要求改善社会信用环境。这个阶段，人们强调诚信，强调遵守规范，还没有过多地关注经济交易信用，只要求对信用主体的基本信用状况加以反映。所以，这个阶段的信用标识活动应以信用信息记录为主，应注意信用信息的归集和整理，并能够采用简单、通俗的符号标识信用记录的结果，以满足社会公众的基本信用标识需求。

我国目前就处于这个初级阶段，行业自律组织、政府职能部门等都在开展信用信息的采集和分类、信用行为的记录和公示，这些都是信用标识活动必要的基础性工作。现在，有些行业自律组织、政府职能部门已经基于这些记录开始进行信用标识，并且已经把标识结果公告给社会。这说明，我国信用管理已经起步，正在按照应有的轨迹，健康合理地发展。

美国等发达的征信国家，信用标识活动已经发展到高级阶段，社会基本信任关系已经建立，信用环境和秩序已经相对完善，人们在此基础上，更加关注利用信用资本实现经济交易，获得经济利益。所以，高级阶段的信用标识活动，以信用信息的记录为基础，建立能够预测信用风险、推动信用交易的信用风险度量模型，揭示交易对手的信用风险，预测交易对手的违约概率，真正帮助信用主体规避信用交易的风险，提高交易的成功率。与美国相比，我国社会对信用标识活动的要求还没有普遍发展到这个程度，需求和目的是不完全一致的，所以盲目学习美国、盲目照搬一些信用模型，无益于我们的实践活动。

（三）信用有传散性

信用具有传散性特点，主要是指信用由信用主体拥有，信用水平的高低、信用价值的大小，由信用主体自我决定，由其自身的行为表现，但信用的影响并不完全受信用主体自我控制。这就好比人的名声一样，名声好坏是由自己的行为决定的，但是流芳千古，还是遗臭万年，不是由人自主决定的。“人过留名，雁过留声”是社会自然决定的。人是社会性的，是群体性的，人的信用必然会在人群中被传播，被议论，被评价。俗话说“哪个人前不说人，哪个人后不被人说”，人们茶余饭后议论的话题很多，诚信、信任、信誉等信用的一切，自然在其中。这是人性的特点。

信用的传散，形式多种多样，渠道也千变万化。可能是政府有组织进行的，也可能是民间自发的，更可能是社会公众无序进行的。总之，信用的传散是社会各界广泛参与的，是多元化的，谁都被传散，谁都传散别人。整个社会通过信用传散形成信用主体互相约束、互相监督的制约机制。其实这种机制就是失信惩罚机制，从这个角度说，信用的传散性就是社会建立失信惩罚机制的理论基础。

信用的传散性以信用的归属性和标识性为基础，在现代社会中越来越突出。或者换句话说，信用的归属性确定了这个信用行为究竟是谁做的：如果是张三干的，他到底干了什么；信用的标识性进一步确定了性质和结果：如果张三干的这件事，是不诚信的，只是获得信用最低分数 45 分，不及格。然后，人们就更加方便地议论张三了：张三不讲诚信，别和张三打交道……在现代社会中，由于信用管理制度的确立，信用管理技术的发展，信用的归属性和标识性被人们接受，并且广泛应用，信用将会被社会广泛传散。理解了这一点，就可以理解和解释为什么在现代社会，信用信息被重视，有价值，信用信息的结果需要社会共享。

从具体的金融角度说，信用是货币的一部分，正在流通着。例如，各种各类的商业票据、有价证券等都具有货币的性质，是更广义的货币，都在现代社会广泛使用与流通。从更广泛的角度说，信用作为一种名誉、一种标识、一种品牌，就像货币一样具有财富性，有价值，能携带，可以储藏，可以交换，因此，可以并且正在社会上流通着、传散着、流传着。

正是基于这个特点，在现代信息社会，借助通信系统与计算机系统，信用信息得以广泛地公开和散播。这种被公开和散播的良好的信用信息是一种无形财富，可以用来借钱还钱、买汽车、买房子等等。

信用的传散性是现代信用特点理论的一部分，我们刚刚总结出这个理论，是我们理论研究的落后与苍白，其实在实践中早已被广泛应用，已经有很多的具体社会实践活动。最典型的，比如行业组织之间交换、互通信用信息，政府直接发布“黑名单”，银行将不偿还贷款的借款人姓名、电话号码等直接登在报纸上，法院把判决后拒不执行的被告人信息直接公布在网站上等，这些都是信用传散性的典型社会实践活动。

信用的传散性是约束信用主体信用行为的一个重要社会方式，有利于社会信用环境的不断改善，有利于信用交易的顺利达成，可以降低信用交易风险，提高信用交易效率，使信用更好地发挥其资本的功能与作用，发挥信用应有的价值。

（四）信用有社会性

信用的社会性，主要是指人们在建立信用关系的过程中，互相影响，随波逐流，形成了群体行为，信用主体有追求自我信用社会化表现的特点。比如，即使有些信用主体自我诚信意识很强，诚信度很高，也非常愿意自觉遵守社会行政信用监管和行业惯例，也愿意承诺践约，遵守交易契约，但是，当自己做到这些的时候，并没有获得对手的应有认可，没有得到社会应有的肯定和评价。相反，那些不守信用的人，不遵守社会行政信用监管和行业惯例，也不愿意承诺践约，遵守交易契约，他们没有受到应有的惩罚，社会也没有形成这种惩戒机制。这样，遵守信用的人没有得到奖励，可能还会因此损失一部分利益，这些人就会逐渐向不守信用的人看齐，也会借助不守信用的方式，为自己牟取经济利益。整个社会就会形成一种效仿不守信用的集群效应，人们的道德心理追求就会倒向不诚信、不信任、不守约的一面。正如老百姓所说的“学好不易，学坏三天”，“好人难当”等。

信用的社会性，除了上述比较典型地表现在社会一般交往过程中，还集中体现在经济活动、信用交易领域。比如，银行住房按揭贷款，有些贷款不能偿还，原因很多，有银行管理的问题，有法律约束的问题，有监管制约的问题等，其实最主要的是消费者本身。很多消费者在申请住房按揭贷款的时候，并没有很好考虑自己的还款能力，大家申请，我也去申请，几乎形成全民按揭的阵势，大有“天塌大家顶着”的局面。一旦经济环境恶化，个人收入受到影响，偿还贷款就成为非常困难的事情，拖欠银行贷款就成为普遍的现象。这种情况不仅在中国存在，在国外也是如此，美国的次贷危机就属于这种情况。

信用的社会性，与人们的从众心理直接相关。人们作为社会群体的一部分，都有从众心理，所谓“法不责众”，是这种心理的一个很经典的应用概括。

信用的这种心理现象与心理活动直接受到社会信用意识、信用历史与文化、诚信道德观念与传统、信用行为惯例等的影响。信用的社会性具有浓重的人文色彩，体现着人文、社会的一切规律与特征，而这一切将最终体现人与人之间的社会关系。这种社会关系最终构成了整个社会运行的信用环境，成为人类社会有序发展的基础。正因为信用具有这样的社会性，信用制度才会成为社会制度的重要组成部分，信用才会受到全社会的关注与重视。

也正因为这一点，我们应该深刻地认识到宣传信用、诚实守信、加强信用管理等信用问题，不仅涉及经济领域，还涉及道德文化传统、法律、社会制度、经济发展、政府职能等多个领域，是个复杂的社会性工程。

政府作为社会公众的代言人，作为社会的管理者，对一切具有社会性的行为，都负有引导、监管，甚至行政制裁与法律处置的责任与权力。信用突出的社会性，使政府对信用负有必需的监管责任。政府必须引导社会公众树立正确的信用意识，培养良好的信用行为，培育健康的社会信用环境，形成有序的社会信用秩序。政府对社会不良信用行为必须打击，对良好的信用主体及其信用行为，则要褒扬。

如果政府不做这些，就是在信用监管上的不作为，这个社会就缺乏应有的信用管理，后果我们已经尝到了。所以，现在有人议论说“信用是市场的事，政府不应管信用”；也有一些政府职能部门对社会信用建设持观望态度；有更多的政府职能部门官员，觉得信用关系到诚信，与经济建设无关，所以觉得宣传宣传就罢了，并不真正下大力气去抓信用建设，并没有把信用建设作为常规行政管理制度落实到日常的行政监管中。林林总总，这些都是不对的，应该重视并且确认政府在市场经济建设中必须狠抓信用建设，应发挥政府职能部门在社会信用体系建设中的作用。

三、信用有什么功能与作用?

如今，在全世界范围内，信用的地位越发重要。无论是 2008 年由美国次贷危机引发的全球金融危机，还是之后的欧洲债务危机，信用都在其中扮演着重要角色。那么信用具体有什么功能和作用呢?

（一）信用是资格与手段

信用是获得信任的资本。信用是对“信”的广泛应“用”，获得信任，使用信任，实现生产或生活便利，有了信用就有了实现这种便利的资本。信用资本的功能与作用就是使资本的所有者，即信用主体，获得各种便利的资格与手段。

首先，信用资本是一种资格，是在社会交往与经济交易中的一种水平象征。拥有信用资本，才能获得社会认可，才能与社会进行正常的交往，形成一定的社会关系，达成一些信用交易。拥有信用资本越多，表明信用主体获得社会认可的程度越高。正因为信用资本具有资格功能，所以在很多情况下，社会就会对信用资本进行评价，实际上就是在确定这种资格的大小和高低，目的就是要以信用资本的高低作为门槛，确定某种资质。比如，银行信贷授信要评价申请人信用，要确定他的信用价值，以决定是否授信和授信多少，这实质上就是首先决定他是否有被授信的资格，然后再根据其信用资本水平的高低决定授信额度的多少。再比如，政府职能部门对被监管人按信用状况分类，实施分类监管，信用良好的信用主体可以享受免检、绿色通关等多种便利，体现了信用主体具有这种资格，表明他与众不同的信用水平。

其次，信用资本是一种手段，提供无实物资本参与经济交易和社会资源配置的可能性。在传统经济条件下，人们拥有土地、设备、厂房、资金等，才能开展生产，达成交易，获得经济利润。具有实物资本似乎已经成为人们参与经济交易和社会资源配置的必备前提条件，否则就将“出局”。然而在信用经济条件下，人们凭借自身积累的信用资本，也可以完成融资、生产、销售等经济活动，获取相应的经济利润。

我们以前经常批判的“空手套白狼”，其本身并没有错，这些人正是认识到信用资本可以作为一种资源加以有效利用，看到了信用资本能够作为一种手段完成资金融通和价值增值，才成功套取“白狼”。这在某种意义上也是一种先见之明，是对信用功能充分认知的表现。这里的关键在于，这些人利用信用资本这种手段，成功套取“白狼”之后，是否仍然坚守诚信交易、承诺践约的基本准则。

如果人们能够坚持这种基本准则，并且不断提高自我约束力，那么信用资本这种手段的作用就发挥到了极致，“空手套白狼”将可能一直良性持续下去。这些人就是有效利用信用资本手段的先进典型。反之，如果违背了诚信原则，不能够继续以诚相待，这种“空手套白狼”的事情也就成为昙花一现，难以形成良性的循环。

（二）信用是社会资源配置的依据之一

众所周知，基本经济学理论与相应的管理制度安排告诉我们，社会财富与资源是以资本配置方式进行的，然而以资本配置资源容易造成贫富两极分化——富人更容易获得资源，穷人缺乏话语权与参与权，富人越来越富，穷人越来越穷，贫困阶层会不断扩大，社会财富将越来越集中于少数富人手里。

信用制度与信用建设很好地解决了这种方式带来的弊端。信用经济是以人为本配置社会财富与资源，富人和穷人只要有信用，就有平等地参与竞争的权利与享受社会资源、平等发展的机会，在一切不变的条件下，可以最大化地提高社会公众的综合福利，特别是可以提高平民参与社会财富与资源配置的机会，在很大程度上有利于消除贫富差距，弱化社会矛盾，提高社会综合福利，促进社会和谐发展。

信用资本作为一种手段使人们能够参与社会资源配置，这体现了一种社会公平。信用可以与土地、资金、房屋、劳动力一样，作为人们的财富象征，在市场上获取参与交易的机会。人们可以凭借信用资本实现自己的目标，参与社会资源配置的手段更加多元化，每个人都可以利用自身最优势的财富，获取自己最需要的社会资源。在这样的环境中，“不以出身论英雄”，穷人越穷，富人越富的局面将被打破。穷人照样可以通过不断积累自身的信用财富，获得社会交往和经济交易必需的资源，实现心中的梦想。整个社会也向着更加和谐、公平、人性化的方向迈进。

信用是虚拟资本，社会发展赋予了人们拥有这种社会人文资本的机会，用一套新的制度和办法让每一个人都能积累和提升自己的这种资本，并以此公开、公平地参加社会人文资源与自然资源的分配。以前，社会资源的配置，主要针对的是自然资源，主要运用的方式是以实体资本的多少分配，当然，实体资本的范围也日益扩大，从土地、厂房、机器到劳动力。在信用经济条件下，社会资源配置的领域不仅包括自然资源，还要涉及社会人文资源，主要运用的方式与配置的依据不仅要有实体资本，还要有信用资本。

在现代经济中，有信用的人或企业，就会获得更多、更好的机会，获得更多的社会资源与自然资源，而缺乏诚信道德，或违反社会信用规则的企业，就算该企业很著名、实体资本很强，具体的信用交易都不违约，但只要发生了诚信道德缺失的事件，社会就不会容许该企业的存在，市场也淘汰该企业，该企业再没有资格参加资源配置了。美国的安达信、中国的冠生园、三鹿等事例不胜枚举。

在现代信用经济中，信用资本是社会资源配置的新依据与新方式。作为资源配置的新依据，信用资本比实体资本来得更直接，有时能发挥一票否决的作用。没有信用，就没有一切。可见，信用资本是社会资源配置最好的选择：解决了没有统一、社会公认的手段配置社会人文资源的问题，丰富和扩大了社会资源配置领域与手段；补充和调节了仅以实体资本配置资源的不足与漏洞。从实质上看，这是虚拟资本的积极作用，毫无疑问，信用的发展会极大地促进社会进步与经济的健康发展。

四、信用有价值吗？信用资本价值的形成与决定

信用是资本，当然是有价值的。信用的价值最终是由社会决定的，社会要有相关的评价机构进行各种信用评价活动。社会信用资本评价是多元化的，大体可以分为公共性、非公共性和准公共性信用资本评价。

（一）信用资本的形成与积累由信用主体决定

信用主体既是信用资源的拥有者，也是信用资源和财富的生产者、创造者和

维护者。信用财富的大小取决于信用主体对信用的追逐、对信用的认识以及对信用行为的自我控制力和实现力。信用这种资源、财富，也像自然资源与财富那样，在不同的经济主体、在每一个人身上不均等地分配，或大或小。只是信用的这种不均等，可以由自身决定，而不像自然资源与财富那样，更多是由出身、地位等非自主因素决定。

信用这种资源和财富一直存在于每个主体体内，只是现在被主体们逐渐认识到了，也被社会逐渐认识到这是资源，是财富，可以开发和利用，可以凭着这种资源和财富参与社会的交易、分配等。有些主体先认识到了，这一部分人就先有了信用的意识、概念与行为，他们的资源就先被利用起来了。发达国家，人们已经普遍理解这个问题，人人都学会了开发自己的信用，学会使用自己信用资源与社会进行交换，在我国，还只是少部分有知识、有阅历、有层次的人认识到这个问题，大部分人还尚在懵懂中。

信用资本（CC，Credit Capital）是信用主体拥有的财富。信用资本只能由信用主体自我决定，自己拥有。与实物资本相比，信用资本不能赠予，不能继承，不能转让，不能购买，只能靠信用主体自己生产、创造和维护。信用资本随着信用主体的存在而存在，如果信用主体消失了，那么信用资本的应用价值也就不存在了。

（二）信用资本的最终价值由社会决定

信用资本这种资源和财富是信用主体拥有的，每个人拥有多少不同，那么这笔资源和财富的价值量究竟有多大，不能由拥有者自我评定，而是由社会第三方或管理机构来界定，或直接购买和交易这笔资源和财富的交易方来决定，所以社会要有相关的评价机构，要进行各种各样的信用评价活动。

信用资本的价值由社会评价，这种评价大体有三类：第一类是评价信用资本的经济价值，进行信用交易风险评价，衡量的是违约概率与风险损失的大小；第二类是进行社会规则和秩序的评价，即合规性评价，衡量的是信用主体遵守政策规定和法律法规的守信情况；第三类是进行诚信道德和信用基本素质的评价，即诚信度评价，衡量的是信用主体是否具备诚信意识和精神原则。这三种评价都是社会需要的，都是客观存在的，都是为社会服务的，它们各有侧重，互相补充，构成信用资本价值评价的全部，为市场经济的成熟与完善及其多元化、为信用主体发挥信用资本作用、发现和确定信用资本价值，提供了一种机制。

每个主体拥有的资源和财富都是由他自主创造的，大小是不同的，并且有时大，有时小，从社会上来看是不规则的，因主体不同而千差万别，这种资源和财富很难在社会上实现其价值，会产生相应的分类、加工机构，比如对信用信息处理和加工的报告类机构，它们把不同信用主体生产创造的不同规则的信用资源和财富，按照一定的原则分类并报告给社会，提供给需要交易的机构，比如说银行。

这种资源和财富是主体生产开发创造的，是可以拿来在社会上交换的，与谁交换，资源和财富的价值如何实现，有人、有机构愿意交易它的财富和价值，就有了交易机构。那么，社会就形成围绕着信用资源和财富进行定价、分类、加工、交易的各种各类机构，形成相应的管理体系和产业链。

（三）信用资本定价——不同性质的信用资本

信用资本是信用主体私有的。信用资本的评价是由社会进行的，这种社会信用资本评价是多元化的。所谓多元化社会信用资本评价，就是指评价主体多元化、评价目的多元化、评价结果应用多元化。无论怎样多元化，归根结底，从性质上划分，大体上可以分为三大类：公共性、非公共性与准公共性。

公共性信用资本评价。凡是评价目的是出于社会管理需要的，评价行为对社会产生影响的，评价结果用于社会的，这些评价活动都属于公共性信用资本评价。评价过程应该公开透明，包含评价结果在内的报告与公告等就是公共产品。属于这类的，大体上包括诚信度评价和合规度评价。具体来说，行业协会、商会、联盟等民间组织开展的诚信评价；政府职能部门开展的信用监管评价就属于这个类别。这类评价往往是用于社会对信用主体的综合判断，是信用的一种综合形象反映，是社会信用监督的一部分，是社会对信用资本存在、信用资本价值认可的一种方式。

非公共性信用资本评价。凡是评价目的是为了自己管理需要的，评价行为不会对社会产生直接影响的，评价结果用于自己授信和管理的，这些评价活动都属于非公共性信用资本评价。其评价过程没必要公开，也不应该要求被公开，其评价结果就是非公共产品，是自用的商业性产品。属于这类的，大体上包括银行信贷授信管理中对客户的信用评价；企业信用销售中对客户的信用评价；担保公司、信用保险机构等在提供担保和信用保险服务时对客户的信用评价等等。这种评价活动不属于社会信用监督范畴，其实质是自我信用风险管理和控制，是授信主体对客户是否拥有信用资本、客户信用资本高低、信用资本价值大小确认的一种方式。

准公共性信用资本评价。这一类是备受人们争议的。这类的信用资本评价活动主要包括信用中介机构的信用评级活动。比如资信评级机构、征信报告机构、资信调查机构的信用报告、信用评价活动。他们与行业协会、政府职能部门等开展的信用评价有本质的区别，不是诚信度、合规度的社会综合信用评价，不用于社会信用监督；与银行信贷授信、企业信用销售的信用评价活动也有本质区别。

这种准公共性信用资本评价活动的准公共性体现在以下三个方面：

第一，它评价的目的与行业协会、政府职能部门的信用评价不同，它不是为社会公共监督、组织自律、行政监管服务，所以它不具有完全的公共性。

第二，它的评价结果的用途与银行信贷授信、企业信用销售的信用评价不同，它不是为了自我信用风险管理和控制，所以它不具有清晰的非公共性。

第三，它的评价目的和评价结果具有社会影响，影响社会公众的投资判断和选择，甚至投资行为本身。例如在债券发行过程中，资信评级机构对发债主体和债项的信用资本价值评定级别高，债券发行规模就会扩大，在二级市场上的交易就会更加活跃。美国的次贷危机，正是由于资信评级机构对信用衍生工具的信用

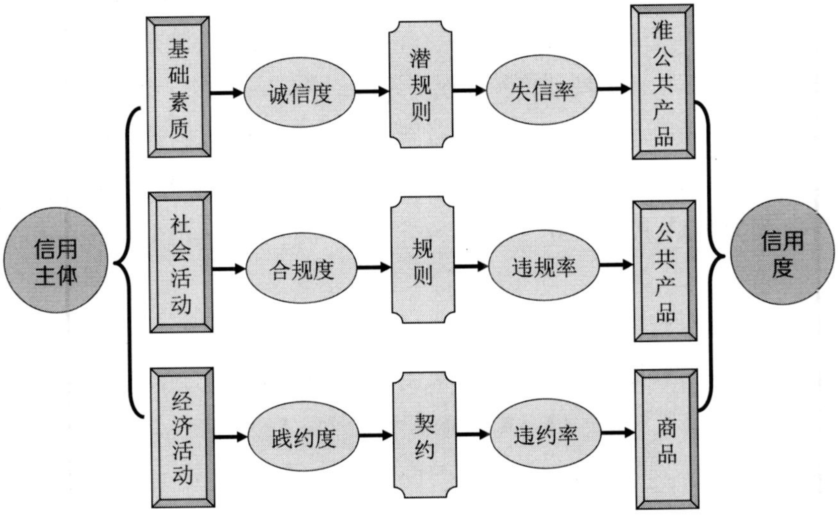

图 1-1　吴氏三维信用资本结构与机理示意图

资本价值评定级别很高，才出现二级市场频繁交易，规模无限扩张的危机局面。所以，它具有一定程度的公共性。

资信评级机构、征信报告机构、资信调查机构等信用评价机构，作为客观、独立的第三方，作为市场经济的中介组织，科学、合理、客观地发现和评价他人的信用资本价值，是其机构存在的必然，是这种机构的功能与作用，是市场经济中信用交易、信用资本定价的一个重要组成部分，是被社会需要的，是应该被认可的。这种信用资本评价活动从中介组织的角度，发现信用主体的信用资本价值，并且客观的定价，为社会认识信用主体是否存在信用资本及信用价值大小提供参考和依据，信用主体在社会交往和信用交易中的被认可程度受到影响，为社会提供了信用资本的价值参考，所以是一种不完全具备公共性质的准公共性产品。

认识到信用资本公共性和非公共性的实质，就可以理解和解释：为什么人们总是争论信用资本评价产品的性质，有人说它是公共的，有人说它是商业的。这实质上就是把信用资本本身的属性与信用资本评价的性质混为一谈。其实，信用的实质是资本，资本具有天然的私有性。但信用资本评价活动及其产品确实存在着公共性的可能，就像我们前面所说，有公共的、非公共的和准公共的之分。

五、为什么会有信用危机？信用是风险资本

2008 年的美国次贷危机实际上就是一次影响巨大的信用危机。信用资本的高风险性与系统性以及信用管理水平决定了信用危机的可能性与必然性。

（一）信用资本是高风险资本

信用的风险性特点，主要源于信用的实质，即信用是一种资本，更是一种虚拟资本。人们在社会交往、信用交易中建立起了信用，并发挥信用资本的作用，实现其信用资本价值。在这个过程中，交往的双方要不断认识对方是否有信用资本；信用资本价值有多大；应该与他交往到什么程度。对这些问题的回答与事实有差别，就会产生风险。比如，有时因信息不对称、信用主体掩盖不利的信用信息，会影响我们的判断，风险就会出现，损失的可能就会出现；有时因我们对信用信

息的理解和认识不到位、分析技术和信息管理水平还不够，不能准确量化或科学判断对方的诚信度及信用价值，风险性也会显现。这种风险通常通过信用活动的时间间隔表现出来。

一般而言，社会信用活动可以分成两大类：

一类是属于经济活动的信用行为。一个完整的经济活动下的信用行为必然包括两个重要的环节，既承诺与兑现。承诺在先，履约兑现在后。这实际上属于契约行为，是一种制度安排。只有全部的交易活动完成以后，并经过一定的时间间隔，才能知道是否兑现以及兑现的程度，才能了解信用活动的具体结果。正是因为信用具有时间间隔性，才使得信用活动天然具有风险性。正是基于此，信用管理行业蓬勃发展，信用管理、征信与信用记录、资信评估、信用风险测量、信用风险防范等新型信用管理活动应运而生。

另一类是属于非经济活动的信用行为。这类信用行为以文化、道德、传统、惯例等作为基本前提，诚实守信是核心内容，不用具体约定，可以没有任何契约，但是大家都知道应该怎样去做，怎样才算是有信用。这类的信用行为没有具体的时间要求和界限，它时时刻刻地约束一切机构与自然人，它需要时间的检验，并且时间间隔可长可短。这种约束与随时可能发生的检验，是良好的社会信用环境的基本保障。

信用的风险性特点已经被人们普遍认识，并且在实践中不断开发出用于信用风险判别和预测的数学模型，信用风险管理技术日渐成熟，信用风险管理制度和程序日益完备。基于对信用风险性的认识而发展起来的信用风险管理研究、信用风险度量技术、信用风险管理培训等，是信用研究领域最为健全的分支之一。

在理论上，有信用风险度量理论、度量方法和技术演进的研究，有银行、企业、消费者的信用风险管理研究，如《信用风险度量理论与方法》《银行信用风险管理》《消费者信用管理》、《信用管理手册》等；在技术上，有信用风险度量、衍生工具定价等评估模型，如营运资产模型、Z-Score 模型、KMV 模型以及本书的三维信用度量理论模型等；在教育和培训上，有高校的信用管理科班教育和职业培训体系。

（二）信用资本的风险是系统性、社会化的

风险就是损失的可能性。系统性风险就是系列、连续损失的可能性。系统性

风险的显著特征就是风险很容易溢出和传散，所有的直接、间接参与者都会受到损失，损失是惨重的、普遍性的，几乎没有例外。信用资本的风险就具备了这些特征，美国次贷就是最好的例证。

20 世纪以来最大的金融危机还在蔓延，危机的源头是美国的次贷，即次级抵押贷款。美国抵押贷款市场按借款人信用条件划分为两个层级：优惠级（Prime），其信用评分一般在 660 分以上；次级（Subprime），信用评分一般在 620 分以下。次级借款人的信用条件与特点是无稳定收入，无财产证明文件，债务负担重，次贷利率为 10 年内可调整利率，比一般利率高。次贷在美国人口高度集中和经济不发达的地区很受欢迎，属高风险、高收益的抵押贷款产品。

次贷的贷款机构依据的是房产价值，而非借款人的偿债能力，换句话说就是谁贷款都行，只要买房子，他们的理念是反正也不长期持有贷款，很快证券化转卖投行，所以大量发贷。贷款机构在业务操作中，一方面，手续上无需资金证明、无需偿还能力证明，无首付或首付低于 6%；另一方面，没有按有关法律规定向借款人披露贷款利率风险。实际上，当利率变动幅度很大时，很多贷款人无力负担月供，只得卖掉住房或停止还款。

次贷的借款人，在房价上涨诱惑、房贷条件宽松、手续不严格的情况下，都纷纷申请，滥竽充数，不讲信用。有资料表明，假收入证明很普遍，90% 的贷款人高报个人收入 5% 以上，60% 借款人虚报收入超过实际收入一半以上，德意志银行直接称此贷款为“骗子贷款”。

从此次金融危机我们可以看出，金融机构的信用风险管理不尽如人意。有人一直认为，信用说到底，就是信用交易，就和交易双方有关，以为银行等授信人自己管好即可，他们自己会考虑成本与收益而进行信用管理，与社会、政府无关。但实践告诉我们，银行等授信人的信用管理很局限，经常期望利润而轻视风险，特别是当风险成为系统性、群体性、市场化的时候，金融机构们完全无能为力。

这次美国金融危机的实质就是信用危机，而信用危机的实质就是信用资本被高估—信用资本膨胀—信用资本价值回归过程。这是一个系统性的过程，是一个不断扩大、深化、蔓延的过程，在此过程中，没有人、没有机构能幸免。这是全局性的，由忽视诚信和高估信用资本引发。这种高估的信用资本风险不能通过任何形式再分散和转嫁，全社会都在高估，而且已攀升到一定程度，风险积累到不可分散，从而这种虚拟资本的泡沫只能靠破灭来了结不合理的一切。

（三）现代信用危机发生是必然的

现代信用危机是信用过度扩张的过程，是从货币金融领域发起，扩展到实体经济，进而蔓延至全社会的过程。首先涉及银行等金融机构及资本市场，然后影响商业企业及贸易市场，最后波及所有社会公众，影响社会环境，恶化社会秩序。

现代信用危机的主要表现是大批银行等金融机构倒闭、企业倒闭，企业家及高管们自杀，广大投资者受损，消费者无消费能力，社会公共福利下降，政府忙着救“火”，财政注资重要金融机构等，社会信任关系遭到严重破坏，人类的诚信文化与道德理念及社会管理规则与制度遭到挑战，社会全面反思。21 世纪之初的美国信用危机就是一个很好的例子。

现代信用危机首先会发生在发达国家，发生在经济繁荣期，然后会蔓延全球，导致经济萧条，因为只有发达国家才会使信用虚拟资本生产过剩。他们自认为社会制度完美、社会文明进步、社会管理先进、风险模型科学，经济快速发展可以支撑一切交易价格的上涨，很容易过分乐观、过分高估社会信用资本，使信用资本交易远远大于实体资本交易与经济增长水平，其中高估的、过剩的就是社会诚信水平与社会管理水平。

所以，有人问，为什么美国危机了，而我们没事？看来，这个问题不难回答。这一点，广大发展中国家，那些仰视发达国家的所谓不发达的国家们，在谨慎、如履薄冰的发展中，不会犯这样的错误。发展中国家的信用从来都被霸道的发达国家们低估！信用资本生产不足，信用虚拟资本价值没有完全体现在社会活动与经济交易中，是广大发展中国家的通病。

现代信用危机的一般原因是信用虚拟资本的生产过剩。从微观上说，主要是授信人高估信用主体的诚信资本、社会活动合规资本、经济交易践约资本；从宏观上说，主要是整个社会乐观地高估公众的诚信与合规水平及践约能力，使信用资本总水平在过度虚拟中形成泡沫，信用交易总规模过度膨胀。最终，将从某种信用最被高估的交易产品上开始，泡沫破灭，所有信用交易产品价格暴跌，所有授信活动剧烈收缩，债权债务关系恶化，社会活动违规、经济交易违约现象普遍，社会诚信缺失。

所以，现代信用危机的过程就是信用资本泡沫破灭、信用价值回归的过程。现代信用危机过后，被危机洗礼的整个社会将会重新认识信用，并面临着诚信道德重建、合规管理制度改革、授信践约管理方法与手段改进等新问题。

实际上，现代信用危机正体现了虚拟资本的消极影响。高估的信用虚拟资本独立于、远远大于实体资本，这会使国民经济、社会环境与秩序发生动荡和混乱。信用危机，说到底，就是一种社会现象，这种社会现象是由某种普遍的集体行为导致，这种集体行为的实质就是无视诚信道德、违背社会基本规则，违反社会管理规定，不履行社会责任和义务，不履行交易约定与承诺。

信用危机发生的根源是社会不能正确评价信用资本，或根本没有建立起信用资本的社会评价体系。而这个问题的根源是社会还没有正确认识信用，没有把信用作为独立的、全新的、综合的社会问题来对待。

理论已告诉我们，信用是有价的；实践已告诉我们，信用价值的判断是全球性的新问题，我们没有老师，中国和美国的起点一样。我们都要从研究信用资本的运动规律开始，到社会活动的信用规则、信用监管规定、授信风险管理办法、法律约定、信用记录、信用评级……这都是社会信用体系建设的内容。

六、信用为什么需要社会管理？信用资本具有公共性

信用是每一个信用主体自己的资本，为什么要社会管理？信用主体从自身利益出发，需要将自己的信用资本最大化，这与社会能够接受的信用资本有限量之间必然形成矛盾。由信用主体驱动的信用资本规模无限扩张，而社会可承受的信用资本规模并非无限，有一个合理的平衡区间。如果缺乏管理或管理无效，信用资本与信用交易扩张超越了这个平衡的区间，社会秩序与市场交易将不堪承受，就会产生信任危机，信用危机必然爆发。因此，信用需要社会管理。

（一）信用资本属公共管理范畴

公共管理是由政府及其公共部门组织实施的，涉及政治、经济、行政管理、科学文化、法律等社会各个领域，目的是实现社会公共福利与公共利益。信用问题要由政府来管理吗？信用问题与社会福利及公共利益相关吗？

从上述对信用内涵与实质、信用资本特征等问题的分析，我们可以看到，信用是社会系统性问题。信用由三维构成：一维诚信，是社会文化问题，影响社会

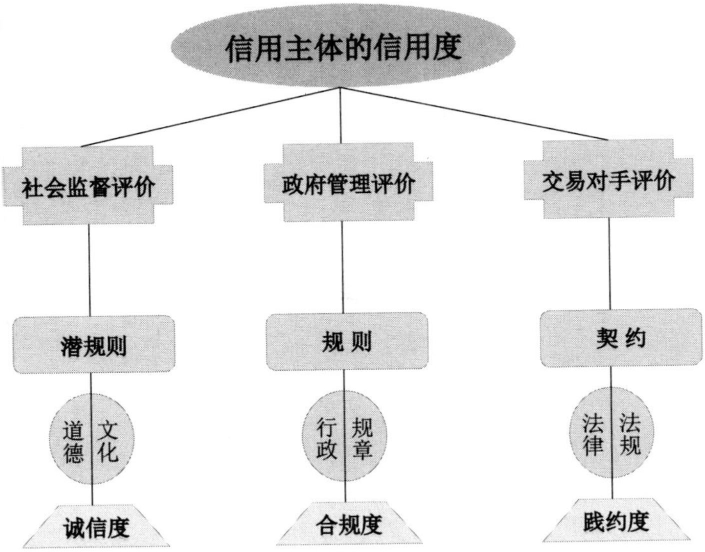

图 1-2 吴氏信用资本内涵与外延示意图

环境与公众信心，涉及公众的基本素质、价值取向、道德文化准则，应由政府宣传、教育、引导。二维合规，是行政管理问题，影响社会秩序，涉及公众行为、社会基本关系与准则、管理制度与办法，应由政府制订行政管理规则、监管、奖惩。三维践约，是经济问题，涉及交易双方的利益、市场的健康发展、经济增长，应由政府在宏观经济管理中特别制订信用交易宏观调控原则与办法。

信用问题，说到底，是社会问题，有些是约定俗成的由公众监督的潜规则，有些是已形成的明确的由政府行政管理的规则，有些是法律界定的依法建立的契约。无论潜规则、规则、契约，都具有社会性，只是依次渐弱，但都有公共属性。信用是社会规则；信用是公共问题；信用管理，政府责无旁贷。美国金融危机给我们带来很多启示。其中最重要的一条就是：在任何时候、任何领域都不能放任市场、忽视政府监管。

信用是资本，信用资本是虚拟资本，信用资本是高风险资本，信用资本风险是系统性的。所以，信用资本的评价要由社会认定的最权威、最公益、最能代表公众利益的机构进行，或组织他人实施。政府为了公共利益，有义务、有责任、以社会认可的方式，为社会提供信用公共产品和服务。

信用是社会资源配置的新依据，信用是社会公认、最公平的手段与方式，信用配置的不仅仅是自然资源，还有社会人文资源，信用可以一票否决信用主体参加资源配置的资格。这涉及社会利益问题，涉及社会成员共享的资源与条件。这是典型的公共管理问题。

（二）信用资本的应用需要社会管理

每个信用主体生产创造自己信用资源和财富的过程就是信用活动过程，在生产创造的过程中，表现的三维不同，有时脱离、有时结合，有时双向、有时单向，有时完美结合、有时分割，也正是由于这个活动过程是不规则的，是变化和起伏很大的，有时对自己有利会损害社会，所以如果加入管理约束和契约约束，就会使创造的过程符合社会需要，同时又令自我完美，达到自我实现。

与自然资本、实物资本一样，信用资本发挥作用、发挥其资本功能，不仅仅是信用主体自身的事情，也是社会的事情，需要全社会合理、平衡、统筹配置。比如，自然资源是全人类共同拥有的自然资本，这种自然资本的开发与利用是全人类共同的权利，是我们这一代人的权利，也是下一代人的权利。我们没有资格，也不能够以毁灭性的自然资源开发来换取当代经济的增长，否则，我们就剥夺了下一代人的权利。现在人们已经达成共识，最合理的方式应该是科学的、可持续性的开发自然资源，经济实现可持续增长、绿色增长。自然资本需要社会管理。

信用资本需要社会管理——与人们对待自然资源、自然资本的态度一样，对待信用资本，我们应该有同样的认识和态度：信用资本同样需要社会管理。信用资本是由每一个信用主体创造的。每一个信用主体都从自己的利益出发，希望并且用各种手段为自己创造更多的信用资本，以换取更多与社会交往的资格、信用交易的机会。因此，站在微观层面，从信用主体的角度看，每一个信用主体都会尽力使自己的信用资本最大化；站在宏观层面，从社会角度来看，所有信用主体生产制造的信用资本，不一定是最合理化、最高质量化的，甚至可能是劣质的、是泛滥的，这种情况就是全社会信用资本过度，信用交易过度，信用危机。

信用资本需要社会管理——信用主体从自身利益出发，需要将自己的信用资本最大化，与社会能够接受的信用资本有限量之间形成矛盾。由信用主体驱动的信用资本规模无限扩张，而社会可承受的信用资本规模并非无限扩张，有一个合理的平衡区间。超越了这个平衡区间，社会信用资本就会泛滥无度，存在信用危机的隐患。所以，我们需要社会管理来平衡这种矛盾关系，把信用资本规模的扩张稳定在合理区间之内，维持信用资本自身的平衡状态。

信用资本需要社会管理——信用资本与自然资本有一定的平衡关系，就像虚拟资本与实物资本平衡、虚拟经济与实体经济平衡一样。信用资本与自然资本一样，同是社会资本和财富的一部分。人们运用信用资本获取自然资本，配置自然资源，使自然资本的运用更加充分，更有效率。但是在信用资本与自然资本之间，也必须保持相对的平衡状态。如果信用资本无限度扩大规模，远远超过支配自然资本所需要的上限，那么也会带来信用资本的贬值，不仅不能提高自然资本的配置效率，反而有可能引发严重的资源配置失衡和信用危机。所以，我们需要社会管理来解决信用资本与自然资本之间的矛盾，维持信用资本与自然资本的平衡。

当人们忽视诚信道德、甚至制造各种假资质证明伪装诚信的时候，信用主体表面上骗取了诚信和信任，获得了社会的正面评价，但这种评价是虚假和不科学的。信用这种资本的价值的确是由社会评价的，但评价结果与信用主体的真实情况相反，不但不能客观反映信用主体的信用资本价值，而且还容易造成一种假象和误导。所以，对信用资本的管理是必要的，也是具有现实意义的，并且这种管理还必须形成体系化的一整套管理制度和机制，包括对信用资本的价值评价，对信用信息的归集和更新，信用奖惩机制的建立和运行，信用法律法规的健全和完善，信用意识的宣传和教育等一系列相关管理工作，要形成完整的体系，才能发挥管理的真正效用。

仍以美国次贷危机为例，信用主体实现了自身利益最大化，但是信用资本总规模超越了社会承受底线；信用衍生工具实现了无限交易，但是打破了信用资本与自然资本之间的平衡。所以整个社会的信用资本基础轰然倒塌，信用资本本身以及信用资本与自然资本之间矛盾激化，爆发了震惊世界的次贷危机。在人们的认识观念里，普遍认为美国的信用体系非常健全和发达，信用风险能够在一定的范围内被有效控制，信用资本推动经济发展，有效配置自然资本的作用发挥得淋漓尽致。从美国次贷危机的现实来看，情况并非如此，信用衍生工具肆意扩散、二级市场过度交易、信用资本无限放大，最终爆发危机。

值得深思的是，通过美国次贷危机，我们还看到另一个事实：美国人都具有诚信意识，这是一种误解。美国的信用法律法规已经建立，社会信用信息管理已经形成庞大的数据库系统，信用奖惩机制已经发挥实质性作用，这些都是不争的事实。但是并非每个美国人都有诚信，美国政府也没有把信用合规监管和诚信道德宣传作为一个重要的工作内容。在某个单独的领域，如银行，美国的信用风险管理制度可谓严格，信用定价机制也非常成熟，但是从全社会来看，美国实际上忽视了诚信与合规的信用管理。

美国次贷危机就是假定美国人都具有诚信，结果恰恰是在人的诚信层面发生了问题。中国开创性提出社会信用体系建设，中国政府抓诚信教育，搞诚信宣传，政府职能部门都以信用为出发点开展信用监管，这是一种创新性的制度安排，是有中国特色的。这种中国特色的社会信用体系与信用制度建设，是社会管理的一种创新，符合以人为本的经济发展，符合中国创建和谐社会的基础思想体系，对人类信用理论和管理实践有开创性贡献。中国的社会信用体系与信用制度建设必将成为“中国现象”的一部分，与“中国雄起”“中国式增长”一起载入世界史册。

第2章

怎么评价信用？——信用三维构成论

人们对信用之所以会有不同的认识，就是因为信用有很多侧面，是一个多维度、多范畴的综合概念。要度量信用，就要认清信用的各个维度，了解信用的构成。

一、三维信用构成

信用是三维的：一维是诚信度，二维是合规度，三维是践约度。一个人或一个企业的信用就由这个人或企业的诚信度、合规度和践约度三个方面综合构成。

一个信用主体的信用综合体现在三维空间中，即信用三维度。信用三维度的概念和关系可以用图 2-1 表示。三个维度之间相互支撑，相互影响，又互有转化，构成信用主体的综合信用。

（一）一维信用：诚信度

一维信用，是信用主体获得社会公众信任的基础资本，诚信度（Integrity），表现为信用主体的基本诚信素质，涉及信用主体的道德文化理念、精神素养、意愿、能力及行为，体现的是信用主体的信用价值取向，可以概括为诚信度。社会上的一些诚信评价活动就属于诚信度评价范畴。

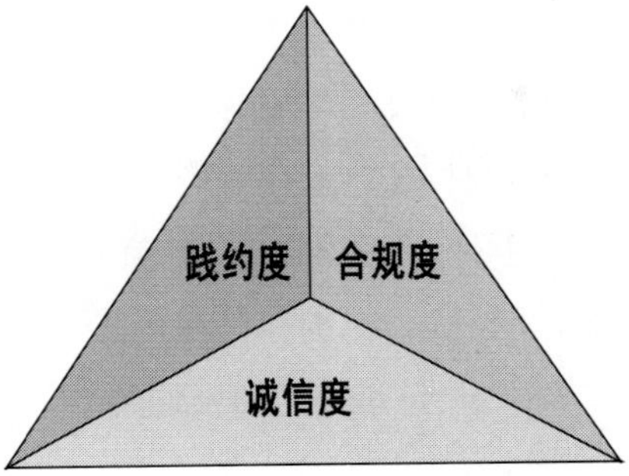

图 2-1 吴氏三维信用构成示意图

一维信用没有具体的约定内容，存在于信用主体的潜意识中，是社会交往与交易的潜意识与潜规则，是社会对信用主体要求的信用底线。随着社会发展，一维信用这种潜规则、意识、文化的边界将逐渐外化、清晰，全社会将逐渐达成共识，明确内容与行为边界。

一维信用形成社会环境，体现人类精神文明发展的水平。当一维信用逐渐固化，成为社会群体共同的价值追求、精神与行为准则，就形成社会信用文化，构造良好的信用环境。诚信不仅仅是道德问题，还将涉及经济发展和科技进步，曾经的失信让许多企业付出了沉重的代价。制假造假等行为让许多民族企业不得不退出所在行业，甚至扭曲了市场的筛选体制。一维信用涉及宗教信仰、价值观念、社会态度、风俗习惯、伦理道德、行为方式、生活方式，表明一个国家或地区、一个城市、一个民族、一个企业、一个人的基本素质。

1．一维信用的特点

一维信用具有潜在性、文化性、群体性、国际化、民族性特点。

一维信用是信用主体内心世界的心理活动和行为结果的综合；透露着信用主体的文化底蕴和精神素养，标志着信用主体的品质和档次；是最容易受环境影响的、大众化、潮流化的信用形态，当信用主体所处的信用环境普遍存在失信、违约等现象时，信用主体会不自觉地随波逐流，整个社会的交往和交易准则以及信用价值取向都会随之发生不同程度的改变，容易出现群体性效应。一维信用是关于人本身的素质和修养，是由人的本性决定和构成的，与人性高度相关，无论种族、国家、社会制度如何，只要人性是独立存在的，人是自由的、有人权的，一维信用就是存在的，就基本上是一样的，在国际上可以共同认定，共同度量，国际化特征十分明显。与国际化相对应，一维信用从另一个侧面来看又是民族文化的集中体现。一维信用与人性存在的程度和环境相关，具有一定的民族特性和国别特征。人性的独立程度、人的自由程度、人权的广度与深度在世界各国都有不同，决定了一维信用诞生和发展的环境各有不同，一维信用的内涵和由此引发的价值取向必然会更多地体现民族化特征。在某种程度上，一维信用与社会发展背景、文化积淀甚至社会管理形式和制度演进等均有密切关系。

2．一维信用的作用与影响

一维信用作用于意识形态，影响人与人之间交往的信用价值取向与信任关系。在一维信用层面，信用只是人们诚实守信的思想意识，即言行一致，实事求是，忠诚地履行自己的诺言。诚信是做人的基本原则之一，它是人们在为人处事中，在各种社会交往中，必须遵守的一种道德规范，并已经得到社会的认同。对于每个人而言，无论是爱情、生活、工作或学习的哪一方面，缺乏诚信就没有人格魅力，就没有真正的“身价”。外在的财富、容貌和职位可以影响别人对你的评价，但若丧失诚信，这些外部条件只能使你更加遭人忌恨；若有诚信，这些外部条件则会加倍放大你的人格魅力。诚信作为一种道德规范，是任何社会、任何行业、任何人在为人处事中都不可缺少的，因而也就成为任何社会都提倡和奉行的行为准则，已经深入到社会的各行各业，成为人们社会活动的基础。人们用不同的方式在不同的岗位上诠释着诚信的深刻内涵。

一维信用形成社会环境，体现人类精神文明发展的水平。社会环境是人类生存及活动范围内的社会物质、精神条件的总和，包括整个社会经济文化体系，如生产力、生产关系、社会制度、社会意识和社会文化。社会环境一方面是人类精神文明和物质文明发展的标志，另一方面又随着人类文明的演进而不断地丰富和发展，它对人的形成和发展进化起着重要作用，同时人类活动给予社会环境以深刻的影响，而人类本身在适应改造社会环境的过程中也在不断变化。一维信用作为一种信用文化，是人类在适应改造社会环境的过程中不断积淀的精神财富，它以各种形式向社会传授社会规范、价值标准，从而形成一种独特的信用环境，推进人类社会的不断进步。

一维信用形成社会文化，通过影响信用主体的心理和行为，影响其社会一般行为和经济交易行为。社会文化是人类在社会历史发展过程中所创造的物质财富和精神财富的总和，是一种历史的、社会的现象，它包含的内容很多，包括宗教信仰、价值观念、社会态度、风俗习惯、伦理道德、行为方式、生活方式等。社会文化可以控制人的某些心理需求，进而控制其购买动机。信用通过影响信用主体心理和行为，影响其社会一般行为和成交、践约能力。从这个角度分析，我们不难看出信用是社会文化的重要组成部分，信用文化的不断发展将不断完善社会文化体系。随着经济的发展和社会转型，中国的社会已经从原来的“熟人社会”过渡到“陌生人社会”，因而不应该再沿袭旧的伦理道德。

（二）二维信用：合规度

二维信用是信用主体获得管理者信任的社会资本，表现为信用主体在社会活动中遵守社会行政管理规定、行业规则、民间惯例、内部管理规定的意愿、能力与行为结果，涉及信用主体的一般社会活动，体现的是信用主体在社会活动中的信用价值取向与信用责任，可以概括为合规度（Compliance）。

如果说一维信用仅仅是一种意识形态上的潜规则，不具有对人们行为的硬约束，那么二维信用则是具体明确的行政监管规定、行业行规要求、社会管理制度、内部规定等，是对人们行为的一种硬性约束，是明确的社会规则，是把一维信用中已形成的、被民间公认的潜规则上升成明规则，落实成社会与内部管理规定。目前，我国一些行政管理部门开展的对企业的信用监管评价活动，就属于合规度评价这个范畴。

二维信用作用于社会关系，影响社会秩序。在人人诚信的行为集合中，社会秩序呈现规范、有序、公平的良性特征；在人人失信的行为集合中，社会秩序必然出现弃约、违约、欺诈的恶性循环。这种恶性循环发展到一定程度，必然要求确立健全的社会信用管理制度，制定明确的信用管理政策并严格执行，形成了人们的社会行为边界，不符合社会规范、逾越这一边界的主体，将无法在社会上立足。比如，中国银行业对个体风险的防范具有一定的能力，中国银行业协会组织会员单位遏制逃废银行债务行为，加强客户违约信息共享，协调风险暴露企业集团财务清偿，对失信企业实施行业联合制裁。

在现代法治社会中，这些硬性的约束规则和社会规范即成为信用法律法规的立法精神和立法原则，通过国家意志上升为法律法规。二维信用水平成为一个国家或地区、一个城市、一个民族信用成熟度的象征，这种成熟包括信用文化的成熟与信用管理制度及法律的成熟。

1．二维信用的特点

二维信用具有外在性、轨迹性、群体性、区域性特点。

二维信用是信用主体的诚信精神和原则在社会一般行为中的具体体现，它不像一维信用那样，存在于人们的内心世界，有时候无法了解和感知。二维信用是完全外在化的，可以通过对信用主体一般行为的评价直接体现出来，只是这种外在表现有诚信的，也有不诚信的，但无论是否诚信，二维信用都是确定的，可显现的，并且在一定程度上可以衡量这部分信用的价值。

二维信用是外在的行为表现，信用主体每次的社会交往行为都会留下有规律可循的行为轨迹，沿着信用主体的行为轨迹，我们能够更容易发现某个特定区域、某个特定时期的信用主体，他们在二维信用层面所具有的共同特征和行为表现，能够通过他们既往的信用行为轨迹，描述和预测他们未来的行为走向和行为特征。所以，二维信用的轨迹性特征显著，并且能够用来预期和描述某些群体的信用特征。

与一维信用相似，二维信用也具有群体性的特征。信用主体都有一种从众心理，而且都注意观察他人的行为模式，一旦信用主体认为他人的信用行为与自己的偏好匹配，就会效仿或追随而去，形成人人讲信用，我讲信用，人人不讲信用，我也不讲信用的现象。举例来说，随着近年来跨国企业商业贿赂、偷漏税行为屡屡曝光，国内许多行业认识到合规经营是企业长期发展的趋势，合规文化是企业可持续发展的基础，任何违规经营行为都会受到法律法规的制裁。

这里的区域性既有地理区域的概念，也有文化区域的范畴。在地理区域上，同属一个区域，或者在历史文化形成过程中同属一个形成过程的地区，二维信用具有相似的特征。在文化区域上，同一区域内的文化背景、宗教信仰、发展历史、经济发展水平等具有相似性，二维信用的文化特性也具有相似性。

2．二维信用的作用与影响

作用于社会关系，影响人与人之间交往的信用价值取向和社会秩序。社会关系是社会中人与人之间关系的总称。包括建立在生产关系基础之上的政治、法律、道德、宗教、艺术等各种关系，有个人之间、个人与集体、集体之间等各种形式。二维信用通过信用主体日常的信用行为，影响人与人之间、个人与集体之间乃至集体与集体之间的社会关系，改变了人们的交往规则和行为倾向。同时，社会秩序也会由于信用主体的诚信行为或不诚信行为发生根本的改变。在人人诚信的行为集合中，社会秩序呈现规范、有序、诚信、公平的良性特征；在人人失信的行为集合中，社会秩序必然出现弃约、违约、欺诈的恶性循环。社会信用体系主要包含以下三个方面：形成社会行为边界、导致社会信用管理制度的确立、政策的制定与执行。二维信用应该包含三个方面的内容，即诚信精神和原则，信用行为以及这种精神和原则社会对你的认知和评价。围绕着这三个概念，社会上产生了人们对这三个概念和这三个领域的不同认识追逐，就会产生相关的社会管理问题和公众的社会心理倾向问题。当这种诚信精神、原则和信用行为得到社会公众广泛认可的时候，它就成为社会的一个基本准则，就成为日常生活行为规范的一个标准，也成为人们在日常生活中的一个利益边界。侵犯了这个边界，不遵守这个原则，一定会遭到社会公众的打击。在这个基本的行为规范和原则基础之上，形成了社会的基本管理规范，并且以社会信用管理制度的形式确定下来，形成各种信用管理的政策，最终形成社会信用体系。

为信用法律法规的制定奠定基础，形成法律的精神原则与框架。二维信用指导人们的信用行为，作为一种规范或准则约束人们的行动，但是并不能形成强有力的法律制约，仅仅是社会一般交往层面，人们对于诚实守信的一种共识。只有当这种行为准则通过国家意志上升到法律法规制度层面以后，才能更有力地约束人们的信用行为，使大家在一个有规矩的范围内活动。社会上对于二维信用的评价才能有标准可循，才能够在现实中明确区分什么行为是诚信行为，什么行为是失信行为。

成为标志性的符号，代表信用成熟度。二维信用促进信用法律法规出台、信用管理制度建立、信用秩序规范，已经成为一种标志，是一个国家或地区、一个城市、一个民族成熟度的象征，这种成熟包括信用文化的成熟与信用管理制度及法律的成熟。

社会发展不仅要求信用实现促进经济增长的功能，而且也要求信用推动人类社会实现公平、文明、进步的发展目标，这些目标与信用的成熟度直接相关，只有信用制度健全、信用管理规范、信用文化确立的社会才会达到信用成熟的阶段，才能在促进经济增长的基础上改善社会环境和文明秩序。从这个意义上说，二维信用代表了信用成熟度，也直接保护社会各方的权益，形成有效的社会监督和约束。一个人的信用，反映的是他自身；而一个社会的信用，反映的却是民族的精神素质。一个守信用的民族，才能跻身于世界民族之林，一个守信用的国家，才能为国际所信赖。几千年的历史积淀使崇尚诚信逐步成为一种文化传统，内化为中华民族的一种精神特质，更升华为世代炎黄子孙的精神追求。

（三）三维信用：践约度

在经济活动领域里，比如在金融信贷、商业贸易活动中，人们谈论信用以及信用管理问题等，是从经济交易行为层面来阐述信用。在这个层面，似乎广义的信用与狭义的信用重合了。信用变成一个简单的概念，但这仍然只是一种狭义的理解，仍然只是信用的一个维度，并不涵盖一维与二维信用。当前，社会上，特别是西方金融与商业活动讨论的信用问题，都是从这个角度出发的，特别是西方征信国家的信用界定（credit），完全是经济交易层面的概念。

三维信用，即践约度（Performance），是获得交易对手信任的经济资本，表现为信用主体在信用交易活动中遵守交易规则的能力，主要是成交能力与履约能力，涉及信用主体的经济活动，体现的是信用主体在经济活动中的信用价值取向与信用责任。

三维信用是诚信度和合规度在经济交易领域的集中反映，信用主体自身的诚信素质和信用形象，直接关系到经济交易的水平与能力；信用主体自身的财务实力和自我约束意识，又直接关系到经济交易的履约能力。银行、企业等授信人信用管理的核心就是信用申请人的践约度评价。三维信用作用于经济关系，影响经济交易秩序与经济发展。在市场经济环境下，商品交换的基本原则仍是建立在信用基础上的等价交换。信用作为基本的经济关系要求，维系着错综繁杂的市场交换关系，影响交易行为的效率和成功率。面对变幻莫测的市场交易环境，经济主体都渴望、也应该在平等的前提下公平交易。任何违背诚信践约原则的人、事、机构，都会被记录、被披露。任何人、任何机构，都可以拒绝与这个不平等、不守信的人或机构发生交易。这就要求社会建立有效的信用制度。三维信用水平已成为社会经济发达程度、经济管理水平与成熟度的标志。

1. 三维信用的特点

三维信用具有外在性、契约性、个体性、轨迹性、综合性、度量性、国际化特点。

三维信用是诚信度和信任度在社会经济关系与交易活动中的具体表现，是一个应用概念，在社会经济关系和交易活动中直接体现，具体体现在每一次经济交易中、体现在经济交易的全过程中。三维信用的成交和践约能力，通过契约、合同、承诺、支付、供货等具体的经济活动载体外化为信用主体的信用交易行为，它已经不单纯是人们的心理活动，也不是仅仅在社会交往中能否获得信任，而是关系到信用主体经济利益获得多少和获得时间长短的具体问题，更具有现实意义。从三维信用活动产生的信用风险角度看，信用风险暴露在交易活动过程中，更能体现信用的外在性，这种风险也是在任何时候都会表现出来的。

商品交换是市场经济运行的前提与基础，而信用是商品交换运行的前提与基础，是社会经济关系的基本准则。三维信用集中体现在经济交易领域，往往以合同为基础，由契约关系来约束，具有很强的契约性特征。比如赊销赊购的销售活动，项目的合约书等。三维信用已经突破了信用主体的道德范畴和社会交往范畴，不但受到道德理念和社会规范的约束，而且受到经济契约的强有力制约。信用主体的交易行为更多受制于经济契约，如果违反契约规定，则丧失交易能力和成功机会。

与一维信用和二维信用的群体性不同，三维信用具有个体性特点，即三维信用受到具体经济交易行为和信用主体具体信用需求的影响。三维信用的获得程度、获得大小与具体交易活动高度相关，视信用主体的成交和践约能力大小而不同。针对不同的信用交易类别、不同的契约内容规定以及不同的信用主体，三维信用的表现和价值都有所差异。

由于三维信用具备个体性特点，在不同的经济交易行为中有不同的体现，在研究分析信用主体的信用需求和经济交易行为的特点基础上，我们可以具体描述信用主体的信用状况，预期经济主体的信用行为，并总结在该经济交易行为下信用行为的一般规律。所以，三维信用与二维信用一样，都能从信用主体既往的行为轨迹中发现其交易的规律性，进而可以综合描述信用主体的信用行为特征，预测其未来信用行为的趋势和风险程度。随着信用应用领域的延伸，在非传统的商业信用交易行为中也引入践约度作为考量。比如：在科技计划项目管理中，对科研成果的验收环节就要考察成果与签订合约承诺的是否一致。

三维信用是信用三个维度的综合体现，是建立在前两个维度基础之上的。换句话说，信用主体具备了诚信度的基础素质，在社会交往中建立了广泛的信任度，才可能在经济交易中具备成交和践约的能力，尤其是只有这样，才可能获得更多社会主体的认可，扩大成交的范围，对于信用主体获取需要的信用产品具有积极的意义。

三维信用具有轨迹性特征，可以发现信用主体交易行为的规律，具有可度量性的特征。对于三维信用的度量，一般可分成三个度量层次，分别是一级度量，即衡量信用主体的诚信度，涉及的主要是信用主体的信用意愿；二级度量，即衡量信用主体在社会关系中的信任度，涉及的主要是信用主体的意愿与能力；三级度量，即衡量信用主体在经济交易中的履约能力，涉及的主要是信用主体的能力。

在信用经济时代，三维信用的表现形式、违约界定、风险度量甚至风险权重的规定都已经国际化了。国际学术界和实务界对三维信用的研究已经达到很深的程度，甚至产生了相关的国际组织，如巴塞尔委员会、IMF 等。与一维信用的国际化相比，三维信用的国际化特征更为明显，体系更为成熟。国际上对于一维信用和二维信用的关注和研究程度尚浅，仍需我们进一步研究和探讨。

2．三维信用的作用与影响

作用于经济关系，影响交易行为的成功率。市场经济下，市场机制的核心内容仍是商品交换，而商品交换的基本原则仍是建立在信用基础上的等价交换。随着交换关系的复杂化，日益扩展的市场关系逐步构建起彼此相连、互为制约的信用关系，整个经济活动被信用关系所联结。这种信用关系作为一种独立的经济关系得到充分的发展，并维系着错综繁杂的市场交换关系，影响交易行为的效率和成功率，支持并促成井井有条的市场秩序。

完善社会经济制度和环境。在经济交易活动中，包括政府在内的所有参加经济交易的主体，都应该在公平、公开、自由的前提下平等交换。任何一方，都没有特权超越践约的基本准则。所有的经济活动主体一律平等。任何违背诚信践约原则的人、事、机构，都会被记录，被公开，被公告于社会各界，任何人、任何机构，都可以拒绝与这个不平等、不守信的人或机构来往。这就形成一种信用制度，在这个信用制度下，不同信用主体，只要按照平等、互利的原则，诚实守信地从事经济活动，就会得到社会的承认，他的经济活动就应该能够发展和扩大。

从社会效益看，正是诚信践约的信用交易准则促成了信用制度的诞生以及社会经济制度的完善，通过制度化的规定约束和限制任何形式的对他人财富的侵犯和损害，保证了社会经济秩序的稳定和经济交易环境的安宁。从经济活动看，诚信践约的原则维持了社会经济活动的顺利完成，促成了交易的达成和社会资源的分配。

信用是一种标志，是一个国家或地区、一个城市、一个民族基本素质的标志。

事实证明，市场经济愈发达就愈要求信用。信用已成为现代文明的重要基础和标志。信用的发展，是深深根植于现代市场经济发展规律中的，是人类社会经济进步的必然趋势。西方发达国家正是顺应了这种趋势，建立了信用管理体系，形成了信用环境与信用秩序，有力地促进了经济发展。新兴的工业化国家也正朝着这个方向发展实现其经济腾飞。广大的发展中国家也普遍出现了信用活动发展的倾向和趋势。

二、三维信用之间的关系

三维信用总体上呈现一种共生与游离交替存在，相互转化又相互影响的关系。在传统的认识观念中，我们习惯把诚信理解为社会关系和经济交易的基础。其实，这只是三维信用关系中的一种情况，并且只是一种理想状态。大多数情况下，三维关系的表现与此恰好相反。

（一）三维信用之间的并列和独立关系

在现实生活中，更多的情况是并非诚信基础搭建好了，就可以形成社会交往和经济交易的诚信秩序，反而是社会管理制度与经济交易契约约束等反过来教育和要求人们树立与此相适应的诚信思想和道德文化理念。人们不断树立和不断确认的诚信道德文化理念逐渐构成社会管理与经济交易契约的支撑。

所以，不能单纯说诚信是社会关系和经济交易的基础，有些时候反而社会管理制度和经济交易契约关系成为诚信的基础。也就是说，诚信、社会关系、经济交易这三者是并列的，都是独立存在的。

如果只是把诚信看成社会关系和经济交易的基础，那就意味着信用的建设应该从诚信道德文化抓起，并只有建立诚信道德文化，且只抓道德文化这个基础就足够了，就可以自然形成社会信用关系，自然就能进行经济交易，而不用社会管理和经济契约约束。从现实的情况来看，诚信道德教育和信用文化建设显然不能完全取代社会信用管理和经济契约的约束力，上述认识是不成熟的，也是形而上学的。

从社会管理的角度看，如果特别强调诚信是社会关系和经济交易的基础，就会形成整个社会只重视诚信道德文化宣传与教育，重视各种“信用 ××”的宣传活动，而忽视了具有实质约束作用的社会管理与经济契约约束制度的建设，可能往往导致人们认为这就是一股宣传风、一种信用说教，而流于形式。

正确的观点是：我们承认诚信意识和信用文化具有非常基础的作用，但不能完全把诚信道德文化教育和宣传的作用扩大化，因为那只是一种最为理想的诚信状态。在更多的情况下，诚信是与社会关系和经济交易并存的，三者是互相支撑、动态平衡的关系，并不一定保持互为基础的关系。

正是建立在这个逻辑之上，本书认为社会诚信道德文化建设与社会信用管理制度建设及信用交易制度建设是并列的，尤其在社会管理活动中，三者的完善和改进是非常具有现实意义的。

（二）三维信用之间的共生和游离关系

三维信用的关系总体而言，是一种共生和游离的动态平衡。诚信度、合规度、践约度时而一致、时而偏离，时而同向、时而反向，时而紧密、时而疏远，呈现出不规则的变化关系，但是归纳起来，三维信用的关系可以表现为八大关系图谱。

即，信用存在三维关系，每个维度均有正向和负向两个方向，正向代表主体具有该维度的信用，负向代表主体不具有该维度的信用。因此，三维信用的双向关系可以用排列组合方法计算，

$C_2^1 \times C_2^1 \times C_2^1 = 8$

所以，三维信用关系在具体的信用活动中呈现八种形式，具体表现如图 2-2 所示：

从图 2-2 可以看出，三维信用在立体空间中，可以表示在八个不同的象限中。如图 2-2，空间被分为 8 个象限，即：立体空间分为上下半平面。上半平面，从右上角逆时针分别是Ⅰ、Ⅱ、Ⅲ、Ⅳ，下半平面同样从右上角逆时针分别是Ⅴ、Ⅵ、Ⅶ、Ⅷ。

每个象限所表示的含义如下：

Ⅰ：诚信度为＋，合规度为＋，践约度为＋。这种情况描述的是信用主体诚信度、合规度和践约度的正向关系，三个维度的信用状况均为正向表现，即信用主体具备良好的诚信基本素质，能够获得社会公众的普遍信任，在经济交易中的成交和践约

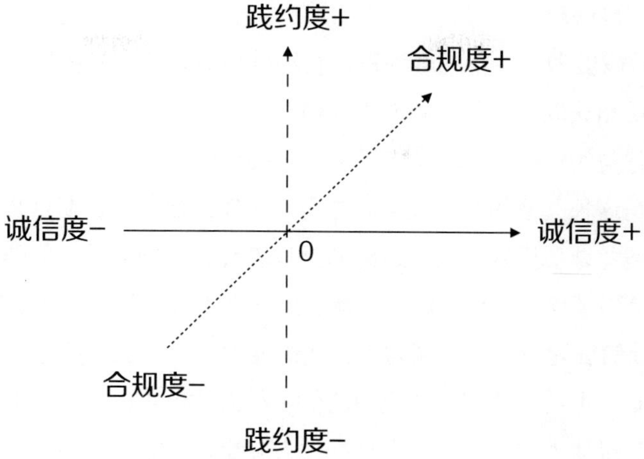

图2-2 三维信用八大共生游离关系总图示

能力很高。这是三维信用最理想的关系，也是我们积极倡导的一种理想状态。目前，社会上对于这类的信用主体广为宣传，如质量信得过企业，品牌万里行企业等等。

Ⅱ：诚信度为－，合规度为＋，践约度为＋。关系Ⅱ描述了信用主体诚信度、合规度和践约度的双向游离关系，其中只有诚信度为负，其余两个维度均为正向表现，即信用主体本身不具备良好的诚信基本素质，但是在社会一般交往和经济交易中，表现出诚信守约的行动。这种情况，与社会的规范要求和法制约束有很强的相关性。不具备诚信基本素质的人，在社会强有力的约束机制下，也有可能表现出守规矩、履合约的行动。

Ⅲ：诚信度为－，合规度为－，践约度为＋。关系Ⅲ描述了信用主体诚信度、合规度和践约度的游离关系，其中只有成交与践约能力为正，其余二维信用度全部为负。这类信用主体本身不具备良好的诚信基本素质，在社会一般交往过程中也表现出不诚信的一面，但是在经济交易过程中能够履行经济契约的条款。这类经济主体可能出于获取经济利益的目的，可能迫于经济惩罚的压力，即使自身缺乏诚信意识和社会认可，也会按照合同要求履行交易契约。

Ⅳ：诚信度为＋，合规度为－，践约度为＋。关系Ⅳ描述了信用主体具备基本诚信素质和经济成交践约能力，但是在社会一般交往中难以获得对方信任的信用行为关系。该类信用行为从信用主体主观的价值取向出发，由于社会规范的约束力度不足，导致信用主体在社会交往中脱离诚信准则，但是在经济交易中为了获取利益，能够履行经济交易契约的规定。

Ⅴ：诚信度为＋，合规度为＋，践约度为－。关系Ⅴ描述了信用主体具备基本诚信素质和获取他人信任的能力，但是在经济交易中，无法利用信用活动达成交易并履行契约。在市场经济条件下，这类信用行为表现突出。社会上大量的失信行为都是这种关系的典型代表。三角债、拖欠货款、延期供货等等，都是在经济交易中违背诚信原则，失信违约的具体表现。这种关系下的信用行为表现，是我们加强信用管理的重点，也是改善社会信用环境、提高信用交易效率的主战场。

Ⅵ：诚信度为－，合规度为＋，践约度为－。关系Ⅵ描述了信用主体缺乏基本诚信素质，不履行经济交易契约的信用行为。但是在社会一般交往领域，信用主体能够获得他人的信任，建立良好的人际交往关系。从理论上讲，这种关系不是信用行为的常态，不具备诚信基本素质的信用主体，在社会交往中获得信任的能力必然低下，在经济交易中也存在不履约的风险。然而在现实生活中，不具备诚信素质，却能够获得他人信任的信用主体，也的确不在少数。这类信用主体，潜意识里虽然缺乏诚信观念，但是在社会规范的约束下，在社会一般交往准则的要求下，是可以表现出诚实的一面，赢得社会认可的。

Ⅶ：诚信度为－，合规度为－，践约度为－。关系Ⅶ是所有三维信用关系中，最为恶化的一种状态。信用主体既没有诚信的基本素质，也没有建立起社会交往的一般信任，经济交易中更不能按照合同规定履行经济契约，属于完全意义上的不诚信状况。这类信用主体在理论上完全存在，现实中也不乏个例。从社会管理的角度而言，这类主体已经不是管理的重点；从社会交往的角度而言，这类主体完全不能够作为长期交往的对象；从经济交易的角度而言，这类主体属于拒绝授信的范围。

Ⅷ：诚信度为＋，合规度为－，践约度为－。关系Ⅷ代表信用主体具备诚信的基础素质，但是在社会交往和经济交易中都表现为不诚信的行为。这是一种典型的“随波逐流”，信用主体具备诚信的基本素质，但是很容易跟随社会一般的行为惯性。如果社会诚信环境健全，人人讲诚信，这类信用主体也能够遵守社会秩序要求，履行经济契约；反之，这类信用主体就很容易在社会交往和经济交易中失信。

举例说明，在不同的象限中，A—H 所代表的坐标点含义，其中 $0 \leqslant a \leqslant 1$，$0 \leqslant b \leqslant 1$，$0 \leqslant h \leqslant 1$。其中，a = ability（能力），b = believe（合

规），h = honor（诚信）。

如图所示，三个坐标轴的中心点是零点。

两个坐标轴构成的平面是垂直坐标的分界面，如：

（1）诚信度为 0 时，合规度和践约度两个坐标轴构成了诚信度坐标轴的分界面；

（2）合规度为 0 时，诚信度和践约度两个坐标轴构成了合规度坐标轴的分界面；

（3）践约度为 0 时，合规度和诚信度两个坐标轴构成了践约度坐标轴的分界面。

三维信用组成的三个坐标轴相互垂直，分别代表信用主体主观上是否诚信，交往或交易对方是否对信用主体信任，信用主体自身的信用实力，上述三维都是可以相互独立的，都是从信用的某一个角度出发，表达信用主体的信用状况。

三个坐标系统的坐标单位应该是归一化的，即三个坐标的最大值都是＋ 1，最小值都是－ 1。可以理解为不同的信用主体之间，影响信用状况的因素和条件很多，但是所体现的诚信度、合规度、践约度都是相对的，所以在一个坐标系统内，也只能相对表示某个信用主体在三维信用的各个维度间的信用表现。

三、决定三维信用平衡关系的因素

三维信用关系呈现的上述八种典型表现，无论影响如何，都有其必然的原因。在影响三维信用关系形式的多种因素中，主要决定性因素是社会的信用制度和经济利益。

在探讨三维信用关系的决定因素时，我们往往会从三维信用本身出发，希望探寻三个维度的信用关系中，究竟是谁决定谁？

其实，决定一维、二维、三维信用关系表现形式的根本原因，不在于一维信用，或者可以说大多数情况不取决于一维信用，二维和三维信用的决定性作用更加明显，即三维信用关系是由社会信用制度和经济利益决定的。

在社会交往过程中，信用主体的信用行为受到社会信用管理制度的约束和社会利益的驱动。在信用管理制度健全的国家，专门有一系列的法律法规明确界定信用行为的诚信边界，尤其对个人隐私、企业商业秘密等加以保护。同时，全社会范围内也逐渐形成失信行为的惩罚机制，使那些不守信用的主体，很难获得社会的认可和信任，人际关系和社会交往会遇到一定的阻力。

现实生活中，我们经常会说某某不讲信用，办事不牢靠，这只是人们从人性出发，对人的基本诚信素质所做的简单评价。究其原因，很多人不讲诚信，与社会的规范约束和有无利益驱动具有直接关系，正如第一章我们已经分析过的无动机失信。有相当一部分社会主体，没有明确的动机和目的，只是跟随其他大多数人的做法，抱着一种“他人讲诚信，我便讲诚信；他人不诚信，我也不诚信”的心态。所以，对于这样一种无动机失信的群体，社会制度的约束和社会规范的制约，尤为重要。当然，还有另外一部分社会主体，诚信与否取决于是否有利益驱动。如果讲求诚信，能够获得更多人的认可，建立更广泛的交际圈和更和谐的人际关系，这些主体就会自觉自愿讲求诚信；反之，则倒向失信的“阵营”。

同样，在经济交易关系中，人们的诚信状况和信用行为表现也受到经济管理制度约束力和经济利益驱动的影响。在经济管理制度，特别是信用管理制度健全的国家，人们的诚信意识普遍较高，交易活动遵循信用规范要求，自觉履行承诺和契约。如美国、法国、日本等先进的征信国家，不但有国家信用法律法规界定信用交易的合理合法性，而且社会普遍形成强有力的失信惩戒机制，共同约束人们的信用交易行为，保证信用交易的质量和效率。

然而，信用主体在经济交易中都是具有利益冲动的，为了获取经济利益，相当一部分信用主体不惜违约欺诈、制假造假等。我们熟知的许多老字号，如冠生园，也在经济利益面前，一度丧失基本的诚信准则，出现了“陈馅月饼”事件，使多年的金字招牌毁于一旦。江苏好孩子童车也因为广告与实际产品不符，遭到用户投诉，严重影响企业的形象。所以，经济交易关系中，伴随着经济利益的驱动，信用主体更容易为了经济利益而丧失诚信的基本准则，更需要社会管理制度的强有力约束和政府主管部门的信用监管。

由此可见，一维、二维、三维信用都是相互独立存在的，一维信用并非其他两个维度信用的基础，也并非具备了一维诚信素质，就可以保证在二维和三维信用领域不发生失信行为。三维信用各自独立，自成体系，最终决定信用主体在三维信用关系中表现的，是社会制度的约束和利益（包括经济利益和社会利益）的驱动。

四、三维信用度量：三维、三度与三率

信用不仅是理念，是文化，更是资本，是财富，是有价值的，是可度量的。只是由于信用价值的隐含性，信用的多面性，使人们还没有很好地认清信用的全部面目，还没有用更科学的手段去实现信用的度量，以及信用价值的定价。

本书认为信用是三维概念，前几章着重阐述了三维概念、理念及构成。本章以三维信用理念为出发点，继续构建三维信用的度量理论，探讨信用价值的定价理论基础。

本书的信用度量理论完全建立在信用三维理论之上。信用度量的范围与构成源于三维信用概念，分别对应于三维信用的各个维度，其中践约度对应于经济交易维度的信用，合规度对应于社会行为维度的信用，诚信度对应于道德文化理念维度的信用，共同构成信用度量。在三级度量关系中，诚信度是基础，合规度是延伸，践约度是高级形态。

信用主体的信用活动涉及三大范围，即基础素质、社会活动、经济活动。三大范围分别表现信用主体三个方面的资本水平，即诚信度、合规度、践约度。信用主体三个方面的资本水平分别表现三个标志性指标，即失信率、违规率、违约率。

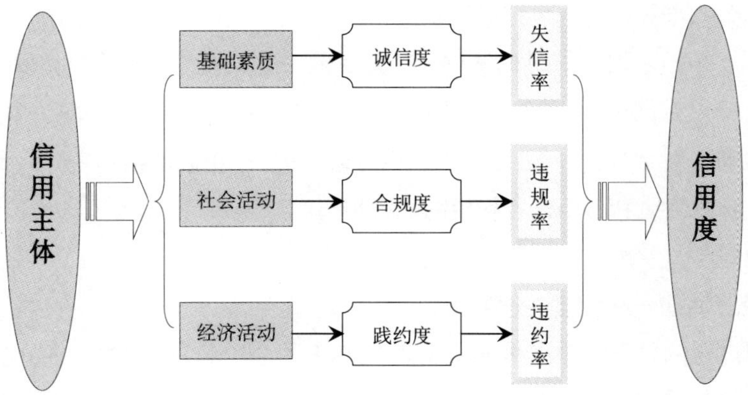

图 2-3 吴氏三维信用度量图示

（一）基础素质—诚信度—失信率

信用度量的一个范围是信用主体的基础素质。诚信作为人们的道德理念，是

一种精神与原则，是在社会交往与社会经济活动中必须遵守的一种道德规范和行为原则。诚信基础素质由主体自身的文化水平、价值取向、成长背景决定，受社会道德理念、文明进步、行政管理、法律体系的约束和影响。

诚信基础素质是人们内心的心理活动和道德价值取向，是内在化的东西，其外在表现为信用主体的诚信度。信用主体诚信度的高低反映了信用主体是否具备诚信的基础素质，以及这种基础素质的高低。

诚信度可以外在地表现信用主体的诚信基础素质，是可以统计的，能够量化的。衡量信用主体诚信度的指标，我们定义为失信率。失信率作为衡量信用主体诚信度的基础指标，反映信用主体基本的信用道德修养和价值取向追求，失信率的高低代表了信用主体遵循社会一般道德要求和价值标准的能力。

（二）社会活动—合规度—违规率

信用度量的第二个范围是信用主体的社会活动范畴。在社会一般交往中，人们需要遵守诚信原则，守诺践约，获取他人的信任。

信用主体在社会活动中表现出来的诚信精神，受到信用主体诚信度的影响，是自我追求的外在表现，同时，社会对于信用主体的行为也有各种法律法规加以约束，因此，社会活动的诚信状况通过合规度来表现，由法律法规制约、政府行政管理、公共秩序约束、单位制度规范和一般社会交往的强制力决定。

合规度具体表现为信用主体对于社会规范的遵守程度，能够用具体的指标加以度量。衡量合规度的指标，我们定义为违规率。违规率主要表示信用主体在社会活动范畴，对于社会一般规范的遵守程度。违规率越高的信用主体，其信用能力越低，在社会上获得信任和融资的能力越弱。

（三）经济活动—践约度—违约率

信用度量的第三个范围是信用主体的经济活动范畴。信用主体在社会上存在和发展，必然要发生经济交往，在遵守基本诚信道德要求和社会管理规范的前提下，还要遵守经济交易的规则，受到契约的约束。

信用主体的诚信状况在经济交易活动中表现为践约度。践约度涵盖成交和履约两个方面的内容。成交能力由自身实力、品牌影响力、既往践约能力、信用营销能力等因素决定。履约能力受到经济主体诚信度影响，由自身财务实力、经营管理能力等因素决定。

践约度的衡量指标，信用管理学研究的相对深入，用违约率指标来具体表示。信用主体的践约度可以通过违约率来表示和检验，反映信用主体在经济交易中遵守契约、履行诺言的执行程度，体现了信用主体信用销售和信用管理的能力。

五、三维信用度量的目的与分类

我们为什么需要信用评价，怎么进行信用评价，在现代社会信用建设的过程中，政府作为监管者，银行作为授信人都在思考这些问题，都从各自的角度进行信用评价，都希望准确度量出经济主体的信用情况。所以在实践中产生了各种各样的度量模型，各种各样的信用评价指标体系，有的时候我们对千差万别的指标体系似乎都无法评价了，不知道何为好，何为科学？其实，信用的度量与评价必须以明确的目的为出发点，只要明确目的，以目的为核心构建指标，以目的为核心选择方法，就是正确的。

从评价的目的出发，从应用的角度看，各种各样的信用度量与评价无非三种情况：

其一，进行形象与品牌确认，基于建立信任，树立信用形象的信用需求，一部分社会主体需要这种评价，这种评价的实质就是诚信度评价。

其二，进行信用合规监管，基于培育信用环境，规范信用秩序的信用需求，政府部门需要这种评价，这种评价的实质就是合规度评价。

其三，进行履约鉴别和交易对手选择，基于追逐经济利益的信用需求，经济交易主体需要这种评价，以获悉交易对手的信用状况，这种评价的实质就是践约度评价。

由于度量的目的不同，要求不同，方法与手段不同，技术水平所限等等原因，对于不同信用主体在不同时期和不同情况下的信用度量，可能会有不同的侧重。有时人们可能更看重诚信度，比如说社会公众对企业品牌的认识、消费者在购买日常消费品时关心质量和食品安全等等。有时人们可能特别突出强调合规度，比如说监管部门在执行监管职能，对企业进行信用分类监管时，所依据的标准主要就是对企业合规度的评价。有时人们可能更看重践约度，比如说在商务合作、贸易谈判、银行信贷、企业信用销售的时候等等。所以，对三维信用的度量有各种各样的角度，各种各样的侧重，大致可以分为以下三种情况：

（一）诚信度占绝对主导——诚信评价

在某些情况下，人们出于规范诚信秩序，提高诚信道德理念和信用意识素养的目的，在度量三维信用的时候，就会更为关注诚信度的度量，即我们现在社会上普遍开展的诚信评价。此时，三维信用度量的关系表现为如下图（图 2-4）所示的情形。诚信度被看做是最为重要的度量要素，人们更多关注信用主体是否具有基本的诚信道德素质，以此作为评价信用主体信用状况的主要决定因素，而信用主体在其余两个维度的信用表现，不作为主要的关注焦点。事实上，以诚信度占绝对主导的诚信评价，也需要考虑其余两个维度的信用状况，所以会出现以下两种具体情况：

1．诚信度＞合规度＞践约度

2．诚信度＞践约度＞合规度

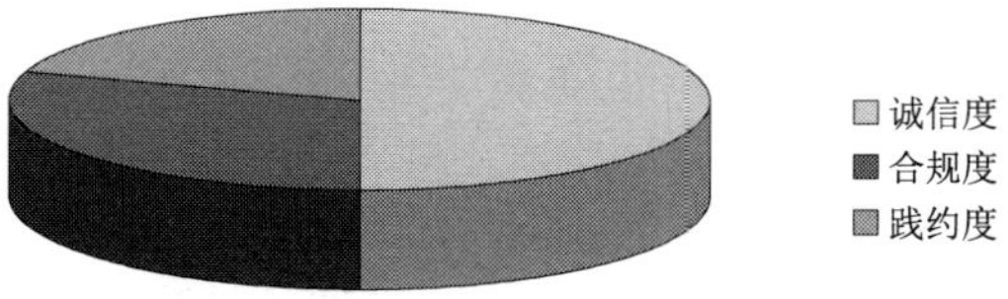

图 2-4　诚信度主导的信用度量示意图

诚信评价，现在在社会上很流行，是符合社会、大众需要的。主要从事诚信评价的是行业协会、民间组织、社会公众。他们主要开展的是对信用主体的以诚信度为绝对主导的评价。当然在诚信度这个一维信用评价中，确实也考虑了二维和三维，但绝对不是主要的，他们更关心诚信问题。遗憾的是，这些组织和机构在开展信用评价工作时，尽管出于诚信评价的目的，但对于如何考量信用主体的诚信状况，并没有完全弄清楚，而是围绕着信用主体的合规度和践约度做了大量工作，反而淡化了诚信度的考量。这是一种不切实际的做法，也有些舍本逐末，真正应该去研究的是如何考量诚信度，而不是其他。这些组织和机构真正能够度量出的诚信部分的信用价值，才是社会需要的，也是理论需要的。在诚信度的评价和考量问题上，这才是创新所在。

（二）合规度占绝对主导——监管评价

社会大众关心信用主体的诚信度状况，是出于日常交往和一般消费的考虑。政府部门作为社会运行的监管者和相关政策法规的制定者，更为关注的是这些政策法规是否被严格执行，是否真正发挥了约束信用主体信用行为的作用，因此，政府部门在度量信用价值的时候，对信用主体合规度的评价会占据主导地位，其次才会关注信用主体的诚信度和践约度。此时，三维信用度量的关系表现为如下图（图 2-5）所示的情形。合规度是评价者绝对关注的主要因素，其余两个维度的信用价值相对于合规度，处于弱化的地位，具体情况有以下两种：

1．合规度＞诚信度＞践约度

2．合规度＞践约度＞诚信度

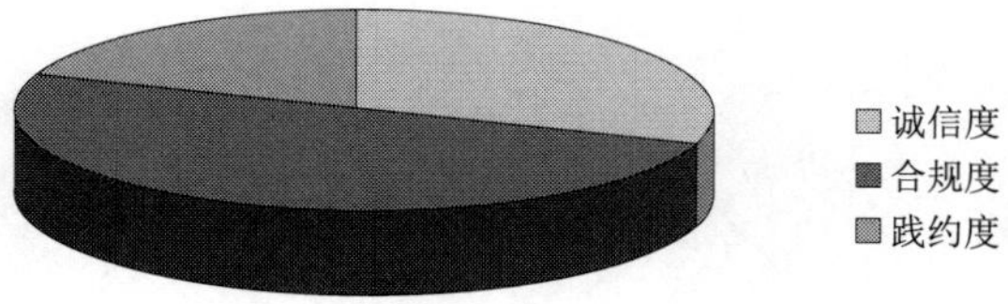

图 2-5　合规度主导的信用度量示意图

监管评价主要是政府部门在系统内开展，围绕自身的监管职责范围，开展信用监管评价，并据此对企业或个人实施不同的信用监管措施，服务于企业，也服务于个人。如工商部门关注的就是企业和个体工商户的登记注册情况，按规定登记注册，并按时按要求进行年检，即为合规度较高的信用主体；海关部门则只关注企业的进出口通关情况，只要符合通关要求，具有合格的进出口资格，极为合规度较高的主体；其他部门也类似，都是在自己的职责范围内评价企业或个人的信用状况，完全服从于监管需要。目前，各个部门已经开展的这些监管评价工作，都是适应市场和社会需要的，也是满足监管需要的。这其实并不像有些人认为的那样，只是资源的重复浪费，需要由一个统一的部门加以整合。目前的做法正是基于现有政治体制和信息环境的最好方式，不是资源的重复浪费，反而能最大限度满足各自的监管需要。

（三）践约度占绝对主导——授信评价

在经济交易领域，信用主体需要依靠自身的信用价值洽谈并完成信用交易，因此在这个领域的信用价值度量，更为关注企业或个人的践约度，其中包括企业或个人的信用成交能力，也包括企业或个人的履约能力。在信用交易普遍发展的环境下，信用已经成为一种资本和财富，企业或个人需要充分运用自身的信用营销能力首先达成交易，其次才是在契约的约束下，履行自己的义务，完成信用交易。所以在经济领域的信用价值度量中，践约度占绝对主导地位，人们更关注信用主体的成交与履约能力，对其余两个维度的信用价值，作为次要的信用要素处理。此时，三维信用度量的关系即表现为如下图（图 2-6）所示的情形，具体有以下两种情况：

1．践约度＞诚信度＞合规度

2．践约度＞合规度＞诚信度

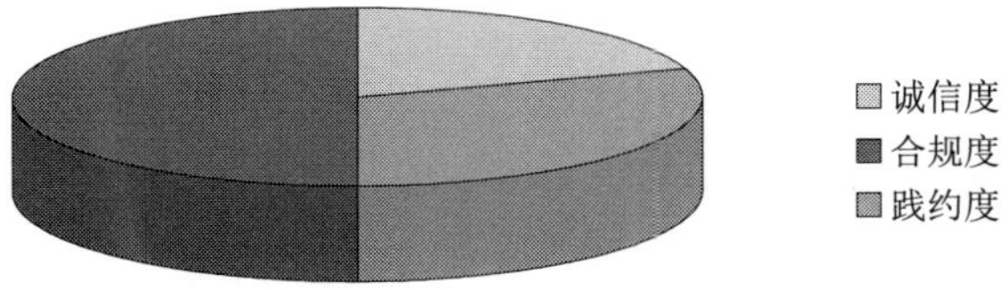

图 2-6　践约度主导的信用度量示意图

授信评价主要是各种各类的经济信用授予机构，银行、保险公司、工商企业、消费信贷机构、担保公司等都是这样的信用授予机构。企业或个人凭借自身的信用能力，把信用这种资本供给市场，上述信用授予机构在授信前就需要对信用主体的信用价值进行度量，并结合自身的风险管理政策对提供的信用产品定价，从而完成对信用主体的授信活动。类似这样的授信评价，完全出于授信机构对风险的偏好和信用定价策略，是市场主体自发的经济行为，也是三维信用度量中，目前比较成熟的度量体系。特别是银行机构关于履约能力的评价，在理论体系上已经形成完整的银行风险管理理论，实践中也形成了诸如 Z 评分模型、KMV 模型等被广泛应用的授信评价模型。所以在三维信用度量中，第三个维度的信用度量是相对成熟和完善的。

第3章

信用为何重要？——信用与经济和社会的关系

现代经济是信用经济。信用广泛存在于生产、流通、消费等领域，是现代经济正常运行的根基。同时，作为一种社会资源与财富，信用对于社会制度和社会管理体系的改善、人民生活质量的提高乃至整个国民经济的健康发展具有重要意义。

一、量化信用的新概念：信用总规模

信用对经济的贡献与影响有目共睹。新经济下，信用活动与宏观经济运行的相关性日益加强。将信用作为重要经济变量纳入宏观经济分析应该且必然。那么，从何入手呢？

（一）概念与结论

本文拟定义一个可以观察和统计信用的变量——信用总规模，并拟从信用总规模与经济增长入手，探索并论证信用总规模与经济增长之间的相关性，试图寻找信用总规模与经济增长之间确定的量的关系。

信用总规模，以 GC（Gross Credit）表示，是我们能够量化的、最广义的信用交易的规模。具体地说，信用总规模是一个国家或地区能够计量的全部信用交易总量；是四大部门即政府部门、金融部门、非金融企业部门和居民部门的信用规模的总和；是各类信用工具，包括债券、贷款、商业赊购款、货币、存款余额的合计。

因为信用交易都会形成一定的债权、债务关系，会在交易主体资产负债表的资产或负债方体现出来，因而在数量上，我们用信用主体的负债计量信用规模。

其中，政府部门的负债包括中央政府和地方政府发行的政府债券余额，商业赊购应付款项，向中央银行或金融机构的借款和透支；金融部门负债即货币与准货币的合计；非金融企业部门负债包括公司债券，非金融企业向金融机构的借款和抵押，企业商业赊购应付款等；居民部门负债包括商业企业、金融机构提供给个人的消费信贷等。

吴氏 GC 基本结论：从长期看，信用总规模的增长率呈上升趋势；信用总规模的增长趋势呈指数增长；各国信用总规模上升的速度和稳定程度有所不同，新兴市场经济国家或成熟的市场经济国家信用总规模增长速度较快，经济衰退国家的信用总规模增长缓慢。

吴氏 GC-GDP 基本结论：大多数国家信用总规模都高于 GDP 规模；信用总规模的增长速度比 GDP 增长速度快；各个国家信用总规模与 GDP 规模的差距是不同的、且落差很大。

（二）美国信用总规模

图 3-1 中，上方曲线为美国信用总规模，用 GC 表示，下方曲线为美国 GDP 水平。

从图中，可以发现信用总规模和 GDP 的增长变化之间有如下规律：

1. 在 1959—2000 年这 42 年间，美国信用总规模与 GDP 同方向变化，均持续增长。

2. 从结果看，从 1959 年至 2000 年，美国信用总规模增长了 26 倍，年均增长 61.9%，同期，GDP 仅增长了 19 倍，年均增长 45%。信用总规模年均增长速度是 GDP 年均增长速度的 1.5 倍以上。

3. 从过程看，20 世纪 70 年代以前，信用总规模和 GDP 的增长几乎完全同步，

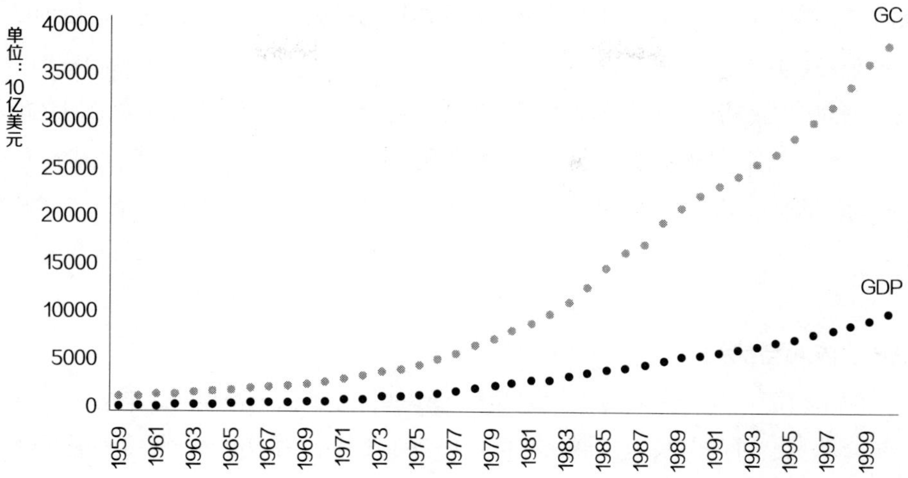

图 3-1 美国 GC 和 GDP

数据来源：根据美联储 1945-2000 年 Flow of fund accounts annual flow and outstanding a1955-1964、a1965-1974、a1975-1984、a1985-1994、a1995-2000 L2, F6, money stock H6 和 Bureau of Economic Analysis 数据整理绘制。

二者呈接近 1 ∶ 1 的增长，图形显示为两条曲线大致平行；而从 1970 年起，信用总规模和 GDP 的增长曲线开始分离，信用总规模曲线开始变陡，GDP 曲线则相对平缓，二者之间的差距逐年扩大；到了 20 世纪 80 年代以后，特别是进入 20 世纪 90 年代新经济以后，这一差异变得非常显著，反映在图形上，两条曲线之间的距离已经非常明显；到了 2000 年，信用总规模与 GDP 的差距达到 29 万亿美元以上，超过 1970 年二者差距的 14 倍。

4. 从趋势上看，信用总规模增长速度还在加快，GDP 则增长平稳，由此看来，信用总规模和 GDP 之间的差距继续扩大势头还没有停止。

二、经济信用化率

信用经济是继实物经济、货币经济以后经济发展的一个新阶段。其主要特征是，在经济运行中生产、分配、交换、消费等活动主要以信用交易方式进行；经济主体之间广泛形成了债权债务关系；信用成为社会关系、经济运行、管理制度的核心要素之一。

进入信用经济的主要条件是经济主体具有一定的信用能力，社会信用环境良好，社会经济活动有秩序，信用交易有规则，法律法规体系与信用制度健全完善。从国际经验看，年人均GDP超过2000美元的国家或地区大部分已经进入信用经济。

（一）内涵与结论

信用经济是社会文明与进步的产物，在社会综合实力发展中产生，同时又进一步推动社会进步与快速发展。在信用经济条件下，由于生产、消费等活动不依赖于货币进行，可以发挥自身的信用能力，所以企业的生产能力、厂商的经营规模、消费者的消费水平都可以借助信用来扩大和提高，从而带动投资与消费的增长。所以，发展信用经济可以扩大并创造市场需求，保持市场繁荣，促进经济持续增长，是市场经济健康、有序发展的制度性安排与保障。

经济信用化（CE，Creditableness of Economy）主要指信用活动日益增加，经济交易中可以用信用来衡量的部分比重越来越大的过程。经济信用化程度提高主要表现在，信用总规模迅速增长并超过经济增长速度，信用在经济活动中迅速普及；经济主体更普遍地采用信用方式与手段融资和支付结算；各类主要信用工具都与GDP有极强的相关性；信用对经济的作用与影响不断扩大。经济信用化程度与信用经济发展的程度有关，信用经济是经济信用化的基础。

经济信用化是一种过程，是社会活动与经济活动逐渐依赖信用资本的演进过程。经济信用化的实质是信用资本的变化。经济信用化的过程表明，在人类的生产、生活中，信用资本的作用在日渐增强；在生产、分配、交换和消费等活动中，社会资源配置逐步脱离对货币、对实际资本的唯一依赖，目前已发展到以货币、实际资本、信用工具、信用资本为共同依赖的多元化状态。经济信用化程度提高，和信用经济紧密相连。

首先，信用经济条件下，计算机技术、通讯技术及网络广泛应用，信息普及且容易获得，信息公开且相对透明，信息的效率与成本得到最理想的结合，信息不对称问题得到了较好解决，增强了经济主体交易的信心，消除了技术与市场障碍，信用交易总量上升。

其次，由于有了新的交易手段与技术，可以采用新的交易方式，经济主体更加方便和快捷地运用这些技术与手段进行信用交易，信用活动广泛存在于经济活动之中。经济得以日益信用化，信用经济正是其基础。

经济信用化率（CRE，Credit Rates of Economy），是信用总规模与GDP的比例，即信用总规模相对于经济规模的倍数（AC/GDP = CR）。该比率用以描述经济信用化情况，该比率越高表明经济信用化程度越高，信用活动越活跃。该比率反映一国信用发展与经济发展的匹配程度，标志其经济信用化程度与信用化进程。

吴氏CR基本结论：经济信用化率可以反映不同国家的信用发展水平，信用化比率与一国的经济发达程度呈现明显的正相关关系。从美国、德国、日本、法国、韩国、中国等国家数十年的数据分析看，信用总规模和GDP强相关，二者增长速度完全同步，经济信用化率反映了一国信用发展与经济发展的匹配程度，经济信用化率有一定的规律性，该指标超过10属于信用过度，低于1.5则是信用不足，3—7是合理区间，7.5是信用危机的警戒值。

（二）美国经济信用化过程

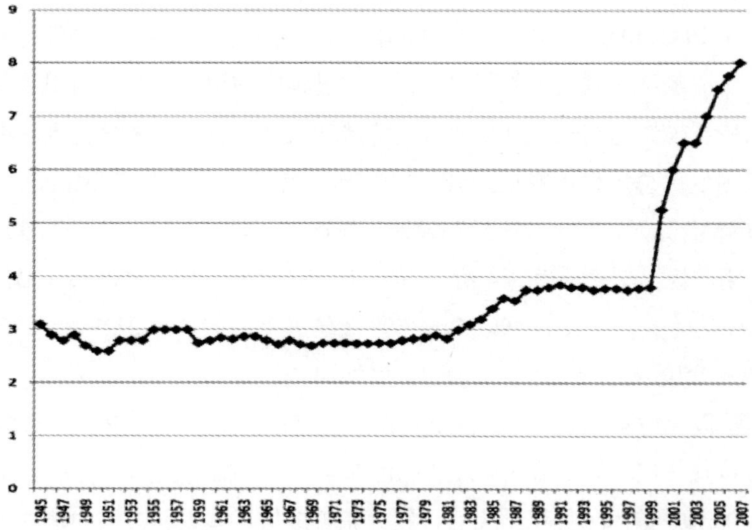

图3-2 吴氏理论—美国1945—2007年经济信用化示意图

数据来源：board of governors of federal reserve system, Flow of fund accounts annual flow and outstanding，经整理绘制。

下面以美国为例，观察其经济信用化过程。作者通过对美国 1945—2007 年的数据观察分析，初步判定美国经济信用化分为五个阶段。

图 3-2 中，X 轴表示年份，Y 轴表示各年信用总规模相对 GDP 的倍数（AC/GDP），即信用化率。图中曲线可以明显分为五个阶段：

第一阶段：1945—1959 年。在这 15 年中，信用总规模与 GDP 之间的比率，即信用化率稳定波动，最高值是 3.1，最低值是 2.6，波幅较小。这期间由于受到战争、政治等非经济类系统性因素的影响，经济活动，特别是信用交易波动非正常化，不作为本文讨论的重点。

第二阶段：1959—1981 年。在这 23 年中，信用总规模与 GDP 之间的比率，即信用化率相当稳定，平均水平为 2.82，最高值是 2.89，最低值为 2.75，高低相差 5%，标准差系数仅 1.28%，波幅相当小。这期间，美国信用规模从 1959 年的 13986 亿美元，增长到 1981 年的 89329 亿美元，增长了 75343 亿美元，年均增长 328 亿美元。此阶段信用规模已经开始增长，信用制度初建，在这一时期，美国通过了 17 项与信用相关的法律。GDP 从 1959 年的 5074 亿美元，增长到 1981 年的 31313 亿美元，23 年增长了 26239 亿美元，年均增长 1141 亿美元。

第三阶段：1982—1991 年。在这 10 年中，信用总规模相对 GDP 的倍数跳跃式增长，从 1982 年的 3，提高至 1991 年的 3.82，提高了近 30%，信用化率大幅上升。这一阶段经济信用化进程明显。在这个过程中信用被普及，信用体系基本建成，信用总规模快速增长，进而使得经济的增长潜力逐步被充分挖掘。在这一过程中，美国信用总规模大幅度上升，1982 年，信用总规模为 97831 亿美元，1991 年为 229093 亿美元，10 年增长了 131262 亿美元，年均增长 13126 亿美元，是第一阶段信用总规模年增长额的 4 倍。此阶段，美国经济也快速增长，GDP 从 1982 年的 32592 亿美元，增长到 1991 年的 59862 亿美元，增长了 27270 亿美元，年均增长 2727 亿美元，是前 23 年年均增长额的 2.4 倍。

第四阶段：1992—2000 年。这 9 年期间，信用总规模 /GDP 又重新稳定，平均水平保持在 3.77，最高值 3.80，最低值 3.74，波动幅度比第一阶段还小，标准差系数为 0.6%。信用化进程结束后，较为完善的信用体系在市场中建立了良好的信用秩序，社会信用交易规范，推动了信用规模的稳步扩大和经济的平稳快速增长。但是，在这个阶段，美国经济的发展速度比以往都高，9 年期间，美国 GDP 从 63189 亿美元增长到 99631 亿美元，增长了 36442 亿美元，年均增长 4049 亿美元，比信用化进程中的年均增长额还要高出近 50%。

第五阶段：2000—2007 年。进入 2000 年以后，美国的经济信用化率已明显、快速提高。这期间，美国的信用总规模都高于 GDP 规模；信用总规模的增长速度比 GDP 增长速度快；信用总规模与 GDP 同方向变化，均持续增长；信用总规模年均增长速度是 GDP 年均增长速度的 6 倍以上，比 2000 年以前的 1.5 倍有所加快。以 2000 年为界，前七年，即 1993—2000 年，经济信用化率平均为 17.55%，2000—2007 年，经济信用化率平均为 19.88%，后七年比前七年快 2.33%，表明进入 2000 年以后，美国经济信用化加速度发展，该指标超过合理区间 3—7，超越了 7.5 信用危机的警戒值。美国 2008 年，进入信用危机区域。

（三）美国经济信用化的特征

特征之一：在经济信用化进程中，信用普及程度大幅度提高，表现为金融市场规模扩大，政府和企业都更普遍地采用信用方式融资。

1961—1981 年，这 20 年期间，国债规模增加了 5752 亿美元，年均增长 288 亿美元，而 1981—1991 年，仅仅 10 年，国债规模就增长了 19419 亿美元，年均增长 1942 亿美元，是前 20 年的近 7 倍。公司债券规模 1960—1981 年增长了 4464 亿美元，年均增长 223 亿美元；而 1981—1991 年，公司债券规模就增长了 13427 亿美元，年均增长 1343 亿美元，是前 20 年的 6 倍。这表明政府和非金融企业在 10 年中，运用政府信用、企业信用较前 20 年更加频繁，涉及的金额更多。

特征之二：在商品市场上，信用支付方式被更加广泛的使用。

1960 年信用销售余额仅占当年商品销售总额的 16%，到了 1981 年这一比率提高至 74%，提高了 60 个百分点，年均提高 3 个百分点；到了 1991 年，这一比率已经超过了 100%，为 115%，比 1981 年提高了 40 个百分点，年均提高 4%。表明在 1981—1991 这 10 年，信用的普及速度快于 1961—1981 那 20 年。人们在商品、劳务市场上，购买商品或劳务更多地采用了赊销，而不是付现的方式，频繁地使用自己的信用。

吴氏美国经济信用化基本结论：

——从美国的经济信用化过程看，可以发现信用总规模与 GDP 之间存在一定的规律性。

——信用总规模与 GDP 之间稳定关系具有阶段性；在较长的一段时间内，信用总规模与 GDP 之间是稳定的；经济发展到一定程度，二者之间的稳定关系将被打破，信用总规模与 GDP 的比率会开始持续攀升，信用得到普及，经济增长的潜力逐渐发挥出来，GDP 快速增长；待信用总规模与 GDP 之间的比率攀升到一定程度之后，这一比率又会重新稳定，经济平稳快速增长。

——从美国 63 年的数据分析看，信用总规模高于 GDP；信用总规模和 GDP 强相关；二者均有周期性，并周期性基本同步；经济信用化也呈周期性特征；经济信用化率有一定的规律，当相对增量持续大于零时说明经济信用化在加快；当相对增量超过 2% 时，说明经济信用化过度，面临信用危机风险；2% 是警戒值。

三、信用结构 · 信用依存度 · 信用效率

现代信用活动形式多种多样，异彩纷呈。对信用活动的划分标准与分类方法有很多，按授信对象性质的不同，可以把信用活动分为公共信用、商业信用、消费者信用；按授信人不同，可以把信用活动分为银行信用、投资信用、商品信用等等。考虑到与国内外统计方法保持一致，本文按照国际惯例，把信用活动分为金融部门信用与非金融部门信用，其中非金融部门的信用又分为公共部门的信用与非公共部门（私人部门）的信用，非公共部门的信用又分为企业信用与个人信用。按照这种分类方法，可以一目了然地看到，整个宏观微观的信用活动是由公共部门的信用活动、金融部门的信用活动、企业信用活动与个人信用活动共同构成的。

（一）信用结构（CS）

经济学中的信用活动是指与授予信用和接受信用有关的交易活动。每一个部门的信用活动都是围绕这两个方面进行的，但每个部门会有不同的侧重。对信用结构的分析，就是对静态与动态的信用活动均衡发展过程的分析。信用结构的内容与结论都是围绕着各种信用活动的均衡状态与相互关系描述的。信用结构问题的讨论基础是各层次、各类型信用活动的划分与界定。

信用结构（CS，Credit Structure）是在经济运行中信用活动形成的均衡状态。

这种均衡状态是由在信用总规模中各层次、各类型信用活动的规模均衡、相互关系均衡共同构成实现的。它表现的是包括宏观与微观在内的各种信用活动的有机关系，以及已形成的信用活动布局和正在变化的动态布局。

信用是个多侧面、多层次的概念，信用活动涉及社会很多领域。关于信用的内涵与层次划分问题，在前文信用的内涵中已讨论，在此不赘述。需要说明的是，在对信用结构的讨论中，本书使用的是“信用——是一种有时间间隔的经济交易活动，在交易中形成债权债务关系”这一概念。其中，债权债务关系按债务人主体不同的划分方式分类。一方面，这种分法是国际上比较通用的，便于寻找资料；另一方面，统计数据的基本口径不会有太大出入，有可比性。

由于信用交易都会形成某种债权、债务关系，债权体现在资产一方，债务体现在负债一方，二者金额相等。在量化各层次、各类型信用活动时使用的信用规模，既可以从资产角度考虑，也可以从负债角度考虑，其结果都是一样的。本书选择的是负债角度，用债务余额作为信用规模。

根据上述逻辑，总信用规模将划分成四个层次，如下图所示：

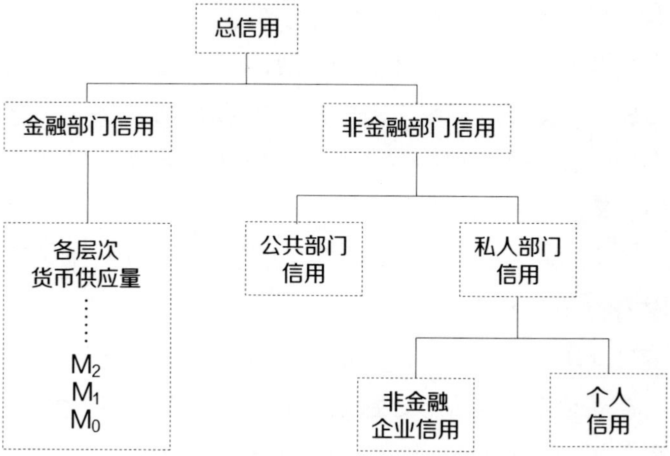

图 3-3 吴氏信用结构示意图

吴氏 CS 基本结论 *：

* 数据分析详见吴晶妹著《现代信用学》（原版），2002，中国金融出版社，或 2009 年同名修订版，中国人民大学出版社。

1．在新经济条件下，非金融部门信用行为与经济的关系较以往密切。如果说在传统的经济条件下，金融部门最能反映经济活动，那么在新经济下，最能反映经济活动的就是非金融部门信用活动。

2．在非金融部门信用活动中，企业的信用行为与经济的关系最为密切。和以往相比，公共部门即各级政府的信用行为对经济的影响力减弱，公共部门信用活动没有在经济中被充分地反映出来。

3．新经济以前，金融部门信用规模与 GDP 关系最稳定，企业信用规模和个人信用规模与 GDP 关系最不稳定。

4．新经济以后，非金融部门信用规模与 GDP 关系最稳定；其次是企业信用规模；金融部门信用规模、公共信用规模与 GDP 的关系较不稳定。

5．美国非金融部门信用规模比金融部门信用规模对 GDP 的影响大。美国非金融企业和个人信用规模的扩张与 GDP 都有较强的相关性，可以说，非金融企业和个人信用增长快时，GDP 增长也比较快，或者说当 GDP 快速增长时，非金融企业和个人信用规模也会较快地扩张；而政府信用规模扩张与 GDP 增长的相关性很弱，GDP 增长快时，政府信用规模不一定有相应快速的增长，或者说在政府信用规模增长时，GDP 没有相应规模的增长。

6．美国消费者信用对 GDP 的拉动作用最强，消费者信用多增长 1 亿美元，平均拉动 GDP 多增长 5796 万美元；政府信用多增长 1 亿美元，会拉动 GDP 多增长 1320 万美元；非金融企业信用对 GDP 的拉动作用最弱，其每多增长 1 亿美元，将拉动 GDP 多增长 1057 万美元。

（二）信用依存度（DDC）

信用依存度（DDC，degree of dependence on credit）是指经济增长对信用交易的依赖程度，信用依存度＝信用交易余额 /GDP。信用依存度体现了信用活动的发达程度，及信用交易对一国经济的贡献。该指标用于衡量一个国家或地区在不同时期信用活动的发展状况。该指标越高，说明该国或地区在观察期经济增长对信用交易的依赖程度越高，信用交易越发达。

信用依存度可以分别从经济对各层次信用活动依存度考察，具体地说，就是可以从各层次信用余额与 GDP 的比率来考察。

美国 DDC 变化分为三个阶段：*

第一阶段是 1945—1980 年，主要特征是经济对金融部门、非金融部门信用规模的依赖程度都比较稳定，没有明显变化；非金融部门信用规模与 GDP 的关系呈现出微弱的周期性，即在经济增长加快时，下降 1~3 个百分点，在经济增长减缓时，上升 1~3 个百分点。经济对公共部门信用的依存度逐年下降，对私人部门信用的依存度则逐年上升，即使在经济衰退（GDP 增长减缓）时也没改变。1950 年前，经济较依赖于公共信用，1950 年后，则是私人信用显得比较重要。当然，这有可能是受到战争因素的影响，二战期间，政府大幅度增加了其债务。经济对个人信用和企业信用的依赖度也在稳定提高，在 1962 年以后，经济更加依赖于企业信用。

第二阶段是 1981—1990 年，这个阶段的主要特征是经济对金融部门信用的依存度保持稳定。与其形成鲜明对比，经济对非金融部门信用的依赖程度显著提高。非金融部门信用规模与 GDP 的比率从 1981 年的 1.46 提高到 1990 年的 1.92，提高了 31.51%。这一提高是由公共信用占 GDP 比率的提高导致的。在这个阶段，公共部门信用 /GDP 和私人部门信用 /GDP 同方向变化，公共部门信用的比率从 1981 年的 0.48 上升到 1990 年的 0.74，上升了 54.17%。

第三阶段是 1991—2000 年，新经济时期，这个阶段的主要特征是非金融部门信用规模与GDP的关系重新稳定，但二者比率的均值为1.92，高于第一阶段的1.46。金融部门信用规模与 GDP 的比率回升到 1.71。在这个阶段，公共部门紧缩了其债务，相应也反映出私人债务的增加，企业和个人都稳定地扩大了其债务比率。

整体看，除公共部门信用之外，各层次信用规模流量与 GDP 之间都存在着非常强的正相关关系，相比之下，个人信用规模流量和非金融部门信用规模流量与 GDP 之间的相关关系最强，相关系数超过了 0.9；其次是私人信用规模流量和企业信用规模流量，他们与 GDP 之间的相关系数超过了 0.8；金融部门信用规模流量与 GDP 之间的相关关系稍差，相关系数为 0.7。公共部门信用规模流量与 GDP 的相关程度虽然不是很高，相关系数仅为 0.35，但是我们发现公共部门信用规模流量与 GDP 的相关关系显示出明显的滞后性，这说明公共部门信用规模不但影响当期 GDP，而且影响未来 GDP，在 7 年后影响最大，再以后则逐渐减小。

---

* 观察期为 1945—2000 年，详见吴晶妹著《现代信用学》（原版），2002，中国金融出版社，或 2009 年同名修订版，中国人民大学出版社。

在信用结构中，只有政府信用有此特点，即对未来 GDP 有影响。其他信用层次都只对当期 GDP 有影响。

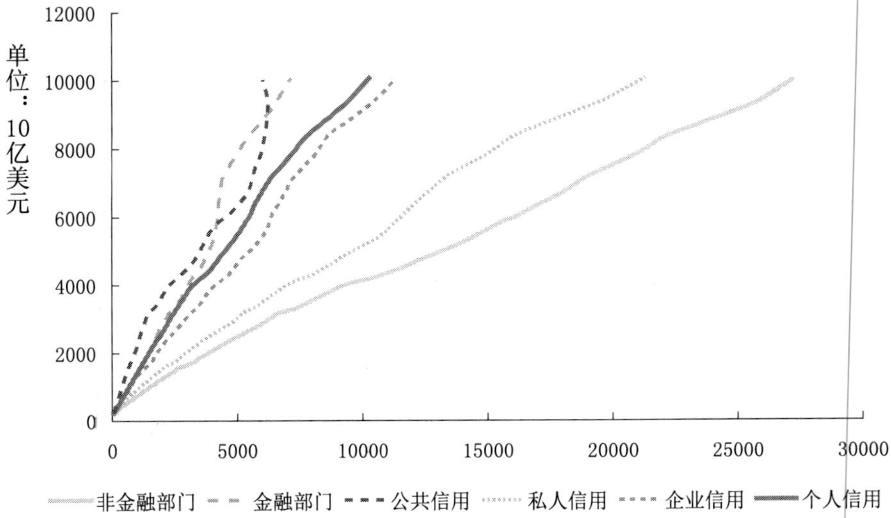

图 3-4 美国各层次信用活动对 GDP 的作用示意图

数据来源：Board of governors of federal reserve systems: Flow of fund accounts annual flow and outstanding，1945-1951 1955-1964、1965-1974、1975-1984、1985-1994、1995-2000 L2, money stock H6 数据，经整理绘制。

图 3-4 中，X 轴代表各层次信用规模，Y 轴表示相应的 GDP 水平。该图显示了各层次信用活动与 GDP 之间的关系，即信用依存度量化水平。

吴氏 DDC 基本结论：

1. 经济对金融部门信用活动的依存度一直稳定；经济对非金融部门信用活动的依存度在提高，其中公共部门在紧缩，私人部门在增加，二者存在信用替代；非金融部门信用规模与 GDP 的关系呈现出微弱的周期性。

2. 各层次信用活动与 GDP 都存在比较稳定的线性关系，而且影响方向一致，即信用规模越大，GDP 越高，而且各个信用规模指标对 GDP 的作用都比较确定。

3. 不同层次的信用规模对 GDP 的影响程度不同。金融部门信用规模对 GDP 的影响比非金融部门信用规模对 GDP 影响要大得多，公共信用规模对 GDP 的作用要远大于私人信用规模对 GDP 的影响，而且随着公共信用规模的扩大，它对 GDP 的拉动作用更显著；个人信用规模和企业信用规模对 GDP 的影响大体一致，个人信用规模对 GDP 的影响程度略高。

（三）信用效率（CE）

适度的信用总规模与合理的信用结构，是信用在现代经济中发挥作用的基础，是信用产生效率的源泉。本节主要讨论信用效率的内涵与外延，及新经济条件下信用产生效率的条件。

为了更好地说明问题，本文将从提出并界定信用效率概念入手，展开分析，其中将提出一些关于信用效率的基本趋势与结论。

效率是一个内涵与外延都极为丰富的概念。人们对效率的认识，可谓仁者见仁智者见智。效率一般是指单位时间里实际完成的工作量，效率高就是完成得多。在宏观经济领域，效率是指最有效地使用社会资源以满足人类的愿望和需要。

1．信用效率内涵界定

本书认为，在日常生活、工作中，效率的定义不胜枚举，但最基本的内涵往往是指一种标准、一种程度。换句话说，效率的实质是，在给定的条件下，期望带来的最大可能的满足程度。这种满足程度基本取决于投入与收获的对比。人类的任何活动都会涉及效率问题，只是程度与标准不同。社会活动有社会活动的效率标准，经济活动有经济活动的效率标准。经济活动的效率标准主要是指经济资源的配置状态，即经济资源的投入产出比。

信用效率（CE，credit efficiency）是指在其他条件不变的情况下，信用资本作为资源配置，带来的信用满足程度，表达了信用对社会活动与经济交易需求的满足程度及影响力。

信用效率的实质是信用资本配置的程度。信用效率的功能是可以表现出信用资本配置的状态。信用效率的度量可以用信用资本的投入产出比衡量。信用效率的功能与作用的发挥需要一定的条件，主要是社会环境、经济基础、管理制度与水平。信用效率达到最佳境界的必备条件是信用总规模合理与信用结构达到最优的状态。

信用效率高，就是指信用资本配置的程度比较理想，信用效率的功能得到比较好的实现，信用资本配置的状态良好，信用资本的投入产出比合理。

如果将信用效率放在全社会范围内，信用效率高，则表示全社会信用资本配置得到比较满足的程度，社会因信用资本的投入，实现了信用资本的增值产出，实现了信用效率，使社会福利及财富得到增加。

如果将信用效率放在企业范围内，信用效率高，则表示企业自己和客户的信用资本配置得到比较大满足的程度，企业因自己或自己所管理的客户的信用资本的投入，实现了企业自身信用资本的增值产出，实现了企业的信用效率，使企业社会名声及经济效益得到增加，表明企业信用资源配置处于优的配置状态。

如果将信用效率放在个人身上讨论，信用效率高，则表示个人的信用资本配置得到比较大满足的程度，个人的信用资本已在个人生活和工作中发挥了作用，实现了个人自身信用资本的价值，实现了个人的信用效率，使个人的社会名声及经济收益得到增加。

2．信用效率特征——双重性

正效率、负效率：

信用效率有双重性，可以表现为正负两面。

信用正效率是指信用活动对经济发展有正面的影响力，具体表现为对经济运行有积极的影响，对经济增长有促进作用。

信用负效率是指信用活动对经济发展有负面的影响力，具体表现为对经济运行有消极影响，对经济增长有制约作用。

直接效率、间接效率：

从整个社会信用活动来看，从宏观信用效率来看，社会各种信用活动有的直接作用于经济运行与增长，有的则间接发挥作用。因此，信用效率可以分为直接信用效率和间接信用效率。

直接信用效率是指各种经济主体的各种授信与受信活动对经济运行及其增长的影响力。

间接信用效率是指各种信用信息服务机构的各种与信用相关的社会性服务活动对经济运行及其增长的影响力。

研究直接信用效率要分开宏观、微观两个层次，但都主要是研究宏观、微观不同的经济主体具体的授信与受信活动对经济的影响，是研究直接信用活动的，更明确地说就是研究实体信用活动。

研究间接信用效率就是要站在宏观层面上，研究各类信用信息服务机构，主要包括征信公司及其信用信息数据库、资信调查与评估机构、信用咨询与服务机构等等，研究它们的信用服务活动对经济秩序、经济交易乃至经济增长的影响与贡献。这类机构与银行、工商企业等直接的信用经营活动完全不同，这类机构在社会信用活动的框架中属于服务类型，并不直接创造社会信用活动实体与价值，也不会在社会经济增长中占有直接份额，但是，这类机构充分、良好、有效的服务是社会信用活动健康、有序发展的社会保障，为社会经济正常运行与实现经济增长创造着必要的社会环境。这类机构及其信用活动的贡献是不言而喻的，在研究信用效率时是必须考虑的。

宏观效率、微观效率：

宏观信用效率是指各类信用活动对经济的综合影响力，与一个国家或地区的信用总规模、信用结构直接相关。

微观信用效率是指单个微观经济主体的信用活动对经济的影响力，与金融部门、非金融企业部门、居民的具体信用活动相关。

研究宏观信用效率，主要就是研究一个国家或地区的信用总规模、信用结构从总体上对社会经济运行和经济增长的影响与贡献，站在宏观层次上，分析各种信用活动与经济运行及其增长的相互关系和变化规律，探求发展信用活动来促进经济增长的可能性。

研究微观信用效率，主要是研究微观经济主体的信用活动对经济运行和经济增长的影响与贡献，站在某个微观经济主体的角度，分析其具体的信用活动对经济的影响，考察、分析和比较各个微观经济主体对经济增长的影响与贡献。

3．宏观信用效率结论

从整体上看，从长期发展趋势看，信用增长与经济增长存在十分稳定的关系，信用增长对经济增长有正面的影响，或者说是贡献，即存在信用正效率。但是，经济增长对信用增长有反作用。因为这种反作用的存在，从长期、均衡状态上看，在一定的经济增长条件下，信用规模增长应当被限定在一定的范围内，如果超出这个范围，信用增长过大或过小，都会影响到当期或未来的经济增长。也就是说，在短期内，信用的效率可能是正的，也可能是负的 *。

吴氏宏观信用效率基本结论：

——信用活动总规模与经济增长存在作用与反作用；

* 详见吴晶妹著《现代信用学》（原版），2002，中国金融出版社，或 2009 年同名修订版，中国人民大学出版社。

——在一定的经济增长条件下，在相应的信用规模增长范围内，信用活动对经济增长产生信用正效率；

——信用活动超出一定的范围，信用规模过大或过小，都会影响到当期或未来的经济增长，产生信用负效率；

——信用总规模超常增长，比增长不足带来的负效率更严重。

四、信用需求

在现代信用经济中，信用作为一种资本、一种生产要素，在社会资源配置中发挥着越来越重要的作用。从整个社会的角度看，信用资本的供给和需求直接影响着资源配置的公平性和有效性。信用资本与真实资本共同作用。在配置社会资源的同时，信用资本对于经济和社会进步的影响更为深远，因为信用资本供给与需求的变化直接决定了社会交往环境的好坏程度和经济交易的规模、效率。

（一）三维信用需求

从信用的实质来看，信用本身是一种资本、财富、资格、手段。那么信用需求者到底需要什么？什么是信用需求？人们都有哪些信用需求？

信用需求（CD，credit demand），是在一定的时期和既定的社会环境中，社会主体对诚信素质和信用价值的需要。从三维信用出发，信用需求有三个层次，即道德文化理念的信用需求、社会交往的信用需求、经济交易的信用需求。这三个层次的信用需求分别满足不同的信用需求动机。具体表现为：

——道德文化理念层次的信用需求对应于人们的心理满足和社会责任感的动机；

——社会交往层次的信用需求对应于人们建立信任和树立信用形象的动机；

——经济交易层次的信用需求对应于人们追逐经济利益的动机。

1．道德文化理念信用需求：诚信需求

在一维信用层面，信用是人们诚实守信的基本素质，简单说就是诚信的精神和原则。顾名思义，诚信就是诚实守信、言行一致、实事求是、忠诚履行自己的诺言。

诚信是做人的基本原则之一，它是人们在为人处事中和各种社会交往中必须遵守的道德规范，并已经得到社会的认同，是任何社会、任何行业、任何人在为人处事中都不可缺少的。信用主体追求诚信精神和原则成为一种需求，概括说就是信用主体对道德文化理念的信用需求。

2．社会交往信用需求：合规需求

在二维信用层面，信用是人们在社会交往中获取他人信任的能力和资本。这是一个应用概念。在社会交往中，我们经常评价信用主体是否讲信用，其实也就是对信用主体是否具有信用这种资本的直观表示。具体讲，就是信用主体是否有诚实守信的基本素质，是否具备获得他人信任的能力。

上升到社会管理的角度，我们对社会交往信用需求的认识更为清晰。社会交往必须遵循的基本行为规范和社会管理中约束人们行为的规章制度，就成为二维信用需求的最明确界定。全社会需求的正是那些符合人们行为规范和管理规章的信用，认可的也正是具备获得信任能力的信用主体。

整个社会需要一种健康、稳定、安全、诚信的生存环境，需要所有社会主体按照规范的行为准则行事，遵守管理规章的要求，不触犯道德和社会规范的底线。简单来说，二维信用需求就是对合规的需求。

3．经济交易信用需求：践约需求

经济交易的信用需求是指授信方对信用申请人的信用资本价值的需求。信用作为资本和财富，本身具有内在的价值，能给授信方带来收益，但同时也会给授信方带来一定的风险。随着信用申请人信用价值的增加，信用申请人的信用风险逐渐递减，授信方对信用的需求逐渐增加。

在经济交易过程中，授信方既有对信用申请人风险的规避要求，又有对信用申请人信用价值的获取冲动。为了达到追逐经济利益的目标，授信方对信用的需求会随着信用价值的增加而增加，随着信用风险的增加而减少。比如，甲企业是销售电源开关的生产企业，A、B 是准备采购甲企业产品的两个经销商，而且都要求采用信用交易方式。甲企业作为授信方，对 A、B 两个经销商的信用均有需求，如果 A、B 两个经销商的信用价值能够达到企业要求，甲企业就可以顺利地授信给两个经销商。此时，甲企业的信用需求非常明显，就是要求 A、B 两个经销商具备一定的信用价值，满足成交的基本要求，并能够在签订合约后，履行契约规定，按时支付货款给甲企业。

（二）三维信用需求的关系

三个信用需求层次的主体不同，目的不同，内容也不同。如图所示，三大信用需求呈现金字塔结构的层次关系。

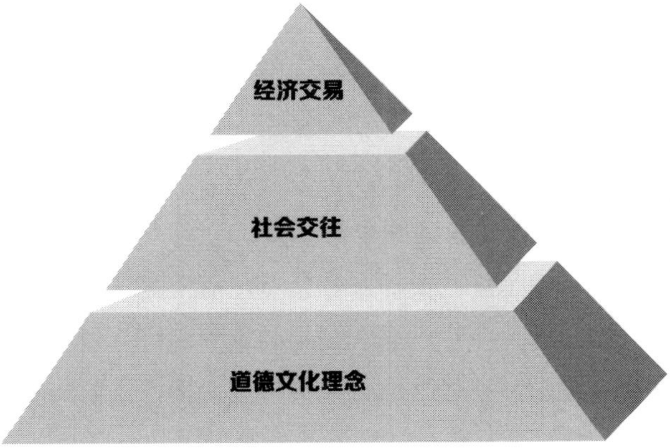

图 3–5　信用需求的金字塔层次

1．诚信道德理念层次的信用需求，是全社会的共同需要。

诚信道德理念是每个社会成员必须具有的基本信用素质，体现为人们对诚信品德的推崇和对诚信精神的敬仰，属于内在的信用需求。这个层次的信用需求主体是全社会，每个生活在社会中的人都需要诚信的道德理念作为精神追求，也都希望其他社会主体具有诚信的道德理念。人们在这个层次上的信用需求，需要的是诚信道德理念，是获得心理的满足。人们借助诚信的精神追求，修炼自我的内心，从而获得诚信的人格魅力，赢得他人的认可。

诚信道德理念层次的信用需求，是支撑一切社会交往和经济交易的基本准则，是形成良好人际关系、获得合理经济利益的基础，处于金字塔的最底层，稳稳支撑着信用的大厦，也提升着信用主体的档次。

2．社会交往层次的信用需求，是建立良好社会秩序的需要。

社会交往突破了人们的心理界限，外在表现为人们对行为准则和交往秩序的需求。这个层次的信用需求主体仍然是全社会，目的是维持正常的人际交往秩序和良好的社会规范。这个层次的信用需求，已经不是单纯要求社会主体具有诚信道德和精神就可以满足，而是要求社会主体在社会交往中表现出诚实守信的一面，自觉遵守社会规范要求。

社会交往层次的信用需求，基于人们对交往安全性的渴望，人人都希望在一种相互信赖的环境中生活，没有猜疑，没有欺骗，秩序井然，和谐稳定。这是大多数人普遍的信用需求，也是社会管理的必然需要。

3．经济交易层次的信用需求，是维护经济交易活动的基本需要。

经济交易层次的信用需求处于金字塔的最顶端，是最高级别的信用需求。这个层次的信用需求，主体更明确，目的性更强，内容更有针对性。

经济交易层次的信用需求者就是投放信用产品的授信人，他们需要信用主体的信用，把自己的信用产品供给合格的信用主体，是全社会范围内需要信用的主体中，直接针对信用交易的一部分人。这部分人需要信用，目的是达成信用交易，使自己的信用产品顺利投放到市场，并获得相应的信用收益。授信人对信用的需求内容不仅仅是信用主体具备诚信基本素质、能够遵守社会规范和秩序，而且要求信用主体具有达成信用交易的条件，并且在签订契约后，履行契约的规定，不违约、不欺诈，成为优质的交易合作伙伴。

（三）信用需求的特点

吴氏信用需求理论*基本结论：

1．信用交易需求量与信用价值呈有限的正向关系

毫无疑问，信用需求量随信用价值的增加不断扩大。在存在着真实信用交易需求的情况下，信用价值越高，信用需求就会越增加，信用交易需求量与信用价值呈正向变化关系。但是，这一定是有限度的。限制并非来自信用价值，而是源于信用需求。众所周知，信用交易需求不会是无限的，即使交易对手信用价值再高，授信方的信用需求也一定会控制在一定水平内。

2．信用交易需求量与信用风险呈绝对的反向关系

信用需求量随信用风险的增加不断减小。在存在着真实信用交易需求的情况下，信用风险越高，信用需求就会越低，信用交易需求量与信用价值呈反向变化关系。信用需求量与信用风险二者反向变化的程度，主要取决于信用风险的水平。当信用风险上升到一定程度时，信用需求则趋于减为零，即实际需求趋向停止。

---

* 信用需求曲线及分析详见吴晶妹著《现代信用学》（原版），2002 中国金融出版社，或 2009 年同名修订版，中国人民大学出版社。

3. 信用交易需求量有一个最低安全底线

在真实交易中，信用交易需求有一个最低安全边界，可定义为“信用需求边界线”。信用需求边界线，是指人们在信用交易过程中，对信用价值需求的最低界线，如果交易对手的信用价值低于该边界线，理论上不存在信用需求。

4. 信用交易需求量有需求弹性和承受弹性

信用交易需求量的需求弹性主要表现在：同一信用交易需求量下，不同信用主体的信用价值和信用风险可能是不同的。换句话说，当信用交易需求量一定或不变的情况下，不同程度的信用价值和信用风险及其多种情况下的组合，都可以满足信用交易需求，信用交易需求对信用价值和信用风险有一定需求弹性，无明显偏好。信用交易需求量的承受弹性主要表现在：当信用交易需求量一定或不变的情况下，授信主体可以承受不同程度的信用价值和信用风险组合。

（四）信用需求的三个区域

依据不同信用主体的信用价值，信用需求可分为三个区域，即安全授信区、授信管理区和授信禁区。针对三个不同区域的信用主体，授信人应采取相应的授信管理方法和授信决策。

1. 安全授信区

安全授信区，主要是指在信用需求边界线以上的区域。所谓安全，也是一个相对的概念。在这个区域内，信用主体具备基本的信用价值要求，拥有一定的信用承载能力，是比较良好的信用主体，授信人的授信行为与结果相对安全。

授信人根据自身的信用政策、可支配的信用额度、风险偏好及承受能力，选择该区域的信用主体授信，信用交易的成功率更高，获得的信用价值更大，信用风险更小。在管理上，该区域属于安全授信区，授信人只需要对这个区域的信用主体实施日常管理，对发生重大变化的信用主体采取相应的措施即可。

2. 授信管理区

授信管理区，主要是指信用主体具有一定的信用价值，但是没有达到安全信用边界的要求，属于需要具体实施管理的群体区域。

授信人经过考察，如果决定对该群体的某个信用主体授信，无论在信用标准上，还是授信额度和期限上，都要设置一定的“门槛”。授信交易达成后，更要加强授信管理，采取各种管理措施，强化这些信用主体的履约意识，重点关注这些信用主体的经营状况，保证授信的成功率和安全性。

3．授信禁区

授信禁区，主要是指信用主体完全不具有信用价值，信用风险始终存在，原则上属不能授信的范围。

一旦发现处于授信禁区的信用主体，原则上授信人不要接受该信用主体的信用申请，不要轻易尝试挑战风险，否则不但造成极高的管理成本，而且很有可能导致惨痛的损失。

五、信用供给

信用供给是与信用需求相对应的一个概念，二者相互依存、共同存在。信用需求以信用供给为基础，信用供给以信用需求为导向。二者不仅在总量上需要相互匹配，而且在结构上也需要达到均衡。在上面的论述中，我们已经认识到信用需求的主体和特点，信用需求曲线的一般规律和管理要则，接下来我们将阐述信用供给的主体和特点，以及信用供给曲线的一般规律和管理要求。

（一）三维信用供给

信用供给（CS，Credit Supply），是指信用主体在日常生活和经济交往中表现出的诚信素质和提供的信用价值。从信用的实质出发，信用供给实质上供给的是资源、财富、资本、资格、手段。信用主体拥有这种资本和财富，提供给社会，提供给授信机构，获得社会的认可和授信机构的信用产品。

从三维信用出发，信用供给有三个层次，形成社会上广泛存在的三大供给：

1．一维信用供给：道德诚信基本素质供给

在一维信用层面，信用是人们诚实守信的基本素质，是做人的基本原则。人们在社会交往中必须遵守诚信的道德规范。社会主体在一维信用供给层面，主要是从内省的角度约束自己，修炼自身的信用素质，向外界展示自己的信用精神，最终目的是获得社会主体的认可。

诚信供给的特点是内敛型供给模式，人们心理或道德层面的诚信素质，在潜移默化中影响工作、生活、学习，甚至交友、爱情。信用主体在长期的自我约束和不断的精神追求过程中，形成了诚信的道德理念和精神准则，向社会供给这种诚信价值取向和心理追求，就会在全社会范围内形成崇尚诚信的信用环境。

温州商人在改革开放初期有一种“向钱看”的价值取向，在经济利益的驱动下，发生了许多制假造假的不诚信事件，在社会上造成很多负面影响，温州的信用环境也一落千丈，成为信用的“重灾区”。但是随着经济的发展和人们意识的转变，“向钱看”的价值取向逐渐被“追求诚信、追求长远发展”的价值取向所取代，温州商人日益树立起自己的信用品牌，重新打造温州人的信用形象，温州地区的信用环境也随之发生了翻天覆地的变化。现在的温州，再也不是信用的“重灾区”，而是诚实守信的“明星区”。

2．二维信用供给：社会活动合规供给

二维信用供给，是人们在社会交往中，为维护社会稳定持续发展而遵守社会规章秩序所表现出来的信用状态。这是一维信用供给在行为和活动层面的具体表现。人们在社会交往中，需要获得他人的认可和信任，就必须供给自身的合规信用，表明自己是符合社会规范要求的合格供给者。

社会总是要在各项规章制度的约束下发展和进步，人们作为个体，存在于社会当中，必然要自觉遵守社会规范的要求，形成对个体行为的约束。人们存在于社会之中，也需要融入社会群体，通过人际交往寻求心理满足和行为需要。为此，人们必须供给自己的信用，向社会其他主体证明自己是有信用的，是合规供给的合格供给者，才能实现自己的愿望，维持良好的人际交往关系。当人们都按照社会规范的要求，合格供给自身的信用时，全社会的信用秩序就会呈现一种良好的诚信状态。人们也能享受诚信社会自由、安全、轻松的生活环境。

社会生活中，二维信用供给的例子举不胜举。邻里之间相互信任，委托代为照管小孩；朋友之间相互信任，君子协议就能借钱；同事之间信守承诺，履行既往约定等等，都是人们供给信用、建立信任的最好例证。在社会管理方面，驾驶员按规定定期缴纳养路费，行人按规定自觉在路右侧行走，施工单位按规定不在夜间施工扰民，甚至家有宠物的人按规定自觉给宠物申报“户口”等等，都是人们供给合规信用，遵章办事的行为表现。

3．三维信用供给：经济活动践约供给

三维信用供给是信用主体为了获得信用产品和服务，提供自身的信用资本，满足生产生活需要的过程。这是一维信用和二维信用在经济活动中的集中表现。人们在经济交易中，以自己的信用为条件，换取相应的信用产品和服务，获得自己需要的信用收益。随着收益的增大，信用主体供给信用的欲望越强烈，信用供给量越大。

在经济交易过程中，受信方既有对信用产品和服务的需求，又有对信用收益获取的需要。为了顺利获得信用产品和服务，受信方会想方设法提供符合授信方要求的信用资本，因为自己提供的信用价值越高，授信方授予的信用产品越好，享受的授信条件越有利，信用主体获得的信用收益越大。同样是购买日用品的消费者，张三的信用价值大，付款意愿和付款能力强，生活有稳定的保障，超市就可能允许张三赊购日用品，采取季付的方式结算；李四的信用价值小，偿付意愿和偿付能力都不如张三，生活来源没有可靠的保障，超市可能要求李四赊购日用品后，必须每月结算一次，如果李四的信用价值一直没有提高，超市就只能要求李四现金结算了，“一手交钱，一手交货”。

（二）信用供给质量与检验

每个信用主体都能够供给自身的信用，但并不是每个信用主体供给的信用都是合格信用。所以在讨论信用供给问题时，我们必须关注信用供给的合格与不合格问题，这也直接影响到社会交往和经济交易的成功率。

1．信用供给合格

合格的信用供给是指那些诚实交易，按规定履行契约，获取正当信用价值的供给行为。

合格的信用供给能够带来较大的信用价值、较小的信用风险和较高的信用收益，是信用需求方希望得到的信用供给。信用供需双方在合格信用供给的基础上，才有可能讨论授信标准、信用产品定价、信用风险度量、信用价值评定等，才具备交往和交易的基础，才有可能达成信用交易并顺利执行信用交易。

在全社会范围内，如果所有信用主体都能够供给合格的信用，那么整个社会的诚信环境、信用秩序将会得到极大的改善，信用经济也会在一个合理的、健康的状态下运行。

2．信用供给不合格

不合格的信用供给是指那些不诚信却达成交易，如提供虚假证明、以各种手段完成签约、签约后不履约的供给行为。

不合格的信用供给，信用价值很小，甚至不具有信用价值，带来的信用风险却很大。要想获得信用收益，需要承受很大的损失风险，甚至完全不可能达成信用交易。信用供需双方在不合格的信用供给下，双方博弈耗费时间长，而且很难达成信用交易，即使偶尔达成了信用交易，授信方也需要在后续的管理中花费很大的管理成本，加强对受信方的风险监控和防范。

如果整个社会的信用主体都不能或不愿意供给合格的信用，那么社会的信用环境势必急剧恶化，信用秩序混乱不堪，甚至发生社会性的信用危机。美国的次贷危机就是一个典型的例子。

2007 年美国爆发的次贷危机，不但深刻影响着美国的信贷市场和整个经济的发展，而且波及美洲、欧洲，甚至亚洲的众多国家，经济一度走入低迷，市场活跃程度大打折扣。导致这场危机的原因很多，有银行风险管理失控的问题，有信用工具泛滥的问题，也有投资者不理性的问题。无论怎样，归纳起来就是一个问题，市场上大量的不合格信用供给普遍存在，导致整个社会的交易结构畸形，交易秩序混乱，最终酿成了这场社会性的交易危机，其实质就是整个社会的信用危机。

次级贷款市场的信用主体主要有商业银行、投资银行、评级机构、投资者、政府等。这些主体在次贷危机中的表现都不尽如人意，也正是这些主体的各种问题，导致了次贷危机在美国的爆发和世界的蔓延。

商业银行作为次级贷款的始发者，风险管理失控是导致危机的最主要原因。银行在发放次级贷款时，无需资金和偿还能力证明，给信用评分很低的主体授予无首付的贷款，按揭贷款的总额远远大于总房价；在内部信用控制中，完全没有内控限制，操作流程简化、风险防范意识淡薄。90%的贷款人高报个人收入 5%以上，60%借款人虚报收入超过实际收入一半以上。德意志银行 2006 年全部次级房贷中，“骗子贷款”占到 40%。商业银行之所以如此放松警惕大量放贷，是基于不长期持有贷款、迅速转卖给投资银行以求转移信贷风险的理念。商业银行完全依据房产的价值授信，根本不考虑信用主体的偿还能力，只要买房子，谁都可以贷到款。

那么，就让我们来看看投资银行是否发挥了风险转移的作用吧。投资银行是次级贷款的中转者，通过证券化处理，毫无限制地投放信用衍生工具，在一系列所谓的金融创新、信用增级的手段下，肆意放大风险，扩张资金规模，将信贷市场的风险转移到资本市场，并且使风险在资本市场积聚，达到一触即发的地步。投资者在利益的驱动和刺激下，已经丧失理性，完全演变为投机者，没有人关注长期利率低、收益率低的国债和公司债，都把目光锁定在信用评级高、收益率高的证券化产品上，都想赚一把就走。

然而，信用评级就那么可信吗？这场危机中的信用评级机构，表现实在不敢恭维。穆迪、标普等信用评级机构引导发行者提升信用级别，在危机前没有发出预警，危机发生之初急忙下调级别，引发投资者恐慌，危机过程中不断降低评级，严重打击市场信心，对发行者和证券化产品雪上加霜。它们没有发挥客观、独立、科学的确认信用价值的作用，违背了职业操守，沦为证券化产品的包装者。

让我们再来看看政府的作为。作为管理者的政府，对银行次级贷款允许无首付，本身就是风险的隐患；对衍生产品的种类和衍生次数完全没有限制，纵容了证券化产品的泛滥；对资本市场的风险管理缺位，市场秩序面临严峻考验；对评级机构毫无监管，道德风险不可避免。正是政府在社会管理上的缺位与滞后，导致次贷危机不但没有得到遏制，反而逐渐向纵深发展，一发不可收拾。

3．供给质量的检验

在成熟的市场经济环境下，信用供给合格与否以及信用价值的大小，不是授信方决定，也不是受信方决定，而是由专业的、独立的第三方中介服务机构通过信用度量来确定。

目前，专门从事信用评级的中介机构，就是这种检验和鉴定机构。信用评级机构掌握大量的企业数据和行业发展数据，结合行业的特点，开发信用价值评估和定价的数学模型，界定信用主体供给的信用是否合格，并给出信用价值大小的基本判断，供授信机构参考。授信机构结合信用评级机构的评价结构，根据自身的信用风险承受能力，制定信用产品的价格，达成授信交易，获得信用收益。

美国次贷危机，带给我们的思考是长久的，也让我们充分认识到信用供给与需求的匹配对经济发展是至关重要的，信用供给的合格与否是供需双方、第三方中介、政府部门、投资者都必须重视的一个现实问题。

正如本书前几章所述，对信用的度量和对信用价值的确定，属公共产品范畴，仅仅由第三方如信用评级机构来确定，不是最佳选择。在特殊时期，第三方信用评级机构的公正性、客观性与权威性将受到挑战。其根本原因就在于，信用评级机构是非公益性的，是追逐利益的经营性机构。更糟糕的是，其利益直接来源于受评对象。

作为授信方，要有鉴别信用供给、加强风险控制的意识和能力；作为受信方，要有提供合格信用、理性平和的心态和理念；作为信用评级机构，要有客观公正、独立科学的职业立场；作为政府管理者，要有驾驭市场、防范风险的措施，要建立健全社会信用体系；而作为普通投资者，更要有理性的投资心态，永远本着投资的心态入场。

（三）信用供给的决定因素

信用供给的决定因素很多，既有外部的利益驱动，也有内部的价值取向，共同决定信用供给总量。其中，影响信用供给的外部因素主要有经济利益和社会利益，影响信用供给的内部因素主要是信用主体的诚信水平、合规表现和经济实力。

1．外部决定因素

信用供给的外部决定因素有经济利益和社会利益，决定了信用主体是否供给信用。

经济利益是驱动信用主体供给信用的直接动力。信用主体提供合格的信用，就能够在市场交易中达成信用交易，获得由此带来的经济利益，满足自己生产和生活的需要。人们对于金钱和利益的欲望是没有止境的，为了获得经济利益，信用主体会源源不断地供给信用。

社会利益是影响信用供给的间接动力。信用主体诚实守信、履约践行，就会在社会交往中获得广泛信任，广交朋友，广结善缘，赢得良好的人际关系，得到社会的认可和赞誉。同时，社会管理体系的监管者对于信用良好的信用主体也会提供很多便利，如工商简化年检程序、海关享受通关绿色通道、税务表彰纳税A级企业、电信服务提供高额度套餐等等。由此可见，社会信用体系的规范程度和失信惩戒机制的惩罚力度，是信用管理的必然要求，不但有利于改善社会诚信环境，还有利于扩大社会利益，提高信用主体供给信用的驱动力。

2．内部决定因素

信用供给的内部决定因素有信用主体的诚信水平、合规表现和经济实力，即信用主体的信用价值。

信用价值是信用主体诚信水平、合规表现和经济实力的综合反映，也是决定信用主体供给信用多少的主要因素。诚信水平较高、合规表现较好、经济实力较强的信用主体，能够提供的信用价值更大，提供信用的意愿更为强烈；反之，诚信水平较低、合规表现欠佳、经济实力较弱的信用主体，能够提供的信用价值很小，提供信用的意愿也随之降低。

信用价值在一定程度上决定了信用主体提供信用的能力，也在一定程度上决定了信用主体享受信用产品和服务的成本，信用价值大的主体，所需付出的成本较低，信用价值小的主体，就要付出更多的成本才能享受同样的产品和服务，否则就只能降低享受产品和服务的标准和质量。

（四）信用供给的特点

吴氏信用供给理论*基本结论：

1．不同信用主体提供的信用价值量不同

每个信用主体的文化背景、交往时间、交易状况各不相同，积累的信用价值也不尽相同，信用主体能够提供的信用价值也存在差别。

2．信用供给受社会文化和经济发展水平的影响

社会文化的发展程度直接影响信用主体一维信用道德理念的形成和提升，表现在二维和三维的信用交往和交易过程中，就是有不同的信用价值，信用交易供给的水平也会有所变化。

经济发展水平对信用供给的影响更为重要。经济发展水平高，信用主体交易的周期缩短、交易的质量提高，外部约束力强，信用主体就会提供高质量的信用，社会的交易秩序和环境也会极大改善。

3．信用供给的价值具有隐含性

信用主体自身和信用需求方一般很难准确、客观地评定价值量大小，需要通过第三方定价机构进行信用定价。第三方的信用中介服务机构以专业的技术水平和独立的服务立场，运用科学的价值发现和评价模型，确定信用供给的价值，变隐含为透明，供授信机构决策参考。

4．信用交易供给量与信用价值呈有限的正向关系

很显然，信用供给量随信用价值的增加不断扩大，在存在着真实信用交易供给的情况下，信用价值越高，信用供给就会越增加，信用交易供给量与信用价值

---

* 信用供给曲线及分析详见吴晶妹著《现代信用学》（原版），2002 中国金融出版社，或 2009 年同名修订版，中国人民大学出版社。

呈正向变化关系。

当然，这一定是有限度的。限制并非来自信用供给，而是源于信用价值。毫无疑问，最简单的经济学原理，价值不可能是无限的，信用价值也不例外。信用价值的增加不会是无限的，达到一定程度，再提高则涉嫌被高估，即出现信用价值泛滥，信用资本价值泡沫化，这意味着供给过度，信用过剩。

5．信用交易供给量与信用收益呈无限的正向关系

信用供给量随信用收益的增大而不断增大。

6．信用交易供给量有一个最低安全底线

在真实交易中，信用交易供给有一个最低安全边界，可定义为“信用供给边界线”。信用供给边界线，是指人们在信用交易过程中，信用供给的最低界线，如果信用价值低于该边界线，理论上不存在信用供给，因为社会上没有这种信用需求。

7．信用交易供给量有供给弹性和承受弹性

信用交易供给量的供给弹性，主要表现在：同一信用交易供给量下，不同信用主体的信用价值和信用收益可能是不同的。

信用交易供给量的承受弹性，主要表现为信用价值和信用收益不同的两个点，信用交易供给量却是一样的。

这主要与信用主体的供给欲望以及信用需求方的偏好有关。

六、信用产业链

产业链是指各个产业部门之间基于一定的技术经济关联，并依据特定的逻辑关系和时空布局关系客观形成的链条式关联关系形态。信用作为一个新兴的产业，也有着自己的产业链。

（一）信用产业链概念（CIC，Credit Industry Chain）

信用产业链（CIC，Credit Industry Chain）是指信用从抽象的资本到具体产品到资本价值实现的全过程。信用产业链描述了不同信用活动层次及相互关联的内容与程度，阐述了信用活动及所有相关机构之间的运作关系。

信用产业链上，包含各个运作环节的多个主体和角色，各自承担信用产业链的某个环节，共同推动产业链条的滚动运转。其中，最为主要的主体有以下几个：

信用的生产者：是指生产信用、提供信用的受信主体。受信主体作为生产者，是信用产业链的起始点，受信主体生产出信用资本本身，才能完成后续一系列的信用加工、包装、传播、定价、消费等环节，信用产业链才有了运转的基础。受信主体生产的信用，就像是产品的原材料一样，只有优质的原材料供应商，提供高质量的原材料，才能保证信用产品和服务的高质量与交易的高效率。

信用的加工、包装、传播者：是指对信用原材料进行加工、包装和传播的中介主体。在信用产业链条上，大量存在的征信、调查、评级等信用信息服务机构，就是这类主体的典型代表。中介信用服务机构参与信用信息的采集、整合、加工和信用资本的中间定价，帮助信用资本实现资源配置功能，为授信机构提供授信参考，达成信用交易。这是一种外部辅助机构，独立存在于产业链条，保持客观、独立的第三方定位。

信用的保障者：是指对信用交易活动提供风险转嫁保障的服务主体。信用担保机构、信用保险机构和专业的保理机构，都是信用的保障者。这些担保、保险和保理机构，提供信用增值服务，为受信方提供担保，提高受信方获得信用产品和服务的能力，并且为授信方提供风险转移的渠道和途径，分散或降低信用风险，保障授信方的信用安全。当然，在这个过程中，这些机构还为信用进行中间定价，以确定担保成本、保险费率和保理佣金等。

信用的挽回者：是指提供咨询服务和商账追收服务的市场主体。授信、受信双方在信用交易之前或交易过程中，往往对很多具体的方案设计、管理程序、信用销售策略、信用收益最终实现等问题存在疑惑，有可能影响授信主体信用收益的实现，这就需要信用的管理咨询机构提供智力支持，需要专业的商账追收机构提供账款回收的服务，帮助授信机构挽回信用收益。

信用的消费者：是指需要信用、消费信用的市场主体。授信机构（金融、工商企业）、资本市场上的投资人都是信用的消费者。这些信用的消费者以投放信用工具的方式消费信用，通过对信用资本的定价和购买完成消费过程。其消费的实质是以信用资本配置资金资源和商品资源，实现信用资本的价值。信用的消费过程，对全社会而言，实现以实物资本和信用资本共同配置资源的作用，促进社会的平衡发展和资源配置的多元化。

对于信用而言，信用主体通过自身信用的生产，即通过在道德文化、社会行为和社会关系、经济关系和经济交易层面的信用活动，可以将自身的信用生产成为一种商品，这种商品是能够带来收益的，是信用主体的无形资产，是一种资源更是一种财富。作为商品，信用有其自身的价值和使用价值，在流通领域扮演重要角色。实际上，信用作为一种商品一旦进入流通领域，自然形成信用产品的产业链，在这个产业链上，存在信用产品的供应方、需求方、产品增值服务机构、产品定价分类机构、监管机构等产业主体。如图 3-6，吴氏信用产业链示意图。

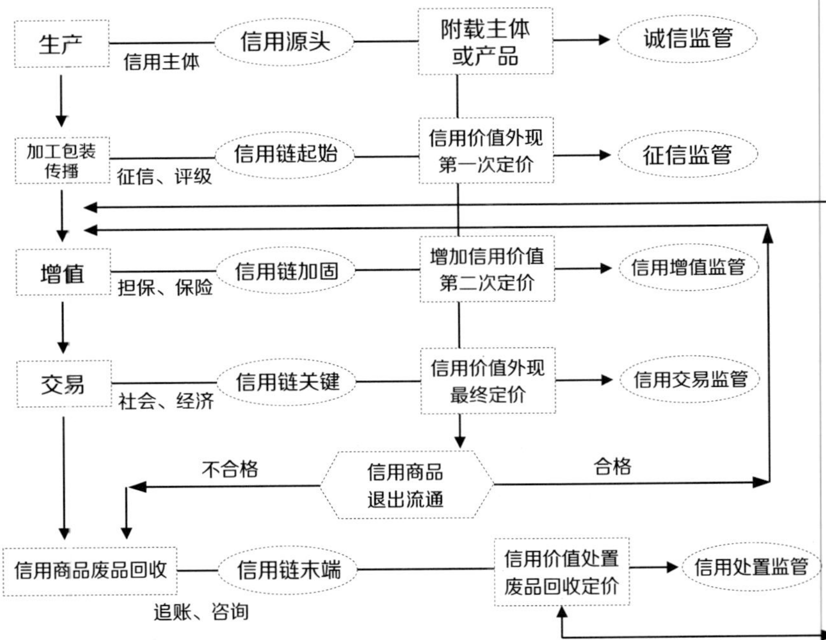

图 3-6 吴氏信用产业链示意图

（二）信用产业链的特征

垂直性。从信用产业链示意图可以看出信用活动——信用商品——购买及风险控制——信用商品处置机构的产业链体现的是信用商品在流通领域交易过程具有自上而下的垂直性特征。信用产业链的这种垂直性特征，连接信用的生产者、加工整理传播者、定价者、消费者和处置者，形成环环相扣的产业链条，并按照自身内在的规律性，形成成熟的信用产业。

协作性。信用增值服务机构、信用产品定价分类机构通过协作的方式对信用进行分类、定价和增值服务，体现了产业链的协作性。也正是产业链上这种高度的协作性，大大提高了产业链的运作效率，促成了信用生产者和消费者的价值匹配，实现信用交易的顺利完成。

不可替代性。第三方定价机构的服务短期内来看具备一定的可替代性，即有时候信用投放机构可不用第三方的服务品。但是从长远来看，定价越来越专业化，而且信用商品购买机构一般只做交易风险定价，其余二维的度量和定价不可能完全自己来做，因此势必会交给第三方专业的定价机构来做。所以从长期来看，第三方的定价机构是不可替代的，必然会有专门的机构来完成信用定价的工作。

在现阶段或将来经济发展到一定阶段的时候，如果某些机构被替代，或其产品与投放机构的定价类产品相一致，则说明这种第三方定价机构应该被社会分工所淘汰。第三方的定价机构与投放机构的定价不同：它研究的是三维之间的关系、各自维度的信用价值波动情况以及三维整体信用价值的波动情况。这不是信用商品购买机构研究定价的目的，也不是其定价的范畴，因此这是第三方定价机构单独研究的一个领域。

（三）信用产业链的主要组成部分

1. 生产者：信用主体

信用的生产者是全社会的各类信用主体。信用主体生产和提供自身的信用，也是信用活动的承载者。在全社会范围内，信用的生产者包含一切自然人、法人和公共管理机构。

信用主体的信用生产过程并不简单。信用是一种无形的资本和财富，需要长时间的积累和沉淀。信用主体的信用也不是与生俱来的，而是经过信用主体诚信素质的积累、诚信交往的表现和承诺践约的交易，周而复始生产出来的。信用主体的信用生产过程，不是一次性行为，初期的信用生产可能价值很小，通过不断的社会交往和多次的信用交易行为表现，信用生产过程多次反复，信用价值每次都会增加，也就是在不断的生产和消费中，逐渐积累信用价值。

我们说自然人讲信用，更多的是道德文化层面的理解，简单地讲就是答应的事情一定要做，约好的事情不爽约，这就是讲信用。它是人类精神底层最本质和本我的体现。自然人讲信用，在道德层面主要体现在个人的诚信度，即具备诚实守信、承诺践约的道德理念和行为准则；在社会行政管理和社会一般交往中主要体现为是否用诚实守信、承诺践约的道德理念和行为准则遵守社会行政管理相关政策和制度的要求，遵守社会一般交往中普遍接受的方式方法；在经济交易行为中主要体现为是否用诚实守信、承诺践约的道德理念和行为准则遵守经济政策、法律、法规的规定，遵守经济交往中为社会和法律普遍接受的方式方法。

实际上讲不讲信用、信用程度如何，都是通过信用主体在社会活动和行为中体现的，是由社会其他主体的评价来反映的。如果把信用看作是一种虚拟的商品，那么信用主体的活动和行为就是信用产品的生产过程。

2．信用产品分类、中间定价机构

信用商品通过信用主体的信用活动生产后，信用商品的定价就成为进入流通领域的必要条件。如果信用商品没有价值衡量标准，那么在流通领域就无法有交易的参考标准。但信用商品的定价权本身不在生产者，而在于信用主体之外的交易对手或第三方定价机构，即我们说的信用产品定价机构。有的时候定价机构独立存在，有的时候这种定价功能直接由购买信用商品的主体行使。信用产品定价机构根据信用主体的诚信活动、社会一般行为活动、经济交易活动以及信用主体本身的资信情况，对信用主体的信用——信用商品进行定价。

现代信用活动蓬勃发展，日益壮大，并出现了进一步的社会分工。整个社会的信用活动可以分为实体信用活动、社会信用信息管理与服务两大类。后者本质上就是信用商品价值确定和分类，表现为第三方信用服务品。从产业链层次看，这类机构的服务实际上是定价活动，提供了对信用商品价值的量化标准，从而为信用作为商品进入流通领域提供了交易基础。

信用产品分类和中间定价机构，利用信息数据的优势、专业的评估技术，建立适合不同信用主体的分类定价模型，有专门针对信贷风险的违约率模型，有专门服务信用卡评分的个人信用评分模型，也有专门适用于企业授信的赊销风险预测模型。信用产品分类和中间定价机构接受授信方的委托，调查信用主体的信用信息，选择适当的评估模型，对信用主体的信用价值给予合理的定价，供授信机构参考；同时对信用产品的属性和信用主体的特征进行分类，使信用价值高的信用主体能够与高品质的信用产品相匹配，实现社会资源的最优配置。

信用产品分类和中间定价机构的服务产品表现为第三方的信用报告类产品。围绕信用商品的价值和分类，信用信息管理与服务行业充分发挥了价值确定和分类的功能，如征信公司、资信评估公司等。它们以社会实体信用活动为基础，以公共部门、金融部门、企业为主要客户，以经营并销售信用信息与信用产品、提供专业化和社会化的信用服务为手段，立足于社会，成为现代信用活动的重要组成部分，如征信活动、个人信用评分、企业信用评估、主权评级、信用等级确定、资信调查、诚信评价等。

3．信用产品中间需求及风险管理控制机构

信用产品的中间需求及风险管理。信用产品的中间需求及风险管理机构是增值服务机构。信用商品通过价值确定和分类后进入流通领域，受市场需求和市场标准的影响，不同性质的信用产品有其不同的市场需求，对市场而言也有对信用商品的内在标准。因此，当某一性质的信用商品的内在价值不符合市场要求时，产业链自然会产生信用产品增值服务机构。通过这些增值服务，信用产品被重新加工，产品价值自然会提高。在实际活动中，这种增值服务主要包括：信用保险、保理、信用担保。此外信用主体作为信用产品的生产者，同样可以提供增值服务，如资产抵押。

增值服务机构的特点。短期内来看，增值服务机构具备一定的可替代性，即有时候信用投放机构可不利用风险管理机构转嫁风险。但是从长远来看，风险管理机构必然越来越专业化，而且由于信用投放机构不是专门做风险控制的，因此长期势必会交给风险控制机构来做。所以从长期来看，风险管理机构是不可替代的，必然成为一个专门的机构单独存在。

风险管理控制机构与投放机构的活动目的和内容不同。风险管理控制机构研究的是风险如何被转嫁和分散，是三维在社会上的应用，例如研究如何利用社会对三维的认识寻找空隙，想办法把风险转嫁给最容易接受的“博傻”主体，甚至可能利用了一些法律和社会管理的空隙，分散解决三维的风险。

增值服务机构的功能。信用主体是信用商品的供给者，与之对应，在流通领域存在信用商品的需求者。以银行为例，银行给企业发放贷款的交易活动中，银行购买了企业提供的信用商品，这个信用商品的实质包括三个方面：信用主体是否有偿还贷款意愿、是否有偿还贷款能力、企业是否依法经营。

通过第三方或者银行自身的评价，银行做出决策：（1）不合格信用商品，拒绝贷款；（2）低价值信用商品，需要追加担保或抵押，提高贷款利息；（3）高价值信用商品，合理控制授信额度。银行作为信用商品的需求方，其目的非常明确，即降低其授信资产受损失的可能性，以保障银行资产的安全。因此，银行购买申请贷款企业的信用商品实质就是要进行风险管理，不仅包括授信前对企业信用评价，实际上当银行发放贷款后，银行已经是该企业信用商品的持有者（不是唯一的）。信用商品的价值随着时间的变化而变化，企业信用商品价值有几种变化的可能性：（1）合格变为不合格，即有价值变为无价值；（2）高价值变为低价值；（3）低价值变为高价值。根据企业信用商品的特点，银行必须针对借款人实际变化情况进行风险管理，包括关注企业还款情况、财务情况、经营情况等。

4．信用最终需求者：授信机构

信用最终需求者是授信机构，即信用工具或产品投放机构。信用的生产与创造者是信用主体自己，即信用的供给者。信用的需求者是社会上广泛存在的授信机构。

在经济交易领域，授信机构对信用产生需求，希望通过获取信用提供信用产品，赚取信用收益。这些授信机构是信用工具或产品的投放机构，也是信用的最终需求者。银行、企业等授信主体，对信用的需求方式是信用工具或产品的投放，是以信用配置资源的表现形式。其中，银行配置的是资金，企业配置的是商品。

内容与功能。信用商品的使用价值在于支付或交换价值，可以通过信用交易活动满足生产者其他方面的需要，包括资金、物品等的需要。如企业向银行借款，企业实际上将自身信用商品出售给银行，银行购买后向企业发放贷款。从本质上讲企业用信用商品换得一笔贷款即使用一笔资金的权利。当然它并不是等价交换，企业仍需偿还该笔贷款，同时支付该笔资金的使用成本。

交换以获得资金使用权。银行向企业发放贷款，是以借款人在未来约定时间偿还本金和利息为条件的。这种交易活动中，企业以自身的信用商品交换了企业对银行贷款资金的使用权利。

交换以获得商品使用权。在企业与企业之间的商业信用关系中，即赊销或分期付款信用交易中，企业以自身信用商品交换所需商品的所有权。

信用商品交易与一般商品交易的区别是：商品持有人不同，信用商品不随交易改变持有人，一般商品则不是；信用商品是无形的，一般商品是有形的；信用商品可以重复出售，可以出给不同银行、不同企业。

信用商品交易的特点是不可替代。第三方定价机构和风险管理机构均不可替代信用投放机构，在产业链中信用投放是核心；该产业链的分工越精细化，其他两个产业链的发展越成熟和迅速；信用投放分工越细化，定价和风险管理越由其他两个产业来做，越促进其他两个产业的发展。

从长远趋势来看，无论是银行授信资金还是企业授信商品，最终都是围绕资金和商品，除此之外都应该社会分工出去，交给定价机构和风险管理机构。由此看来，定价机构和风险管理机构一定会形成并发展起来。

5．信用商品处置机构

信用的价值随着信用主体诚信水平和经济实力不断波动，这种波动的过程伴随着风险的产生。信用需求者购买信用主体的信用，就会面临违约的风险，自身的信用收益有可能因此而受损。

信用商品处置机构就是在信用产品的价值下降后，采取挽救措施，最大限度降低损失的机构，主要有商账追收公司、资产管理公司等。事实上，信用产品的处置功能有时候在授信机构内部完成，如企业有专门的商账部、银行有专门的不良资产管理公司等。但从整个产业链来看，在专业化分工深化的过程中，信用产品的处置机构必然成为一个独立的机构，完成信用商品处置，保全信用价值。

特点。信用商品的处置机构处于信用产业链的末端，是信用价值实现的最后一道保障。信用商品在生产、加工、分类、定价、交易、分配、价值实现的全过程中，信用商品的处置机构仅仅在最后的价值实现环节发挥作用，对于信用收益实现存在问题的部分商品，实施最后的“救助”措施，也是信用价值实现的最后一线希望。

功能。信用商品处置机构的经济职能非常单一，就是处置信用商品购买者的授信资产。信用商品处置机构管理和处置授信资产的方式多种多样，有的以委托追账的方式，即接受委托追缴那些无法收回的应收账款，以一定的比例提取追账佣金；有的直接买断授信资产，通过拍卖等方式，以低于资产原始价值的价格出售这些资产，尽可能挽回无法实现的信用收益；有的通过打包的方式，组成资产证券化产品，形成资产池，转化为资本市场可流通的产品，实现信用收益。无论采取什么方式，信用商品处置机构都是要发挥处置功能，最大程度降低授信资产的价值损失。

七、信用与市场经济的关系

现代信用对现代经济运行的影响深刻到信用活动直接决定经济活动的特征。这种影响可以直接、简洁地概括为市场经济是信用经济。这种影响主要表现在以下几个方面：

（一）信用是市场经济运行的前提与基础

信用是商品交换的前提与基础，商品交换是市场经济运行的前提与基础，则信用是市场经济运行的前提与基础，是市场关系的基本准则。

商品经济的主要特征是生产者、经营者之间的经济联系要通过市场买卖交换来实现。商品经济的核心内容是商品交换。商品交换是以社会分工为基础的劳动产品交换，其基本原则为等价交换，交换双方都以信用作为守约条件，构成互相信任的经济关系。假如有一方不守信用，等价交换关系就会遭到破坏，经济活动就不能进行。商品交换、商品经济迄今已有5000~7000年的历史。社会分工和生产资料，劳动产品归不同所有者所有是商品经济存在的前提条件。在奴隶社会和封建社会，小商品经济即简单商品经济就有一定的发展，它的基本特征是商品生产者自己占有生产资料并亲自参加生产，产品归生产者自己所有。但那时的商品经济还不能说就是市场经济。因为那时，统一的国内市场尚未形成，不可能在全社会范围内按市场的需求配置资源。

市场经济是高度发达的商品经济，是建立在机器化大生产的物质技术基础上的商品经济。市场经济的主要特征是资源配置主要通过市场机制的作用来实现。市场机制的核心内容仍是商品交换，而商品交换的基本原则仍是建立在信用基础上的等价交换。随着交换关系的复杂化，日益扩展的市场关系便逐步构建起彼此相连、互为制约的信用关系。整个经济活动被信用关系所联结。这种信用关系作为一种独立的经济关系得到充分的发展，并维系着错综繁杂的市场交换关系，支持并促成井井有条的市场秩序。

可见，从商品经济的交换到市场经济扩大了的交换，乃至市场机制下的市场关系，都是以信用为基本准则的。没有信用，就没有交换与市场；没有信用，就没有经济活动存在与扩大的基础；没有信用，就没有人类赖以生存与发展的社会秩序。

事实证明，市场经济愈发达就愈要求诚实守信。诚实守信已成为现代文明的重要基础和标志。信用的发展，是深深根植于现代市场经济发展规律中的，是人类社会经济进步的必然趋势。西方发达国家正是顺应了这种趋势，建立了信用管理体系，形成了信用环境与信用秩序，有力地促进了经济发展。新兴的工业化国家也正在朝着这个方向发展，实现其经济腾飞。广大的发展中国家虽然也普遍出现了信用活动发展的倾向和趋势，但是由于政治体制、经济体制和历史与传统等多方面、深层次的问题，使得信用活动的发展速度受到影响，也在一定程度上影响了其经济的进步。尽管如此，从社会发展进程来看，以历史唯物主义思想方法判断：无论是发达国家还是发展中国家，绝大多数都会自觉或不自觉地进入信用活动大力发展的时代。

（二）信用是市场经济健康发展的基本保障

首先信用信息可以保障市场发挥效率，使经济主体在不确定性中，减少成本，保证或增加收益，使市场经济活动与交易不断延续。

在经济活动与具体的交易活动中，一方面，交易一方可能对实质性的信息缺乏了解，另一方面，交易一方可能故意隐瞒真实信息，导致交易双方所掌握的信息往往是不充分的，是非对称的。在信息不完全和不对称的条件下进行的交易及各种经济活动，存在着不确定性，其中自然也存在和孕育着风险，会使经济主体的行为扭曲，使市场异化，发生“逆向选择”和“道德风险”，使市场价格机制无法自动实现资源的有效配置。信息不充分与不对称现象，在产品市场、金融市场等各种要素市场广泛存在，往往会使市场机制对资源配置的效率大大降低。

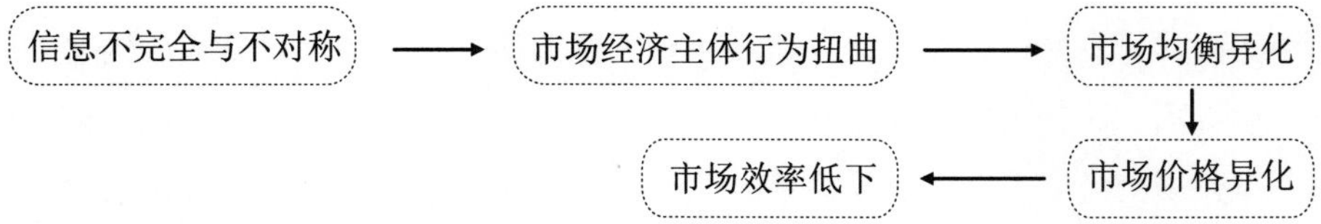

因此，只要在经济中存在着不确定性，就会有通过获取信息减少不确定性的可能性。在不确定性的环境中，信用信息的价值是凸显的，是很珍贵的。因为，不确定性具有风险，自然也就会形成经济成本，减少不确定性也就是减少成本，从而增加收益，信用信息的价值就体现在其中。

其次，信用制度与信用管理体系延长了博弈过程与时间，减少了潜在的欺诈行为，延长了交易的持续性，保障了市场的健康发展。

在现实的交易中，一方面存在信息不对称，另一方面交易双方都追求实现利益最大化，会尽可能地使出一切手段，包括隐瞒、欺诈、违约等行为，获取目标利润。如果没有信息传播的渠道与途径，信息是不完全和不对称的，没有信用制度与信用管理体系的约束，那么在一次性的交易中，或者在偶然的交易中，或者在以后的交易中再次相遇的概率极低的情况下，存在欺骗的可能性就会很大。这是因为，一方面，由于存在信息不完全和信息不对称，使得交易一方在交易过程中无法完全识别对方的特征及其行为，只能在交易结束之后才有可能发觉和确认；另一方面，由于缺乏信用制度与信用管理体系，使得受损失的一方无法对另一方的欺骗行为进行约束和惩罚。

在现实社会，交易情况会复杂得多。各个经济主体的各种经济活动与交易是不断博弈的过程。但是，博弈不会是无限的。在有限的博弈次数中，在最后的交易中，发生欺骗的可能性是很大的。如果各个经济主体都担心本次交易是最后一次交易，都担心博弈可能会结束，都不敢给予信任，那么社会信用关系仍然不会存在。因此，必须建立自动履约守信的制度与体系，即建立信用制度与信用管理体系来约束交易行为，使各个经济主体在经济活动与交易中，无论是在一次性的，还是在多次的博弈过程中，都诚实守信，自觉塑造自己的信用形象以及与交易对方的信用关系。

同时，信用管理行业及其机构的社会化信用服务活动，进一步保障了各种经济活动与交易健康有序进行，保障了市场经济的运行效率。

由于信息的不完全与不对称，由于博弈的不确定性与风险性，各个经济主体在经济活动与交易中需要收集、识别各种各样的信息，需要进行专业的信息处理与风险防范。这些工作往往是经济主体很难完成的，而且运作成本很高。如果这些工作必须由经济主体在交易之前自己去运作和完成，将直接提高经济活动和交易的成本。这将直接降低市场运行的效率。不仅如此，由于经济主体对信息收集与处理的非专业化，往往不能直接甄别风险，不能有效降低与防范各种不确定性可能给自己带来的损失。因此，在整个市场体系中，需要专业化的信用管理行业及社会化信用服务机构。

有关社会分工的基本常识告诉我们，一个行业存在和发展的基本前提就是该行业的功能是其他行业无法替代的，并且市场对该行业的需求有一定的规模。专业化的信用服务机构就在这种情况下产生，信用管理行业应运发展起来。信用管理行业及其服务机构已经成为市场经济必不可少的组成部分。它们的存在，在一定程度上弱化了信息不完全与不对称问题，降低了信用交易成本，延长了博弈过程与时间，扩大了市场规模，保障和提高了市场经济运行的效率。

总之，市场经济需要交易，交易的基础是信用，但是信用关系的建立并不意味着在交易过程中就没有违约和欺骗，因为这其中还有信息不完全和信息不对称以及博弈心理与博弈过程。因此，市场经济以及各种交易活动需要信用制度与信用管理体系，需要信用管理行业与社会信用服务机构。当然，这一切对各种经济活动与交易行为的约束也有一定局限性。因此，市场经济还需要法律，需要建立在市场规则基础之上的法律的约束与强制执行。这一点，在西方征信发达的市场经济国家也毫不例外，而且法制程度更高。

（三）信用是市场经济微观主体经济活动的启动器

市场经济微观主体主要是指各种各类的企业、金融机构、个人与家庭。市场经济微观主体的一切社会经济活动往往是从信用开始的，是从筹资活动开始的（个人与家庭除外）。信用是市场经济微观主体经济活动的启动器。

企业是社会信用活动中最活跃的层次，是巨大的信用需求者和供给者。企业创业之初，大部分是赤字运行，需要借助信用活动，筹集和融通资金。企业融资有两条渠道。其一是间接融资，即企业与资金供给者之间不发生直接的信用关系，其资金融通是通过各种金融机构中介进行的，主要是通过商业银行。其二是直接融资，即企业与资金供给者直接发生信用关系，双方可以直接协商融资方式与价格，或资金供给者在公开市场上直接购入企业发行的债券或股票。

股份制已成为现代企业的重要组织形式。股份制与股份制企业日益发展，遍及全球。而剖析实质，可以看到股份制就是建立在信用关系基础之上的，是依靠信用活动发展起来的。目前，企业在金融市场上发行债券、股票直接融资的比重日渐上升，企业与社会公众的直接信用关系越来越重要，这和现代信用活动日益非中介化的趋势是相辅相成的。

企业在日常经营中，由于扩大再生产和经营的需要也经常出现赤字，经常需要信用启动和推进。例如，在生产和经营中，需要借助信用完成原材料采购，通常表现为银行信贷和企业间的赊购赊销与应收应付账款；在商品销售中，需要采用信用方式扩大销售，如前所述，信用销售已成为现代企业商品销售的时尚与有效渠道。另外，如遇季节性资金需要、市场波动下的收不抵支，临时与意外开支等，企业都必须寻求信用帮助，企业离不开信用。

企业在社会信用活动中，既需要受信，需要融入资金，又可以授信，可以支持他人；既可能以存款授信于银行，又可能以商品授信于消费者，最终授信于资金的现期使用权。但总的来说，企业对信用的需求超过供给。在信用活动方面，企业是赤字部门，且往往透支。

从金融机构来看，信用是其经营的根本。金融机构在社会信用活动中有双重身份，一种身份是企业，有自身的收入和支出，时而盈余、时而赤字，既可能受信也需要授信，和普通的企业一样有着类似的信用活动。例如，在银行成立之初，需要信用启动，需要存款支持；在银行经营中，需要信用媒介，需要信贷活动获得利润，这方面就涉及下一个问题。

金融机构的另一种身份是社会信用活动的媒介，一方面聚集社会资金，广泛收集和接纳社会各界的受信，形成金融机构的债务；另一方面把聚集的资金通过诸如贷款等方式分配出去，形成金融机构的债权。在这样的信用活动中，金融机构聚集的信用需求可能大于供给，也可能小于供给，出现差额是多数的情况，平衡是少数的。因此，金融机构需要以经常的信用活动和被社会广泛接受的信用方式，来弥补和运用这个差额。这是非金融机构所不具有的特殊职能和特殊身份。这是金融机构独有的信用经营活动，是金融机构立于经济组织的根本。

从个人与家庭来看，情况相对复杂一些。总体上说，个人与家庭在社会信用活动中的主要角色是受信部门。在新经济中，在西方发达的征信国家，已经出现了个人和家庭负债生活与消费的趋势。可以窥测到个人与家庭在现代信用活动中的角色在发生着微妙的变化。

（四）信用是市场经济核心——金融活动形成和发展的基础

金融活动是市场经济的核心，而信用正是金融活动形成和发展的基础。金融活动是一切经济活动的基础与核心，社会资源的分配与调节是以金融活动为中心而最终实现的。可以说，现代经济发展史，便是一部金融经济发展史。金融对经济的影响无时不在、无处不有。世界经济已进入金融经济时代。金融已经渗透到整个社会经济领域，并且处于经济发展中的核心地位。金融组织与金融活动对经济的影响无论广泛性、抑或深刻性都达到前所未有程度。

信用是金融活动形成和不断发展的基础。人类最早的信用活动，起源于原始社会末期。社会生产力的发展，出现了两次社会大分工：即畜牧业与原始农业的分工、手工业与农业的分工。这两次社会大分工，促进了商品的生产和交换，加速了原始社会公有制的瓦解和私有制的产生。私有制在发展过程中，出现了贫富差别。因贫穷而缺少生产资料和生活资料的人们不得不向富裕者借贷，信用产生了。这时信用活动的主要形式是借贷，是原始的物物借贷，与原始的商品物物交换处于同一阶段，具有物物交换的共同困难，信用难以广泛发展。当货币产生以后，商品物物交换的困难被解决了，商品生产与交换迅速发展。在货币被广泛使用的情况下，信用的直接物物借贷发展为货币借贷，信用活动也得到了广泛发展。

可以想象，当货币支付手段职能日益发展，货币形态日益抽象时，信用关系也日益广泛，信用在现代与未来经济生活中无所不在。信用的形态也将日益抽象。在未来货币时期，人们不再借贷今天的货币，而是借贷未来货币，可能是借贷电子流、光波一类了。

货币与信用是相伴而生的最亲密的搭档。以信用为基础，在货币保管——兑换——经营的基础上，金融活动最古老的机构——银行产生了；以信用为原则，银行的信贷活动大力发展，银行成为经济的核心；以信用为前提，金融工具与金融资产被广泛交易与不断重组，金融市场日益发展与壮大，逐渐成为现代经济的核心。

在现代信用活动中，货币的含义发生了很大的变化，货币的内涵与外延更加广泛。新型的各种支付结算形式、创新的各种金融工具与传统货币一起发挥货币信用的作用，使商品生产与交换、劳务等一切社会经济活动的发展更加充分、更加广泛，使金融活动与经济增长紧密结合，成为经济发展的推动力，使社会经济发展获得了更多的机会和增长点。

在现代信用活动中，多元化的金融组织迅速发展，取代了传统的银行金融垄断，形成了现代化的金融组织体系和市场体系，为社会提供了更多的融资机会与渠道，不仅给金融业的发展带来活力，也给整个社会经济发展注入了新的生机，使社会资源配置得以高效、合理发展。在现代信用活动中，利率引导着货币、商品的流通，引导资源配置，以利率为操作与指引手段的金融调控和金融监管成为市场机制运行的中心，现代意义上的金融宏观调控，取代了传统的市场自我调节，并且成为宏观经济调控的核心。

（五）信用为市场经济活动与交易创造工具与基本条件

信用创造了信用流通工具和转账结算制度，节约了社会流通费用。商品经济是以追求利润最大化为目标的，这就要求最大可能地节约费用和降低成本以提高资金的使用效率，实现利润最大化。而在社会流通中产生的流通费用，属非生产性费用，是社会财富中为流通过程牺牲掉的部分，在社会生产和流通的组织中，应该尽可能地缩减这一部分支出。

在货币经济条件下，各生产部门之间因商品流通频繁引起的巨额债权与债务关系，均只能表现为货币支付。这势必增加了货币发行、清点、运送和保管费用，同时也延缓了商品流通的时间，减缓了资金周转速度，影响资金使用效益。但是，如果通过信用进行交易，这种债权债务关系可以相互抵消，在最终结算时，只需进行差额结付。同时，银行提供的技术性业务，如转账、划拨、清算等，一纸结算凭证就可以结清债权与债务关系，在商品流转额保持不变时，可以使货币需求量减少。

信用改变了资本的存在形式，促进了社会产业资本再分配和社会利润率的平均化，使社会生产平衡稳步发展。平均利润率的形成以资本在各个部门之间自由转移为条件，通过各个部门之间的竞争而实现。然而，各生产部门的生产资本，都有特定的自然形态和用途，限制了资本从一个部门转移到另一个部门，阻碍着社会平均利润率的形成。信用通过分配职能解决了这个问题。各种信用工具均表现了社会各部门资本以及相互债权债务关系，各种信用工具的流通与转让就表明了社会各部门资本的流出与流入。信用使资本的存在形式发生了变化，使不可能流动的资本流动了，使资本及其流动变得看得见、摸得着、算得清了。

信用广泛集中了社会各种资本和收入，推动了社会生产的扩大和发展。信用可以集中一切分散的、零星的闲置资本和货币收入。在社会资本总量不变的情况下，改变资本的分配关系，使个别资本转化为社会资本，使个别部门支配社会资本成为可能。巨额资本集中使生产规模得以在短时间内扩大，采用新技术，提高生产力和生产社会化程度。

信用为政府对国民经济进行宏观调控创造了条件。在信用发达的现代社会经济中，经济层次多而复杂，经济活动领域宽阔而多变。国家政府要干预、调节经济越来越困难。信用为这种干预和调节提供了可能性和手段。主要表现在，一方面，由于信用的发展，出现了多种银行和信用机构，并在此基础上产生了中央银行。中央银行作为国家调节经济的中心，商业银行和其他金融机构是中央银行调节经济的传导者，最终作用于国民经济各个部门和单位，整个金融体系组成了调节宏观经济的有机体。另一方面，由于信用的发展，出现了多种信用工具，以及使信用工具流通和转让的金融市场。这就为中央银行调节经济提供了场所，提供了经济手段。

（六）经济活动日益信用化

信用活动与信用交易规模不断扩大，且快于 GDP 增长速度，表明了经济的信用化程度越来越高，说明信用活动在经济活动中迅速普及，对经济的作用与影响不断扩大。经济信用化大幅度提高，有利于扩大产品市场、金融市场等各种要素市场的交易规模，从而拉动投资，促进市场繁荣与稳定。

从发达国家的经验看，市场经济信用化进程是有阶段性的。在不同的阶段信用活动与 GDP 之间存在不同的关系。在较长的一段时间内，信用活动与交易的总规模与 GDP 之间是稳定的。当经济发展到一定程度时，二者之间的稳定关系将被打破，信用活动与交易总规模和 GDP 的比率会开始持续攀升，信用得到普及，经济增长的潜力逐渐发挥出来，GDP 快速增长。当信用活动与交易总规模和 GDP 之间的比率攀升到一定程度之后，这一比率又会重新稳定，经济进入平稳快速增长时期。

（七）信用对经济增长有一定的拉动力

信用活动与经济增长之间存在作用与反作用关系。经济进步与经济增长带动信用活动发展，与此同时，信用活动的扩大与发展又会促进经济进步与经济增长。有现实情况和数据表明，从长期看，大多数国家的信用活动与信用交易总规模均与 GDP 同方向变化，且相关性极强。在 GDP 水平低时，信用总规模和各类信用交易活动规模通常也都比较低，当 GDP 水平高时，后者也比较高。

从西方征信发达的市场经济国家的实际情况看，一个国家或地区信用活动与信用交易的总规模对经济增长有一定的拉动作用。从长期、均衡状态上看，在一定的范围内，信用规模的增长可以拉动一定比例的经济增长，但超出这个范围，信用增长过大或过小，都会影响到当期或未来的经济增长。也就是说，信用的效率可能是正的，也可能是负的。当信用总规模增长过大时，当年 GDP 增长会下降，历史上较大的经济衰退几乎都发生在信用总规模超常增长的年份。信用增长超出正常增长的范围，会产生信用负效率，对经济增长产生负面影响，而且信用总规模超常增长，比增长不足带来的负效率更严重。

八、信用与社会的关系

一般认为，一个国家或地区社会经济发展的速度与质量，经济发展总水平取决于其经济基础、科学技术水平。其实，现在无数事实证明还取决于其社会环境、社会秩序与文化进步程度，更取决于其社会制度与管理体系安排的合理性与科学性。

（一）信用制度与管理体系重于经济基础与技术手段

应该承认，一个行之有效的社会制度与合理安排的社会经济管理体系更能够激发整个社会的创造性，使社会经济运行充满活力与生机，并直接推动社会经济发展与进步。

对于这个观点最有利的证明就是中国近代发展史。众所周知，中国是四大文明古国之一，在相当长的一段历史时期里，其政治、经济、军事、文化与科学技术发展水平都居于世界领先水平。但是，当欧洲等很多国家开始进行社会变革的时候，当世界普遍开始进行新的社会制度与社会管理体系安排的时候，当欧洲文艺复兴、法国民主革命、美国独立运动、人权民主自由平等思想与精神广泛传播的时候，中国还在维系已经实施了千年的封建帝王制度。

不适宜的、已经落后了的社会制度与社会管理体系不仅没有给中国的社会经济发展带来任何保障，相反，却严重阻碍和桎梏着中国的社会经济进步，扭曲了社会经济秩序，恶化了社会环境。落后的社会制度与社会管理体系，拖累着中国这个古老的东方巨人，使之萎靡、无力，在世界各国激烈竞争与快速发展的国际跑道上，越落越远。痛定思痛，我们不得不须承认社会制度与社会管理体系的进步、变革、创新与合理安排是多么重要。

值得注意的是，现在，我们还必须进一步地认识到，信用活动是社会经济运行的一部分，信用管理是社会制度与社会经济管理体系的重要组成部分。信用制度与信用管理体系的合理性与科学性对社会信用环境、社会经济运行秩序有直接影响。如果说制度重于技术、管理高于创新，那么，合理、科学的信用制度与管理就会对社会经济发展产生不可估量的推动作用。关于这一点，美国信用体系与信用制度的完善对其社会经济发展与经济运行秩序的积极作用，就是一个很有说服力的证明。

因此，从这个角度说，一个国家或地区，如果要发展经济，要提升社会经济总水平，就必须重视社会制度的变革，重新合理安排社会经济管理体系。市场经济是信用经济，要提升市场经济发展水平，就必须重视信用制度的确立与发展，合理安排并有效运行信用管理体系，包括信用法律体系、不良信用惩罚机制、信用教育等。目前中国正处于这样的时期，市场经济下的中国迫切需要信用制度与信用管理体系。

如果承认了制度与管理体系对社会经济发展的重要作用，那么，理智的行动就是尽快着手制度与管理体系的建设。接下来的问题就是要建设一个什么样的信用制度与管理体系，如何去构建。

正如生产力与生产关系之间的关系一样，检验生产关系是否进步主要看其是否适应生产力的发展。基于这个思想，一般情况下，衡量一个制度与管理体系是否合理与进步的标准，主要就是看其是否能够适应社会发展。不仅如此，现在还应该进一步认为，一个合理与进步的社会制度与管理体系应该能够推动社会发展。在现代市场经济条件下，社会制度与管理体系应该与生产力发展水平、科学技术水平同样重要，在某种条件下，甚至更加重要，起决定作用。

检验信用制度与管理体系是否合理与进步，主要看其是否能有效维护社会经济活动秩序，保障合理合法的经济交易，激发社会各界经济活动的创造性，扩大全社会交易能力；同时，对不良信用思想与行为有抑止和处罚的作用。具体来说，有效合理的信用管理制度与管理体系，应该具有完善的法律体系、具有健全、开放、商业化运作的征信系统、有约束力的行业标准与规范、严格可行的从业人员资格认定、发达的信用管理教育体系。

同时，特别需要注意的是，检验一个信用制度与管理体系是否有效，还要看它被公众认司和遵守的程度。毫无疑问，一个高效的信用制度与管理体系是由社会公众广泛参与、积极建设、自觉自愿遵守的。信用活动大家做，信用管理大家办。因为，信用制度与管理体系说到底，是一种游戏规则，是要求大家都能够共同遵守的经济活动与社会交往的基本规则。

从逻辑上讲，要大家都遵守的东西，要想遵守得好，就必须达到三个条件，一个是大家都同意去遵守，另一个是大家都有权利互相监督，再有一个就是不遵守会受到惩罚。这三个方面缺一不可。如果大家都不同意，这个制度与规则一定不会被执行，最终的结果是法不责众，不了了之；都有权互相监督很重要，监督要有具体办法，监督结果是可以互相通告，并且作为信息向社会散布的，这方面要有些约束，要对散布这种信息的人和机构有资格认定；信息散布出去了，不守信的行为被通告了，人们不敢与之交往了，不守信受到惩罚了，守信的人也就受到鼓舞了。

综上所述，一个合理、有效、进步的信用管理体系，应该是民间化的、社会化的，是公平的、公开的，是市场化的、自愿与自由的。

（二）信用提高了现代生活的质量与效率

首先，在现代市场经济条件下，信用已成为企业生存与发展的前提条件之一。一方面，企业利用信用方式购买原材料、机器设备甚至劳动力，进行简单再生产和扩大再生产；另一方面企业借助各种各类信用活动，开展信用销售，维护老客户，发展与增加新客户，不断扩大市场占有份额，扩大交易规模。在这两方面的信用活动中，企业超常规发挥了自己的生产、经营与销售能力，提高了企业运作效率。并且，在这样的信用活动中，为了各个环节能够衔接与良性循环，企业必须加强管理，保证各个环节的工作质量，从而有利于提高整个企业的经济活动质量与水平。在这个提高的过程中，企业会自觉不自觉地建立和维护自己的信用与社会信用关系，创造和形成企业文化，促使企业在健康、良好的氛围中发展与壮大。

其次，信用活动有利于提高消费者的生活质量，可以不断满足日益增长的消费需求。一方面，各种各样的信用工具与信用交易方式，极大地方便了消费者的交易活动与消费行为；另一方面，借助各种各类的信用方式与信用活动，消费者可以在任何时间、任何地点，以最方便的形式进行消费与交易，可以应付各种各样的意外事件与突发事件。这样，会极大地挖掘和发挥消费者现有和潜在的消费能力，最大限度地满足与实现消费者的消费欲望与消费需求，从而提高消费者的生活质量与水平。这实际上是在现有的生产力水平与经济发展水平之下，以最好的经济制度与经济规则、尽可能地实现了人类经济活动的目标。这不能不说是信用制度与信用活动对社会的贡献。

同时，借助信用活动，政府在现代经济中游刃有余。一方面，政府可以利用信用方式、利用政府债券向社会公开授信，广泛聚集社会闲散的货币资金，用于公共基础设施建设，用于发展公益事业；另一方面，借助各种各类的信用活动，政府可以向社会各微观经济主体进行授信，以最好的方式、以尽可能高效的形式开展经济建设，扩大就业规模，维持经济繁荣；另外，各种各类的信用活动使社会经济活动与经济交易规模扩大，在一定程度上增加了政府的税收。这些信用活动都在一定程度上增强了政府职能的运作能力。可以说，在市场经济条件下，信用成为政府宏观调控的强有力的工具与手段。

适度的信用规模、合理的信用结构、适当的信用活动对社会经济运行和经济增长有积极的作用，对社会综合发展大有裨益。但是，如果信用活动超出合理的范围，超出企业和个人能够承受的能力，信用结构安排不合理，信用过度则不仅对经济发展没有好处，反而会带来危害。信用是有一定负作用的。从微观来看，如果消费者没有计划地过度使用信用，会使自己陷入过度超前消费、形成巨额沉重的债务负担的不良生活安排，不仅不会享受到信用带来的方便与高质量的生活，反而会助长贪婪，会因恶性负债而产生扭曲心理与异化行为，危害自己、危害家庭、危害社会安全与正常的社会秩序。如果企业不能科学地安排信用活动，过度受信，例如大规模的借贷；过度授信，例如超常规的信用销售，会造成企业债务负担过重，资金周转困难，加大生产经营与管理成本，竞争能力下降，不仅可能导致企业破产与倒闭，甚至会影响社会经济稳定。从宏观来看，如果信用活动过度，超过社会需求，超过经济增长能够承受和容纳的限度，可能导致国民收入超分配，导致社会积累资金不足，经济发展缺乏后劲，甚至会形成信用膨胀，发生信用危机并引发经济危机。

总之，在现代市场经济条件下，信用的作用与贡献引人注目，信用活动已经成为现代市场经济的重要组成部分。建立并且发挥信用管理体系的作用已经成为现代市场经济宏观调控的必不可少的内容。研究与认识信用活动与经济运行的关系也变得越来越重要了。

（三）信用制度与管理体系有利于国民经济可持续发展

人类追求经济发展大体上经历了三个阶段：单纯的经济增长，协调发展，可持续发展。

经济的可持续发展是在20世纪80年代以后提出来的。1989年5月，在联合国环境署的15届理事会上，《关于可持续发展的声明》通过。声明指出可持续发展（Sustainable development）是指满足当前需要又不削弱子孙后代满足其需要之能力的发展。

可持续发展所包含的具体内容是指经济、自然、社会三大系统之间的协调发展。系统内部的可持续发展能力的问题，主要是如何建构一个既有利于经济有效增长，又有利于整个社会公平、健康分享经济增长好处的社会体制建构问题。*

可持续发展所包含的是一个全新的价值追求，是实现社会公平的发展。这种公平包含很多方面的含义和内容，其中一方面就是要解决在社会财富分配上以及以财富为基础的社会福利、文化发展分享上的公平性，是人际公平合理。

用发展的眼光来看，可持续发展所包含的内容应该越来越广泛，其内涵也应该越来越丰富，不仅仅局限于环境保护、生态平衡等等与经济增长方式、物质增长相关的内容，还应该包括与经济发展相关的社会制度方面的内容，包括以物质增长为基础的整个社会政治、经济制度、社会秩序、文化等复杂的多元化因素。毫无疑问，可持续发展问题必须通过构建可持续发展的体制与系列制度来综合解决。如果可以认为，合理的社会制度、有效的社会管理体系、良好的社会秩序也是社会可持续发展的基础，那么，就可以进一步认为信用管理体系、信用秩序与信用制度是社会可持续发展的基础构成内容之一。良好的信用制度与健全有效的信用管理体系有利于国民经济健康、有序、可持续发展。

* 黄顺基，吕永龙主编：《中国经济可持续发展战略框架》，改革出版社，1999年，第8页。

第4章

信用与社会信用体系建设

社会信用体系建设是我国社会与经济发展的需要，是完善我国社会主义市场经济体制的重要组成部分，是建立良好社会秩序、构建和谐社会的必经途径，是利国利民的战略国策。了解我国社会信用体系建设的背景与现状，有利于把握与拓展现在，创新发展未来。

一、我国社会信用体系建设的背景

我国的社会变迁和现代市场经济的建立有着内在特殊性，因而我国的社会信用体系建设也有着特殊的背景。我国社会信用体系建设是社会管理与现代市场经济改革的共同需要。

（一）社会管理需要

我国的社会主义市场经济脱胎于计划经济。在计划经济向市场经济转变的过程中，计划手段对经济活动的调控和监督逐渐弱化，但与市场经济相配套的社会信用体系还非常不健全，因此，随着经济的不断发展，信用缺失对于市场经济进一步持续健康发展的阻碍日益突出。

主要表现在：内部经济秩序混乱，信用严重缺失，假冒伪劣问题、企业间三角债现象、拖欠问题、偷、逃、漏税、金融机构贷款逾期现象严重，信用观念、契约意识淡薄，失信于人屡见不鲜，导致经济信用严重梗阻，社会经济无法正常运行；在对外经济往来中，由于一些商家违反诚信的基本准则，一些地方政府在处理具体问题时处置不当，也造成了一些不良的影响，引发了诸如专利仿造、盗版侵权等侵犯知识产权的现象，以及对外交往中对外支付、贸易结算、资本往来中的种种有意或者无意的失信行为，极大地损害了我国在国际市场中的信用形象。

中国是文明古国、礼仪之邦，中华民族讲信用的传统源远流长。但是为什么我国目前市场经济秩序混乱，信用缺失严重，在信用经济活动以及社会一般交往关系中，存在诚信原则被丢在一边的现象呢？究其原因，是从近现代以来，我国社会几经剧烈变迁，新旧制度交错甚至冲突，制度存在缺陷，社会各经济主体利益边界模糊，失信者往往不受惩罚，守信者往往不得褒奖，信用关系与信用交易秩序混乱。特别是受原有计划经济的影响，信用基础十分薄弱。

在计划经济时期，全社会的经济活动都是由国家计划安排实现的，国家是社会关系与经济活动中的唯一主体。企业和个人都从属于国家，他们在国家计划的层层安排下，进行具体的工作，不独立参加社会经济活动，诚实守信原则难以在活动中得以体现。诚实守信虽然仍是做人的原则，但是并没有直接应用于经济活动中，没有和经济交易规则结合在一起。

在市场经济中，一切经济活动都是由交易活动具体实现的，企业和个人是各种交易的主体，经济利益的诱惑充斥着社会、经济活动的各个角落，诚信道德的约束作用大大弱化。因此，在市场经济中，一般社会关系中的诚实守信的道德规范和行为原则必须要与经济活动的交易规则紧密地统一起来，从而树立能够适应市场经济的意识文化形态。这是发展市场经济所必需的，但正是我们这种由计划经济向市场经济转型的国家所缺乏的。

（二）现代市场经济改革需要

事实证明，一个国家或地区社会经济发展的速度与质量以及经济发展的总水平不仅取决于其经济基础、科学技术水平，还取决于社会环境、社会秩序与文化进步程度，更取决于其社会管理体系安排的合理性与科学性。一个科学有效的社会经济管理体系能够激发整个社会的创造性，并直接推动社会经济的发展。对于这个观点最有力的证明就是中国近代发展史。

中国在相当长的历史时期里，政治、经济、军事、文化和科学技术发展水平都居于世界领先地位，但是当欧洲很多国家开始进行社会变革的时候，中国维系了千年的封建帝王制度严重阻碍了中国社会经济进步，使中国在与世界各国的竞争中远远落后。社会信用体系是社会经济运行的重要组成部分。社会信用体系的合理性与科学性对社会信用环境、社会经济运行秩序有直接影响。

因此，一个国家或地区要发展经济，提升社会经济总水平，就必须重视和合理安排社会经济管理体系。市场经济是信用经济，要提升市场经济发展水平，就必须重视社会信用体系的建设。

自 2000 年童石军提交《关于建立国家社会信用体系的提案》，成为政协委员提交“信用提案”第一人之后，各种有关建立信用制度的讨论就一直持续不断。2004 年十届人大二次会议上，温家宝总理在政府工作报告中特别提出：“要加快社会信用体系建设，抓紧建立企业和个人信用信息征集体系、信用市场监督管理体系和失信惩戒制度”。由此，构架国家层面的信用社会体系的工作开始启动。

党的十六大、十六届三中全会明确了社会信用体系建设的方向和目标。我国“十一五”规划提出，以完善信贷、纳税、合同履约、产品质量的信用记录为重点，加快建设社会信用体系。2007 年召开的全国金融工作会议进一步提出，以信贷征信体系建设为重点，全面推进社会信用体系建设，加快建立与我国经济社会发展水平相适应的社会信用体系基本框架和运行机制。建设社会信用体系，是完善我国社会主义市场经济体制的客观需要，是整顿和规范市场经济秩序的治本之策。

当前，恶意拖欠和逃废银行债务、逃骗偷税、商业欺诈、制假售假、非法集资等现象屡禁不止，加快建设社会信用体系，对于打击失信行为，防范和化解金融风险，促进金融稳定和发展，维护正常的社会经济秩序，保护群众权益，推进政府更好地履行经济调节、市场监管、社会管理和公共服务的职能，具有重要的现实意义。

二、我国社会信用体系建设的发展历程

我国社会信用体系建设起步较晚，自 20 世纪 90 年代初期至今，大致经历了

3 个阶段，即萌芽阶段、起步阶段、发展阶段。

（一）萌芽阶段（20 世纪 90 年代初—90 年代末）

我国的社会信用体系建设始于 20 世纪 90 年代初期，以 1990 年 3 月 26 日国务院发布的《关于在全国范围内开展清理“三角债”工作的通知》为标志。这是中国第一次由国务院文件提出社会信用问题。在这一阶段，相关的法制得到了一定的健全和完善，1993 年的《企业财务通则》和《企业会计准则》，1994 年的《公司法》，1995 年的《商业银行法》《担保法》和《仲裁法》，1999 年的《合同法》中都对信用问题从不同侧面进行了规定。

在这期间，以信用评估为代表的信用中介机构开始出现。1988 年上海远东资信评估有限公司成立，1992 年中国诚信（中诚信国际前身）成立，1994 年大公国际资信评估有限公司成立。信用意识逐渐被企业和投资者所接受。银行为控制企业贷款风险，引入贷款证管理，上海等地还要求申领贷款证的企业必须进行信用评级，从而拉动了企业的信用需求。与此同时，专业担保、信用调查、讨债追债等信用中介机构也开始出现，如华夏信用管理公司、中国经济技术投资担保公司、新华信公司等。相关政府部门开始针对国家重点大型企业、中小企业等不同对象进行企业信用和业绩评价的摸索，商业银行也积极开展以控制自身信贷风险为主要目的的贷款企业信用等级评价工作。

在萌芽阶段，我国社会信用体系建设的主要特点是自发性。在这个阶段，社会刚有信用意识，尚未普及，市场中的经营主体大多是根据自身的需求、自发性地开展信用活动，信用服务机构也基本是自发成立的。

（二）起步阶段（21 世纪初—2010 年）

我国社会信用体系建设的起步阶段大致从 21 世纪初开始，这个阶段的标志性事件是 2007 年建立国务院社会信用体系建设部际联席会议制度。国务院社会信用体系建设部际联席会议的主要职责包括：负责统筹协调社会信用体系建设工作，研究拟订重大政策措施；协调解决推进社会信用体系建设工作中的重大问题；指导、督促、检查有关政策措施的落实；完成国务院交办的其他工作。

在这一阶段，中央和地方都加快了社会信用体系建设的步伐。在中央层面，2001 年 4 月国家十部委联合下发了信用管理指导意见，2002 年 3 月国务院启动企业和个人征信立法与实施方案起草工作，2002 年 4 月财政部、国家经贸委和中国人民银行联合进行全国信用担保机构全面调查，2002 年 6 月中国人民银行企业信贷登记咨询系统实现了全国跨省市联网。在地方层面，2001 年 9 月甘肃下发了社会信用建设文件，2002 年 3 月北京和上海开通了城市企业信用信息系统，2002 年 4 月广东下发了社会信用建设文件，地方社会信用体系建设的试点已经积累了一些经验。

在这一阶段，信用中介机构的种类增多、规模扩大，国外信用机构也开始发展中国市场。中国诚信、大公、远东、联合、华夏、华安、新华信以及中国信用信息网、中国联合信用网、中国企业信用网等社会信用中介机构积极开拓业务领域，惠誉、邓白氏、科法斯等国外信用机构也进入并积极开拓中国市场。信用评估、信用担保、市场调查、信用保险、追账等信用中介机构也开始发展。我国的信用中介服务行业已经粗具雏形。

2002 年，财政部、原国家经贸委和人民银行联合进行全国信用担保机构全面调查，人民银行企业信贷登记咨询系统实现全国跨省市联网。2005 年，《个人信用信息基础数据库管理暂行办法》开始实施，上海、浙江、福建、安徽等地关于企业信用征信管理的地方性法规陆续出台，部分省市加快了地方信用体系建设的步伐，我国第一家个人信用调查机构——上海资信有限公司在上海成立。中诚信、华夏、远东、大公等社会信用中介机构的业务领域不断拓展，国外信用机构也在与国内信用机构开展合作并积极开拓业务领域。

2002 年 11 月，党的十六大提出“整顿和规范市场经济秩序，健全现代市场经济的社会信用体系”。2003 年 3 月，国务院提出“本届政府要用 5 年左右的时间初步建立起与我国经济发展相适应的社会信用体系的基本框架和运行机制”。党的十六届三中全会通过的《关于完善社会主义市场经济体制若干问题的决定》进一步指出，“建立健全社会信用体系，形成以道德为支撑、产权为基础、法律为保障的社会信用制度，是建设现代市场体系的必要条件，也是规范市场经济秩序的治本之策”。2005 年，《中共中央关于制定国民经济和社会发展第十一个五年规划的建议》提出，“以完善信贷、纳税、合同履约、产品质量的信用记录为重点，加快建设社会信用体系，健全失信惩戒制度”。

十六大、十六届三中全会、国民经济“十一五”发展纲要提出了社会信用体系建设的规划，明确了方向和目标。以政府部门为主体的信用信息披露系统和以社会中介为主体的信用联合征信体系开始起步并得以不断推进，失信惩罚机制逐渐形成。

这一阶段，我国的社会信用体系建设全面启动，中央和地方政府都开始重视并部署信用体系建设工作。市场中的信用活动开始增多，信用行为逐渐受到约束。信用机构越来越多，规模不断扩大，业务种类也逐渐拓展。

（三）发展阶段（2011 年—现在）

2011 年我国的社会信用体系建设进入了发展阶段，中央和地方政府都加速推进社会信用体系建设，信用领域不断拓展。

这一阶段的标志性事件是十七届六中全会提出，“把诚信建设摆在突出位置，大力推进政务诚信、商务诚信、社会诚信和司法公信建设，抓紧建立健全覆盖全社会的征信系统，加大对失信行为惩戒力度，在全社会广泛形成守信光荣、失信可耻的氛围”，对制订社会信用体系建设规划作了重点部署，指出良好的社会信用是经济社会健康发展的前提，是每个企业、事业单位和社会成员立足于社会的必要条件。会议强调，“十二五”期间要以社会成员信用信息的记录、整合和应用为重点，建立健全覆盖全社会的征信系统，全面推进社会信用体系建设。主要任务是：1. 加快征信立法和制度建设；2. 推进行业、部门和地方信用建设；3. 建设覆盖全国的征信系统；4. 加强监管，完善信用服务市场体系；5. 加强政务诚信建设；6. 大力培养社会诚信意识。

在这一阶段，中央和地方都对社会信用体系建设进行了大力部署。2012 年 3 月 5 日温家宝总理在全国“两会”做政府工作报告中提出，“深入推进社会主义核心价值体系建设。加强社会公德、职业道德、家庭美德和个人品德教育，做好青少年思想道德教育工作，努力形成知荣辱、讲正气、守诚信、作奉献、促和谐的良好风尚。大力推进政务诚信、商务诚信、社会诚信建设，构建覆盖全社会的征信系统。”同年 3 月 9 日国家发展和改革委员会召开社会信用体系建设规划工作会议，中国人民银行、辽宁、安徽、浙江等省相关部门和机构参加。2012 年 3 月四川省公布《四川省社会信用体系建设纲要（2008—2012 年）2012 年实施计划》，提出四川省将在 2012 年底前建成个人一般社会信用信息征信系统数据库，个人信用建设进入实质性阶段。2012 年 6 月《山西省社会信用体系建设“十二五”规划》正式下发，《规划》全面阐述了“十二五”期间全省社会信用体系建设工作面临的形势，明确必须加强各领域的信用信息系统建设，建立健全覆盖全社会的征信系统，尽快改善各行业、各部门、各地区的信用环境，全面推进社会信用体系建设。

全国各行业也开始对信用建设工作加强重视。2012 年宁夏通过加大诚信体系建设规范建筑市场秩序，依据每个企业的信用得分确定信用等级，等级低的企业将受到一些限制，并面临高频率的日常检查，与此同时还会被取消晋升等级资质的机会。2012 年 3 月潍坊市住建局出台管理办法，对全市 516 家物业服务企业建立信用档案，市民可登录潍坊物业网查询。2012 年 4 月重庆房地产信用体系管理平台开始试运行，市民只需登录“房地产开发行业信用体系建设网”，便能了解到企业或项目的不良行为和良性记录以及相关信息，并可对企业不诚信的行为进行投诉。2012 年 4 月全国交通运输行业信用管理与诚信建设“421”培训工作启动，此工程旨在促进交通运输行业信用管理与诚信建设，计划在交通运输行业内培训 4000 名信用管理经理人、2000 名信用管理师和 100 名高级信用管理师。

这一阶段，我国社会信用体系建设开始加速发展，尤其是政府开始大力、快速推进社会信用体系建设，对社会信用体系建设进行指导和部署，各行业协会、民间组织等在政府的指导下开始进行本行业或本地区的社会信用体系建设。

三、我国社会信用体系建设的初步成就

随着我国市场经济体制改革的不断深化和市场发育程度的不断提高，我国的社会信用体系也逐渐有所发展。中央和地方各级政府对社会信用体系建设越来越重视，政府的推动力度逐渐加大，全社会共同努力建设我国的社会信用体系。

（一）行业信用建设稳步推进

国务院有关部门根据职责分工，积极探索行业信用体系建设。一是依托行政管理职能，归集信用信息，加快信用信息数据库或系统建设。如人民银行征信系统目前已收录了 1200 万户企业和近 6 亿自然人的信息，日均查询量分别达到 7.2 万次和 28 万次。税务总局正在建立个人收入申报信用体系。工商总局建立了拥有近 600 万户企业基本信息的数据库，建立了全国黑牌企业数据库，汇集已吊销企

业信息 270 万条。质检总局建立了拥有 20 多万家企业质量信用基本情况的质量档案数据库。二是实施信用分类监管，提高监管效率。如海关总署对其所注册的 46 万多家企业实施了信用分类监管。三是探索部门间信用信息共享，加强信息比对和交叉稽核，推动联合监管。如全国整规办*，积极筹建反商业欺诈预警监管信息平台，实现政府部门、地区、行业间商业欺诈信息的互联共享和预警监管。国信办积极推动有关部门在全国范围内实现企业基础信息共享。

（二）地方社会信用体系建设取得积极成效

各地方政府结合本地实践，纷纷开展了各具特色的探索。

一是建立了组织领导机制，保障了当地社会信用体系建设的顺利进行。目前，绝大多数省（自治区、直辖市）成立了社会信用体系建设领导小组或联席会议制度，明确了本地区社会信用体系建设的牵头部门，落实了工作责任。

二是积极推动各项基础性工作。部分省（自治区、直辖市）根据需要，制定了本地区社会信用体系建设的实施方案，出台了规范信用信息公开、归集和使用的法规。如上海市、深圳市人民政府出台了个人信用、企业信用征信管理办法。

三是将信用信息系统建设作为切入点促进信息共享。一些省（自治区、直辖市）建立了由当地工商、税务、质检、海关、人民银行、公安等多个部门联合参与、统一的信用信息共享平台，归集各部门掌握的政务信息和企业、个人信用信息，并对信息共享机制作了探索。比如湖南省的信用信息系统已联通了 20 多个部门，为 22 万户企业、2600 万自然人建立了信用档案。浙江省企业信用发布查询系统入库企业达到近 80 万家。

四是加强信用信息的应用。地方政府带头使用信用产品，在政府采购、招标、公务员录用的过程中要求提供信用评估报告。如上海市个人联合征信数据库累计提供个人信用报告 680 万份，个人信用报告已成为个人信贷、就业、公务员录用的重要依据。

总结来说，目前我国地方社会信用体系建设大致分为四种模式：北京模式、上海模式、湖南模式与辽宁模式。

北京模式。从企业征信系统入手，旨在使北京成为全国讲信用的典范城市，

* 全国整顿和规范市场经济秩序领导小组办公室已经在 2008 年政府机构改革中正式成为商务部的内设司，更名为市场秩序司，本文仍沿用以往惯用叫法，称之为全国整规办。

创造更具竞争力的适合市场经济发展和投资、经商、创业的软环境。北京市工商局于 2001 年就开始实施“不良行为警示记录管理系统”，将企业信用记录下来，以红白黑灰表示，并公开公布黑名单。

与以往政府某个部门建立的信用档案不同，北京第一个试点——中关村科技园区就试图整合各个方面的资源，政府推动信息开放，打破部门割裂，由信用信息服务中心从工商、税务、园区管委会、银行、劳保、质监等部门整合企业注册登记、技术认定、纳税、偿贷、产品质量、劳动争议等六大方面的综合信息向信用中介机构提供。信用中介机构采取市场化运作，在信用信息的利用方面从政府部门的不良信用警示向信用评价和提供信用产品的全面信用服务推进。

上海模式。从个人联合征信系统入手。上世纪末，上海率先认识到建立个人征信系统对于扩大消费信贷，拉动经济增长，防范金融风险的巨大作用，积极提出并且开创性承担了个人联合征信项目的试点建设。在上海市政府和人民银行的大力推动下，组建了上海资信有限公司运营联合征信数据库，为全国个人征信体系建设积累了诸多有益经验。

上海市政府和人民银行的密切配合和大力推动是试点得以顺利进行的先决条件。上海市政府有关部门与人民银行共同研究制定的《上海市个人信用联合征信试点办法》，为开展联合征信建立了基本的运行规范。

以金融数据为首要征集对象。上海选择首先征集个人金融信贷数据，抓住了个人信用信息的最关键部分，也是我国征信业发展历史的重大突破。为使上海资信的联合征信业务顺利开展，由市政府出面负责协调公安、法院、电信等部门，解决信用信息的提供问题；人民银行则负责协调各商业银行，负责提供和汇集个人信贷信息。此外，为了培育对信用产品的需求，人民银行规定，自 2000 年 7 月 1 日起，在沪各商业银行向个人办理贷款和可透支信用卡业务时，必须通过该系统查询贷款和信用卡申领人的信用报告。

湖南模式。主要是“三库一网一平台”。“三库一网”的查询功能面向符合有关信用信息管理规定的单位和个人开放，为企业和社会公众核实身份信息、查询信用记录提供了极大便利。

“三库”指的是由人民银行、公安、工商三部门牵头组建的“企业和个人信用信息数据库”、“企业信用信息基础数据库”、“公民信息数据库”。“一网”指的是“湖南信用网”，主要面向公众提供相关咨询及资讯服务；“一平台”指的是湖南电子政务外网平台，收集交换省内行政、司法机关等掌握的企业和个人信用数据。在全国率先实现了将企业与个人信用信息的征集、披露、使用融为一体，让公众共享信用信息，从而构筑了一道坚实有效的社会信用“防火墙”。

在省政府的领导和支持下，湖南专门成立了企业信用信息管理局以及公民信息管理局，依托人民银行的数据源，实现了银行、工商、税务、公安等各方面信用信息的资源整合，实现了金融信用数据与非金融信用数据的整合。湖南同时从企业征信建设和个人征信建设两方面入手，将企业信用信息和个人信用信息融于一个管理办法，避免法规不配套和相互冲突的现象，有利于保证信用信息的完整和信用报告的质量。

辽宁模式。辽宁的模式可以概括为：政府直接领导，职能部门具体推动，市场化灵活运作，信用监管经济效益与社会效益双丰收。

辽宁省社会信用体系建设工作开展比较早，上世纪末沈阳、大连等地在这方面进行了积极的探索和实践。2003 年，国家发展改革委批准了《辽宁省社会征信服务体系发展规划》，并纳入全国部分省市联合征信服务体系示范工程。在此基础上，辽宁省结合前期课题研究成果，编制了《辽宁省社会信用体系发展“十一五”规划》，确定了辽宁省信用体系建设的基本框架和系统建设方案。

2005 年 8 月，辽宁省发布了《辽宁省人民政府关于加强社会信用体系建设的意见》，同时成立了辽宁省社会信用体系建设领导小组，常务副省长担任组长，省政府 50 个部门是领导小组成员单位，领导小组办公室设在省发改委。领导小组办公室与各地区、各部门建立了日常工作联络机制，定期召开社会信用体系建设情况有关会议，逐步形成了健康、规范、协调的工作机制。

2004 年，国家发改委批准了辽宁省建设社会信用数据交换中心，作为全国第二批社会信用服务体系联合建设示范工程，列入国家服务业发展引导资金支持范围。2006 年，辽宁省社会信用数据交换中心建成并投入使用，一期同步配套实施的工商、国税、地税、质监、劳动、建设、民政、海关等 8 个行业和鞍山市的征信数据库与省交换中心实现了网络连接和数据传输。

按照辽宁省社会信用体系建设的总体安排，《辽宁省企业信用信息数据规划》出台，提出了 46 个省直部门和社会公共事业的企业信用信息采集标准和目录。目前，辽宁省已有 131 万户企业及个体工商户信用信息入库，共计 1037 类，1826 万项，57462 万笔，覆盖了全省工商注册企业。鞍山实现了全市 16 个部门联合征信。

今年上半年，包括沈阳、锦州、盘锦、丹东等市，法院、食品药品监督、卫生、环保等部门的社会信用体系建设二期工程开始启动，将初步实现全省工商注册企业信用联合征信，全省 4200 万人口基本信息数据的整合。

目前，辽宁省社会信用体系开始应用，并取得积极效果。在辽宁省社会信用数据交换中心试运行过程中，辽宁省税务系统通过对企业的数据比对，筛选出 2000 多家漏征漏管的企业数据，为依法增加税收收入提供了有效途径，仅此一项取得的税收已经超过了对社会信用数据交换中心建设的投资。

四、我国社会信用体系建设尚存在的问题

经过 30 多年的改革开放，我国经济已基本上步入了社会主义市场经济的轨道，市场交易关系和交易行为更多地表现为信用关系与信用行为，市场化程度越来越高，信用交易也越来越普遍与复杂化，市场主体对社会信用环境及社会信用体系的建设的要求也越来越高。

经过几年来的努力，我国社会信用体系建设已取得了一些成就，但目前发展还很不完善，与我国经济发展的客观要求及市场主体的愿望相比，还有一定差距，还有很多问题需要解决。

（一）信用意识与道德规范

由于中国近代市场经济发育不充分，信用经济发育较晚，市场信用交易不发达，建国后又长期处于计划经济体制下，市场经济建设也只有 20 多年，社会公众对市场经济还缺乏充分的认识与了解，政府、企业与个人对信用手段与交易还比较陌生，信用习惯还没有真正养成，信用意识和道德规范还没有固定下来，还没有形成对守信者奖励、失信者惩戒的社会规则，整个社会的信用关系还比较脆弱，正在稳定与成熟中。

（二）行政管理

目前，我国社会信用体系建设的最高管理机构还是国务院领导下的联席办公

会议，暂时还没有长效的、固定的监管部门，职能、任务与责任没有完全明确。全国社会信用体系建设还没有一个统一指导意见、组织体系框架、运行机制、总体规划，社会信用体系建设工作与任务缺乏连续性。

地方信月体系建设情况差异较大，有的地方对建立社会信用体系的重要意义和紧迫感认识不够，有的地方积极开展工作，但思路不清，工作无序。大部分地方在信用平台、法规规章、信用信息管理、诚信教育、信用评价等方面各自为政，各有各的做法标准，没有形成全国一盘棋。

（三）信用信息公开与共享

市场经济要求信息公开、透明、对称，这是保障市场交易顺利进行的条件。目前，很多成熟的市场经济国家，都通过相应的法律或法规对信用信息公开与共享做出了明确的规定。一般，公开与共享是惯例，有限公开或不公开是特例。

但现在，对个人与企业的信用信息如何公开与共享？怎样使用？我国还没有明确的法律规定，政府部门和一些专业机构掌握的信息还不能正常、长效、固定地向社会公开，一方面大量信用信息资源被浪费，另一方面社会各界，包括授信机构、交易者、用人单位、中介机构等需要信用信息又无处可寻。同时，信用信息在部门之间互相封锁，无法互联互通，很难实现失信惩戒联动。

（四）信用中介产品与服务

与市场经济尚处不成熟阶段有关，我国市场经济主体对信用产品与服务的需求还十分有限，信用中介的产品与服务水平还不尽如人意。目前，虽然也有了一些征信、资信评级、信用调查、信用咨询等，但市场规模小，经营分散，产品不丰富，服务不能满足需求，行业整体水平不高，处于无序、弱小、萌芽的行业发展早期状态。

（五）信用法律法规

健全完善的法律法规是市场经济有序运行的基础。我国信用法律法规尚不健全，严重滞后于经济发展的客观需要。目前，我国尚缺乏与信用相关的专业管理上位法，虽然一些地方出台了有关法规，但适用范围有限、地方法规之间不能统一，不利于对失信行为的统一防范和惩戒，使失信者有侥幸心理并很容易地寻到可乘之机。

（六）行政监督与管理

目前，在我国，对社会信用体系建设、信用市场、中介服务的政府监管职能部门尚不明确，监管暂时缺位，信用监管制度的建设落后于社会各界的需求。在无信用立法、无明确行政监督与管理的情况下，信用服务业很难有大投资、大发展，市场在观望。

目前，虽然我国正加紧进行信用管理方面的法律法规建设，但在一定时期内，法律的不健全和失信惩戒机制的不健全导致失信行为仍然较为普遍，对失信行为的衡量与处罚也缺乏全国统一的管理标准。

我国信用监管机构目前多为在国家部委层面设立信用监管局，负责本系统内的信用监管工作。然而，这一方面会导致各部委信用信息隔离，难以全方位对信用活动个体进行监管。另一方面，这也易导致各部委互相推卸责任，造成信用监管的真空区域。而一个独立的信用监管机构将收集各部委提供的信息，加工汇总，为各部门信用管理提供参考，降低管理成本。

要切实完善行政监管，不仅要有自上而下输出信用的相关法规政策，也要有自下而上的逐步贯彻落实和深入渗透，而行业协会等民间机构就是连接上下的关键。但是目前政府制定信用管理法时与这些民间组织的互动不强，不能充分了解社会需求及相关政策的可行性；政府在宣传相关政策时也忽略了利用行业协会来增强政策法规的影响力。

（七）信用管理专业教育与人才培养

目前我国只有十余所高校开设信用管理专业或相关方向，而其中有一半是在 2005 年后才开始招生或获准招生的，这与我国对信用管理专业人才的巨大需求形成了强烈反差。同时，获准设立信用管理专业的学校水平参差不齐，导致专业教育缺乏统一的标准规范。

信用管理作为一个新兴专业，在国内发展的历史很短，国内相关的学者专家数量较少，造成专业的授课教师存在缺口。同时，我国的信用管理教学与研究尚未与国外高校及机构建立广泛联系，缺乏国际交流与合作。

目前，一部分信用管理专业学生选择毕业后进入银行、证券公司、投行等金融机构工作，而选择信用管理相关工作岗位，如公司信用管理部门、征信机构、评级机构等的人不足。同时，选择信用管理硕士、博士深造，从而继续进行学科建设的人不足。此现象导致信用管理专业教育输入和输出的不匹配，对信用管理专业的持续发展有一定影响。

（八）企业内部信用管理制度

企业信用管理是一种新兴的管理活动，目的是扩大销售的同时降低风险，主要包括专业的信用管理流程、对客户的征信与评级技术、客户授信管理等。目前，在我国乃至世界大多数国家，买方市场已形成，赊销普遍流行，并日渐成为主流销售方式。了解客户的信用状况、掌握竞争对手的信用销售策略，对于企业防范信用风险、扩大市场占有率至关重要。我国企业内部普遍缺乏信用管理制度，很少有企业在内部设立专门的信用管理部门或岗位。因此，很多企业因对客户缺乏了解，缺少专业的征信与评级，对客户授信不当或缺乏科学的管理流程，而导致受骗上当，出现经济纠纷。

（九）政务诚信

我国虽已初步建立起政府诚信，但政务诚信仍有很多不完善之处。政务公开相关政策缺乏稳定性、连续性，这使得政务公开无法维持连续性，也给部分政府人员可乘之机，无法有效推行相关政策。部分政府官员收受贿赂，营私舞弊的行为仍然存在，政府官员弄虚作假，沽名钓誉的风气在某些地方仍较为盛行，“潜规则”时有发生，这些不良的氛围阻碍了政务诚信的建立。政务公开流于形式，各部门在政务公开方面已经做了一些成绩，但是其中水分仍不能够准确衡量，还可能出现公开不及时等问题。要使政务公开真正高效、切实地建立起来，不仅需要完善相关制度，更需要所有政府从业人员自身诚信的提高。

（十）商务诚信

我国商务诚信方面的法律不够完善，不能有效惩治失信行为。部分国有企业有政府做后台，一旦发生债务未能偿还或其他情况，政府信用介入，使得商业信用的作用不能够体现，商业信用给政府信用让位或与其混为一体，难以建立起独立的商业诚信。相关从业人员的素质有待提高，为了获得利润而不顾顾客利益，制假售假、以次充好等现象时有发生。行业协会监管不足，自律组织的本质不能有效发挥，流于形式。信用服务企业尚处于初始阶段，有待完善。失信惩戒机制不够健全，虽然初步建立了黑名单制度，但是由于影响力等问题，没有受到广泛关注，失信惩戒机制的功能不能够完全发挥。总之，虽然我国商务诚信建设已经粗具规模，但存在的问题也不可忽视。

（十一）社会诚信

当前我国社会的个人诚信缺失和组织诚信缺失问题都比较严重。个人诚信缺失主要表现为不说真话、不讲信用、没有信誉、弄虚作假等。被好心人救助反而诬陷讹诈、借钱不还、学历造假、学术抄袭、考试作弊等都是我国社会目前十分严重的个人诚信问题，不仅破坏了社会的诚信氛围，也影响了正常的社会秩序。

在组织诚信缺失方面，各类营利和非营利组织的诚信都面临考验。营利组织为了牟取高额利润，制造和贩卖假冒伪劣商品，提供劣质服务，侵犯社会公众的财产安全和人身安全。非营利组织的诚信一般体现在组织的宗旨与职能是否得以实现，而当前很多非营利组织的行为与其宗旨和职能相背离。例如，中国红十字会、“希望工程”等慈善组织都曾因挪用善款而遭到社会公众的广泛质疑，不透明的慈善和来路不明的财富问题侵蚀着公众对于这类公益组织的信任。

（十二）司法公信

目前我国司法公信力缺失问题表现在司法约束力、司法判断力、司法自制力和司法排除力四个方面。司法约束力缺失主要表现为我国司法行为和司法裁决并没有得到及时有效地执行，民众对司法公信力产生了强烈的质疑。司法判断力是司法权在争议的事实问题或法律问题上做出权威性判断的能力。而如今，我国司法部门对于一些案件，常发生随意判案草草了事的情况，更有甚者随意更改法律条文以求尽快结案。司法自制力是司法者自律或自我约束的能力。但是个别法官之间裙带勾连，贪污受贿的行为，使司法公信力面临挑战。司法排除力是司法排除一切私人和公权力对审判与执行施加不当干扰和非法妨害的能力。在我国，个别政府官员以私人或公职身份对司法行为进行干扰，官员用公权力作为抵押，透支司法，公权私用或滥权情况时有发生。

第5章

详解社会信用体系

一、社会信用体系的内涵与框架

社会信用体系之所以被认为是一个复杂的工程，之所以到现在还有很多人认不清，就是因为它涉及了信用的三个维度：诚信文化、社会管理、经济管理，换句话说涉及了社会的全部内容。总体来讲，社会信用体系是广义的信用范畴，覆盖到整个社会运行的方方面面。广义的信用是三维的，与此相对应的社会信用体系也是三维的。社会信用体系主要包括社会诚信基础、社会信任关系与信用秩序、经济信用交易活动，由此相应形成诚信建设、信用制度与社会管理建设、经济信用交易与市场建设。

（一）社会信用体系的内涵

社会信用体系，有人理解为诚信宣传教育体系，属思想、道德、文化范畴；有人理解为信用交易体系，属经济范畴。其实，正如对信用的认识都只是一个侧面一样，认为社会信用体系是诚信体系或信用交易体系，都只是信用体系的一个侧面，是狭义的信用体系。

社会信用体系 (SCS, Social Credit System) 是以法律法规和社会公约为依据，以社会成员的信用记录和信息共享为基础，以信用服务业为依托，通过政府监管、社会组织监督、信用主体自我管理，实现各类信用活动规范运行，形成激励守信、惩戒失信机制，促进和谐诚信社会建设的管理机制，是社会主义市场经济体制和社会管理体制的重要制度安排。

社会信用体系，是中国创新的社会综合管理机制。加快社会信用体系建设是全面落实科学发展观、构建和谐社会的重要基础，是完善市场经济体制、创新和改进社会管理的重要手段，对于提高全民诚信意识和水平，营造优良信用环境，构建新型社会信用秩序，增强国家竞争力，促进信用经济发展，促进社会文明进步具有重要意义。

社会信用体系的主要作用是规范一个国家或地区的信用活动。健全有效的社会信用体系可以促进该国或该地区市场经济交易手段，从原始支付方式向信用方式过渡和实现转变；创造和规范发展市场经济的良好信用环境；扩大并创造市场需求，保持市场繁荣，促进经济持续增长；促进该国或地区的市场经济走向成熟，为市场经济健康、有序发展提供制度保障与社会基础。

社会信用体系建设是三维的，包含一维诚信体系、二维社会信用秩序与管理体系、三维信用交易体系，涉及诚信基础、社会管理、经济管理三个层次。在这三个层次中，都包含法律法规建设、行为与规范、不良信用惩罚机制、信用服务、信用教育等内容，只是在不同的层次与领域，这些具体内容与规定不同，一维从诚信理念出发、二维从社会信用管理出发、三维从信用交易经济活动出发，但宗旨是一样的，都是为社会信用体系服务。

法律法规建设是一系列规范、约束社会信用活动的统称，要建立信用体系，必须有法律基础，有法可依，奖惩分明；不良信用惩罚机制所承担的任务是监督与打击市场上的各类经济失信行为，大量地处罚额度相对较小因而不便使用公检法手段处理的经济类违约失信行为，令具有不良信用记录的企业和个人在社会经济生活中处于十分不利和不便的地位，从而使企业和个人都不敢轻易涉险违规。

具体内容由于归属的维度不同，侧重点不同。比如，信用行为与规范，在一维诚信体系里，要确定道德规范与行为边界，是文化范畴的，主要涉及诚信教育、诚信意识的培养等内容；在二维社会信用管理体系里，由政府行政管理部门、行业组织等规定社会一般活动的行为准则和规范，通常会以政府管理规定等规章制度形式确定下来，如果违反了这些准则和规范，就会触动这种管理规则和要求，发生违规行为，产生相应的不良信用惩罚措施等；在三维信用交易体系里，由授信方主导，交易双方达成交易约定，并以法律形式确定下来，通常会形成一些比较确定的交易行为准则与规范，如果违反这些规定，就是违约，也会有相应的不良信用惩罚机制。同样都是行为与规范，但是在不同维度的体系里，内容是不一样的。

在社会运行中，正如三个维度的信用会合在一起综合表现为信用活动一样，在三个维度里的行为与规范也会综合表现为统一的社会行为与规范。这正是人们不能认清信用为何物，行为与规范究竟指什么的原因。

社会信用体系建设关系到我国市场经济健康发展，是中国作为大国、强国屹立于世界的一个战略性制度安排。健全有效的社会社会信用体系可以促进我国的市场经济交易方式走向成熟、扩大并创造市场需求、促进市场繁荣、保持经济持续增长，是市场经济健康、有序发展的制度性安排，将为我国增强国际经济竞争力提供制度性保障。从这个高度上讲，这个问题不应该完全交给市场自发解决。事实上，市场也解决不了，市场不是万能的，美国的次贷危机就鲜活地证明了这一点。

社会信用体系建设是一个长期、艰巨的过程。信用制度的建设不是一朝一夕之功，不是在某一个领域可以一蹴而就，需要国民经济的综合发展，需要社会发展目标的长远规划，需要政治、经济、文化、道德的综合发展。社会信用体系不是一个企业、一个民间联盟或协会、一个部委能建立的，是一个国家政治经济管理体系与制度及运行机制的有效组成部分，必须有一个长时间的、强制性的、制度性的建设过程。这实际上是一个阶段性的历史使命，这个使命应该也只能由政府来承担。社会信用体系建设关系到当代公众的社会福利、造福子孙公益，社会信用体系建设是新时期社会公共管理的有效组成部分，加快推进社会信用体系建设是当代政府的历史性责任。

任何一个国家的监管体制必须与其经济发展与开放的阶段相适应，不管监管体制如何选择，必须做到秩序与风险的全覆盖，不能在整个产品和服务的生产和创新链条上，在政府监管上有丝毫的空白，从而最大限度地减少由于经济不断发展带来的不断更新的风险问题。这一点，无论对发达国家还是发展中国家都一样。

随着我国市场经济的快速发展，市场经济交易手段已向信用方式转变，信用活动与信用交易已经形成一定的规模，经济活动正趋向信用化，信用经济初见端倪，而与此相关的政府信用监管却显滞后，在很多方面已形成信用监管真空，埋下危机隐患，发展下去后果不堪设想。现在危机中的美国就是前车之鉴。

（二）社会信用体系的基本框架

社会信用体系是三维的社会综合管理机制，覆盖一维诚信文化体系、二维社会合规管理体系、三维经济践约交易体系：

——社会信用体系综合管理的核心内容：信用立法、信用交易、信用监管、信用服务、失信惩罚机制、信用文化与教育；

——社会信用体系的建设与实施：管理与体系。

社会信用体系由三维体系构成，每一维体系都有自己相应的管理体系和服务体系。

管理体系主要涉及法律法规、行为规范、不良信用惩罚机制等内容。健全有效的管理体系可以促进该国或该地区市场经济交易手段，从原始支付方式向信用方式过渡和转变；创造和规范发展市场经济的良好信用环境；扩大并创造市场需求，保持市场繁荣，促进经济持续增长；促进该国或地区的市场经济走向成熟，为市场经济健康、有序发展提供制度保障与社会基础。美国等发达国家信用活动如此发达，能促进经济增长，良性循环，在很大程度上取决于他们长期以来重视信用交易制度与管理，建立健全并有效运行了管理体系。

服务体系主要涉及信用信息搜集整理、报告、查询、评级与评价活动、信用保险、保理、担保等信用管理工具的应用等内容。完善的服务体系包括高效透明的信用信息服务，广泛的信用管理工具应用，可以提高整个社会的信用管理水平，减少经营风险，使融资更有效率，间接促进了经济的发展。目前中国的信用服务水平处于低级阶段，信用信息披露机制不健全，相应的机构发展水平低下，信用管理工具也没有得到充分应用，与发达国家相比还有很大的提升空间。

在市场经济条件下，在一个国家或地区范围内，由一系列与信用相互联系、相互促进、相互影响的信用道德文化、相关法律法规、制度规范、惩罚机制、信用信息、信用评价构成综合系统。社会信用体系是整个国民经济体系的一个重要组成部分。随着市场经济的发展和社会文明的进步，特别是现代金融的发展，信用体系的内容也在不断发展和延伸。

人类进行信用活动与信用交易的历史可谓源远流长，在漫长的交易过程中，自然地形成了一些交易规则与惯例，逐渐形成了传统的信用制度。它们在信用经济中悄悄改变，焕发出新的生机。

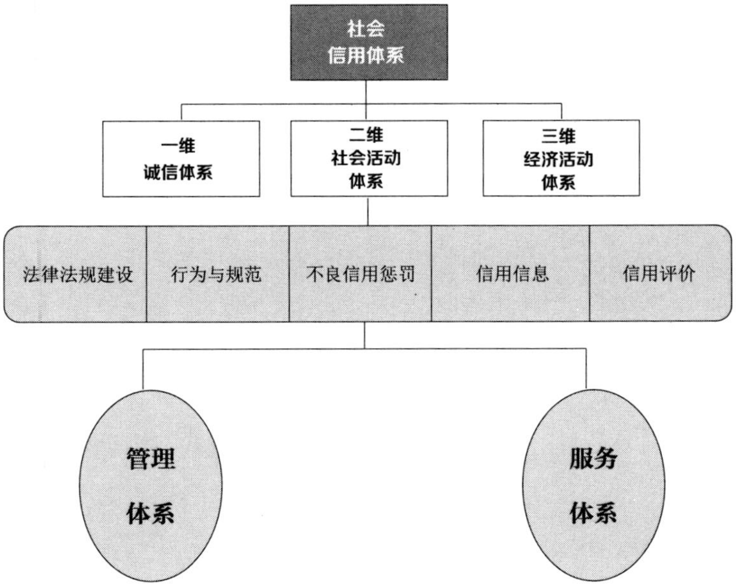

图 5-1　吴氏理论—社会信用体系基本框架示意图

在信用经济的条件下，传统的信用制度得到了创新发展，主要表现就是建立健全并有效运行了社会信用体系，确立了信用法律体系与基础，形成并发展了信用管理行业，创造了社会信用环境，为市场经济健康、有序发展提供了制度保障与社会基础。

社会信用体系是一种社会机制，是由信用立法与执法、信用管理行业运行惯例与约定、社会信用行为与道德规范、不良信用惩罚机制、教育等多个子体系共同作用，交织形成的社会机制。

社会信用体系的主要作用是规范一个国家或地区的信用活动。健全有效的社会信用体系可以促进该国或该地区市场经济交易手段，从原始支付方式向信用方式过渡和转变；创造和规范发展市场经济的良好信用环境；扩大并创造市场需求，保持市场繁荣，促进经济持续增长；促进该国或地区的市场经济走向成熟，为市场经济健康、有序发展提供制度保障与社会基础。

美国等发达国家信用活动如此发达，能促进经济增长，良性循环，在很大程度上取决于他们长期以来重视信用制度与管理，建立健全并有效运行了社会社会信用体系。

以美国为例，剖析其社会信用体系与结构。可见其社会信用体系是由国家管理、行业管理、惩罚机制、教育四个子体系共同构成。其结构可见图示。

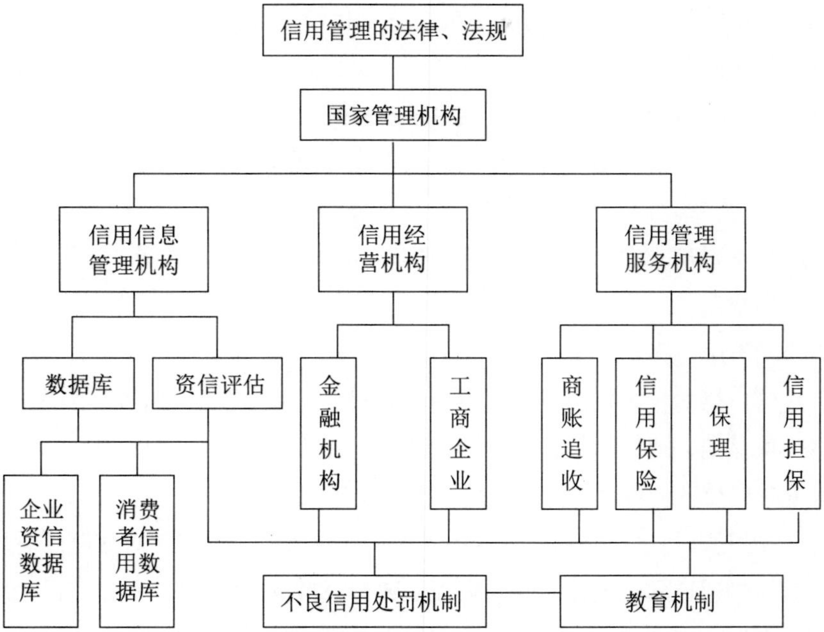

图 5-2 美国社会信用体系结构图

社会信用体系中的政府管理。政府的信用管理主要体现为负责对信用管理相关法案的提案与执行。政府在社会信用体系中的作用是有限的，政府对信用活动并不作太多干预，只是创造和维护一个良好的征信环境。

美国从20世纪60年代末期开始制订与信用管理相关的法律,并逐步趋于完善。目前，信用相关立法有 16 项，主要包括公平信用报告法、平等信用机会法、公平债务催收作业法、诚实租借法、公平信用结账法、信用修复机构法等，已形成了一个完整的信用管理立法框架体系。这些法案交织构成了美国国家社会信用体系有效运转的法律环境，对规范授信、平等受信机会、保护个人隐私权、合理商账追收等起到了直接和明确的法律约束作用。

社会信用体系中的行业管理。行业管理主要是通过信用行业中各种各类企业的经营活动自发形成与实现的。信用行业由三大类企业构成，即信用信息管理机构，如征信公司与数据库；专业化的信用评价机构，如资信评估公司；深层次的信用服务机构，如保理、担保公司。它们以社会实体信用活动为基础，以公共部门、金融部门、企业为主要客户，以经营并销售信用信息与信用产品、提供专业化和社会化的信用服务为手段，立于社会，成为现代信用活动的重要组成部分。

不良信用惩罚机制。不良信用惩罚机制是社会信用体系中的重要组成部分，是打击经济失信行为的社会机制。其主要功能是对所有失信的法人或自然人实施实质性打击，让不讲信用的法人和自然人不能方便地生活在社会中，使人们轻易不敢对各类经济类合同或书面允诺违约；同时，维护诚实守信者的利益，并在有条件的情况下对诚实守信者进行物质性奖励。一个国家只有具有了运转正常的不良信用惩罚机制，才能说具有了完整和健全的社会信用体系和信用制度，才能有效保障市场健康有序发展。

不良信用惩罚机制是由所有授信单位共同参与的、以企业和个人征信数据库的记录为依据的、通过信用记录和信用信息的公开，来降低市场交易中的信息不对称程度，约束社会各经济主体信用行为的社会机制。

不良信用惩罚机制有三个基本要素：企业和个人的信用信息对征信机构开放；专业征信机构通过联合征信形式采集征信数据，构筑征信数据库，并合法公开不同级别和类型的资信调查结果；由政府倡导，建立一个由所有授信单位参加的社会联防，使失信企业或个人及时被曝光并受到相应的处罚。

不良信用惩罚机制运行中最重要的环节是采集失信企业和个人的不良记录，并合法地将其公示给有需要的授信单位。至于授信单位是否会且愿意利用征信数据库的信用记录，以及是否拒绝与程度“严重”的失信者交易，只能依靠市场的规律行事，政府和征信机构的角色是倡导和教育。目前，最常被采用的“黑名单”方法，就是将企业或个人的失信记录正确地列入“黑名单”，向全社会乃至全世界进行“公示”，将矛盾激化为失信方对全社会的矛盾，最大限度地加大失信的成本。

需要特别说明的是，不良信用惩罚机制不是对失信企业和消费者个人进行类似刑事处罚，处罚依据与尺度也不出自《刑法》，公、检、法机构也不是惩罚机制中的执法机构。失信是产生于市场经济生活中的不良现象，回应市场对失信现象进行惩罚的机制也产生于市场本身，它的“执法机构”是各种各类的征信公司及其数据库、资信调查公司、消费者个人信用调查公司和资信评级公司等。当然，严重的失信行为或触犯刑律的失信活动则另当别论，既要受到不良信用惩罚机制的惩罚，也要追究刑事责任。

二、社会信用体系的意义与作用

现代市场经济是建立在法制基础上的信用经济。加强信用建设，建立健全现代市场经济的社会信用体系，对于促进我国经济社会转入科学发展轨道、走上社会主义和谐之路，全面建设小康社会意义重大。

（一）信用制度是市场经济健康发展的保障

信用是市场经济的基石，信用制度是市场经济健康发展的保障。这是由市场经济的特征决定的。这要从信用与市场经济的关系、从市场经济说起。怎么认识市场经济，在学术界是个仁者见仁智者见智的问题。本作者认为，市场经济是一种经济体系及状态，是生产方式与分配方式市场化的经济体系及状态。市场经济的重要特征就是生产方式与分配方式的市场化改变。

首先，在生产方式上，在市场经济下，工业取代农业，机器大生产和雇工经营，突破家庭经营的局限，生产规模化、专业化和社会化，市场“看不见的手”调节与引导资源配置。企业成为最基本的经济组织形式，他们为实现最高利润，跨越时空地域范围，在成本最低的地方生产，在价格最高的地方销售，在广阔的市场上进行自由的生产与销售。在自由、广泛的市场上，市场自行调节生产与销售，国家管理相对弱化；信用生产、信用质量、货真价实、不假冒伪劣是通则，是市场运行的基本前提。

其次，在分配方式上，一切生产要素和产品都要通过市场来分配，包括各种市场资源和劳动产品。分配的形式是交换，交换的原则是等价，自由、平等、协商、诚信、规范是基本的行为准则。

生产与分配是经济运行的最主要问题。在市场经济下，生产与分配是在市场化的、自由的、高效的条件下进行的，而不是无序存在的。生产和分配有各种规则，有些规则是必须规定的，专业、技术规则要规定，如 WTO 是具体的贸易规则，还有巴塞尔协议，是金融体系，银行资本监管规则；有些规则是不必规定的，如基本道德理念与行为规范等。诚实守信、规范经营、平等践约，不违反人类文明，不侵害人类健康，是规则中的规则，是市场存在的基石。

抛弃信用伦理和道德，欺诈、坑蒙拐骗、假冒伪劣、赖账等任何违背诚实守信原则的行为都将被视为失信而受到惩罚，被市场淘汰。三鹿奶粉、三株口服液等知名产品质量欺诈，长虹、普尔斯马特等著名企业海外遭遇欺诈，都是信用主体违背诚信原则的典型案例。三鹿和三株因此破产倒闭，被市场淘汰出局；长虹和普尔斯马特因此蒙受巨额损失，企业资源配置严重失衡。如果社会上的企业和信用主体都出现类似的情况，那么市场经济运行的基石将不复存在，整个社会的秩序和运行规则将受到严重威胁。

因此，信用经济的发展和健康运行，必须要有一套科学的信用管理制度，在诚信、合规和践约三个维度，奠定市场经济发展的基础。信用管理制度不仅要肩负在全社会范围内倡导诚信意识的责任，而且还要依法依规监督和规范信用主体的信用行为，保证信用主体合法、合规履行承诺和合约，真正发挥社会管理的功能，使信用这块市场经济的基石明确化，使信用规则制度化，从而约束生产、交换、分配中人性的贪婪，环境的污染，利益的冲突和社会的不和谐等。

（二）社会信用体系建设是构建和谐社会的必然选择

信用是和谐社会的基础，社会信用体系建设是构建和谐社会的必然选择。信用建设是重建社会信任关系，构建和谐社会的基础内容之一。社会诚信是和谐社会的标志。社会信用体系建设是促进和谐社会发展的创新制度安排。我们要建设的社会主义和谐社会，民主法治、公平正义、诚信友爱、充满活力、安定有序、人与自然和谐相处的社会，是物质文明、政治文明、精神文明的有机统一。

社会信任关系的建立对于社会和谐发展具有重要意义。长久以来，人类以群居为主要生活、生产模式，是以社会方式生存和发展的。在群体中，信任成为人与人之间乃至整个社会的重要基础之一。特别是在现代社会，市场经济快速发展，地域范围无限扩大，人与人之间的信任基础远远超越了血亲关系，以往家族式的血亲纽带，已经不足以覆盖人们的活动范围，很多素不相识甚至素未谋面的人，通过电子邮件、聊天软件、电子商务网站等建立联系，乃至发生经济交易，靠的就是诚信的基本原则。如果人们相互之间缺乏信任，不但经济交易无法达成，社会一般交往也很难维持。

社会信任关系的形成与历史、习惯、文化、道德理念等有关。中国千百年来，重视家族利益，强调血缘关系，弱化了社会关系，在社会上不诚实和不信任的现象普遍存在。社会缺乏广泛的、普遍的相互信任关系。比如，很多人在村里一言九鼎，诚实守信，而与外界交往过程中，欺骗、毁约等时有发生，就是受到千百年来的家族血缘意识影响。他们觉得一个村里，乡里乡亲，不讲信用，会让邻居们说三道四，但是走出村子，与毫无瓜葛的人交往，能蒙则蒙，能骗则骗，反正以后可能老死不相往来，骗一把是一把。殊不知，这种想法在现代社会，尤其是信息如此发达的市场经济环境下，只能是“搬起石头砸自己的脚”。如果村里人人都是这种想法，那么全村造假、欺诈违约，势必危害整个社会的和谐秩序，给别人带来损失的同时，也给自己设置障碍。

构建和谐社会，人们要突破家族、血缘关系，突破封闭的、小范围的信任，建立大范围的、普遍的社会信任，形成新的和谐的社会秩序。建立在诚实守信、相互信任基础之上的新的信用关系是和谐社会的基础，诚信是和谐社会的标志。

信用不仅是一个经济问题，更是一个社会问题。信用问题不仅涉及生产、国内外贸易、金融交易等，更关系到人与人之间的关系、市场秩序、社会稳定与和谐发展。社会管理的目标是能给国家和人民带来最大的福利。能达到这样目标的制度才能算好的社会制度，而利润最大化的目标仅在经济领域适用，在处理社会问题时则往往不能达到良好的效果。

基本经济学理论与相应的管理制度安排告诉我们，社会财富与资源是以资本配置方式进行的，以资本配置资源容易造成贫富两极分化，富人更容易获得资源，穷人缺乏话语权与参与权，富人越来越富，穷人越来越穷，贫困阶层会不断扩大，社会财富将越来越集中于少数富人手里。信用制度与信用建设很好地解决了这种方式带来的弊端。

信用经济是以人为本配置社会财富与资源，富人和穷人只要有信用，就有平等地参与竞争的权利与享受社会资源、平等发展的机会，在一切不变的条件下，可以最大化地提高社会公众的综合福利，特别是可以提高贫民参与社会财富与资源配置的机会，在很大程度上有利于消除贫富差距，弱化社会矛盾，提高社会综合福利，促进社会和谐发展。

建立社会信用体系，从根本上讲是适应我国现阶段市场经济建设与发展需要的，是整顿市场秩序、改善社会信用环境、保障信用交易健康发展、建设信用经济的根本举措。健全有效的社会信用体系可以促进一个国家或地区的市场经济交易方式走向成熟、扩大并创造市场需求、促进市场繁荣、保持经济持续增长，是市场经济健康、有序发展的制度性安排。完善的社会信用体系将为改革开放的中国增强国际经济竞争力提供有力的制度保障。

信用不仅是一个经济问题，更是一个社会问题。信用问题不仅涉及生产、国内外贸易、金融交易等，更关系到人与人之间的关系、市场秩序、社会稳定与和谐发展。社会性问题最好的管理办法和目标是能给国家和人民带来最大的福利，能达到这样目标的制度才能算好的社会制度。而利润最大化的目标仅在经济领域适用，在处理社会问题时往往不能仅仅用利润最大化来衡量政策的效果。

我国的市场经济建设已取得举世瞩目的成就，国民经济已从“卖方市场”转向“买方市场”，人民生活水平已从温饱走向小康，市场经济交易手段已从现金方式向信用方式转变。特别是加入 WTO 后的几年，随着市场的迅速扩大以及国内外经济活动的交融，信用交易理念深入人心，信用交易方式日渐多样化，赊购赊销、消费信贷、信用卡消费等各种信用交易蓬勃发展，信用活动与信用交易已经形成一定的规模，经济活动正趋信用化，信用经济初见端倪。根据国际市场变化与很多国家的发展经验判断，在未来几年里，中国的信用活动将适应经济发展的要求，进入快速发展阶段。

全面贯彻科学发展观，努力构建社会主义和谐社会，必须创造更好的信用制度和信用关系。诚实守信，从古到今都是中国人民最基本的道德规范，在推进社会信用体系建设过程中，每一个企业和个人都责无旁贷。因此，我国社会信用体系建设不单纯是建数据库、审批机构、提供评级、实现信息共享，更为重要的是，学会运用现代信用的理论、思想、观念和方法，培育与市场经济相适应的信用文化，推动重信用、讲信誉的良好社会风气，增强发展软实力，达到改善社会信用环境、提升综合实力、促进经济社会和谐发展的目的。

（三）社会信用体系是市场经济的冷却器

社会信用体系不仅仅针对某一个问题、一个领域、一个系统、一种模式，而是面对全社会，面对政治、经济、管理等一系列问题，是市场经济下社会综合治理的新制度。社会信用体系建设既覆盖银行业，也覆盖商业；既为市场服务，也为政府服务；既涵盖征信，也涵盖诚信评价；既涉及信用交易，也涉及市场秩序。

市场经济不是完美无缺的，市场自我调节的作用是有限的。现实中存在很多因素阻碍着市场机制按照其自身最有效的方式运行，从而会出现市场失灵的现象。市场失灵的原因多种多样，不完全竞争、外部经济效应、公共物品的存在、信息不对称都是造成市场失灵的因素。长期的市场失灵必然导致周期性的经济危机、信用危机和国际金融风险爆发，使市场丧失自我调节的功能，陷入混乱无序的境地。

市场经济崇尚自由贸易，习惯依靠“看不见的手”来调节经济，所以经济过热是普遍的，有时甚至陷入通货膨胀。其根源在于资本、人、企业的逐利性。看到某个行业或某个产品赚钱，大家会一拥而上，资本、人员、设备等都会迅速进入该行业，直到生产过剩、产品供过于求，企业遭受产品过剩的损失，被淘汰出局。此时，供求关系失衡，需要调节供求关系，才能使产品和资本的供求重归平衡，进而维护经济运行的平衡和市场发展的协调。

在经济过热时期，人们都忙于应付供求失衡带来的狼狈局面，而很少有人关注市场经济的基石和底线——信用。实际上，社会信用体系是市场经济最好的冷却器，由于存在诚信、合规、践约这些基本底线，社会信用体系通过一系列的制度、规则和监管措施，帮助市场经济守住底线，把已经近乎疯狂的人们拉回到公平、和谐、平衡的经济运行轨迹上，保证市场经济运行的稳定性和持续性。

（四）社会信用体系是现代市场经济的重要制度安排

信用是现代市场经济的基石，没有信用就没有良好的经济和社会秩序。市场经济是发达的商品经济，是建立在信用基础之上的交换经济。信用已成为现代市场经济的一个基本构成要素，一切经济活动的开展都离不开信用。一旦信用缺失，社会有序运转的链条将被人为割断。我国目前尚存在着相当程度的诚信缺失现象，这种诚信缺失将会产生巨大的社会成本和经济成本，因此，治理整顿失信行为，重新打造诚信社会，是完善社会主义市场经济体制所面临的一项重大而艰巨的任务。

在市场经济中，由于信息的不完全与不对称和博弈的不确定性与风险性，各个经济主体在经济活动与交易中需要收集、识别各种各样的信息，需要进行专业的信息处理与风险防范，这些工作往往是经济主体很难完成的，而且运作成本很高。如果这些工作必须由经济主体在交易之前自己去运作和完成，将直接提高其经济活动和交易的成本，并直接降低市场运行的效率。不仅如此，由于经济主体对信息收集与处理的非专业化，往往不能直接甄别风险，不能有效地降低与防范各种不确定性可能给自己带来的损失。因此，在整个市场体系中，需要专业化的信用管理行业及社会化信用服务机构和完善的社会信用体系，它们已经成为市场经济必不可少的组成部分。

社会信用体系作为一种信息共享机制和有效的社会机制，通过对失信行为的记录、揭露、信息传播和预警，解决经济社会生活中信用信息不对称的矛盾，从而惩罚和警戒失信行为，褒扬和奖励诚实守信，促进经济和社会健康发展。近年来，社会道德观念和守信行为总体上有很大改善，信用制度、信用产品、信用环境以及社会信用体系，成为支撑经济运行的基础。我国已经全面进入了全面建设小康社会的历史时期，整个社会对信用信息、产品和服务的需求很大，必须站在紧紧抓住我国经济发展战略机遇期的高度，突出重点环节，加快建立有中国特色的社会信用体系。

建立社会信用体系，从根本上来讲是适应我国现阶段市场经济建设与发展需要的，是整顿市场秩序、改善社会信用环境、保障信用交易健康发展、建设信用经济的根本举措。健全有效的社会社会信用体系可以促进一个国家或地区的市场经济交易方式与手段走向成熟、扩大并创造市场需求、促进市场繁荣、保持经济持续增长，是促进和谐社会发展的创新制度安排。完善的社会信用体系可以为改革开放的中国增强国际经济竞争力提供有力的制度保障。

（五）社会信用体系是建立社会信用规则与秩序的途径

目前，我国正处于由计划经济到市场经济的转型过程中，为了促进市场经济的健康发展，国家制定了一系列法律法规，发挥了一定的作用。然而，由于社会诚信观念和法律制度基础还没有稳固地建立起来，总体上看，市场经济秩序仍难以尽如人意。

市场经济秩序的好坏是反映经济运行质量、经济管理水平的重要标志，是影响经济发展和社会稳定的重要因素，而社会信用体系又是市场经济秩序的重要组成部分，因此，在建设市场经济的过程中，建立与完善社会信用体系和规范市场经济秩序都必须高度重视，二者相辅相成，共同促进我国市场经济的健康快速发展。

党中央、国务院都极为重视我国社会信用体系的建设，十六大报告已明确提出要“健全现代市场经济的社会信用体系”，十六届三中全会通过的《中共中央关于完善社会主义市场经济体制若干问题的决定》明确提出“形成以道德为支撑、产权为基础、法律为保障的社会信用制度是建设现代市场体系的必要条件，也是规范市场经济秩序的治本之策。”

首先，社会信用体系的建立和运行是以产权制度为基础的。所谓产权制度，是指既定产权关系和产权规则结合而成的且能对产权关系实行有效组合、调节和保护的制度安排。产权制度的最主要的功能在于它能降低经济活动中的交易费用，提高资源配置效率。建立归属清晰、权责明确、保护严格、流转顺畅的现代产权制度，有利于维护公有财产权，巩固公有制经济的主体地位；有利于保护私有财产权，促进非公有制经济发展；有利于各类资本的流动和重组，推动混合所有制经济发展，形成良好的信用基础和市场秩序。

在市场经济体制下，经济交易的实质就是产权交换。明确的所有权制度和公平合理的交换是市场有效运行的前提，没有所有权，就不可能有交换，也就不会有信用交易和信用制度的产生和发展。信用体系突出强调财富必须以诚实守信、平等交换与合作来获得，反对任何形式的剥夺与侵犯，任何违背诚实守信原则的行为都将被视为失信而受到惩罚。因此，信用体系的建立与运行必须以明确产权为基础。形成以产权为基础的社会信用制度，就意味着必须尊重产权、维护产权、诚信为本、平等交换，反对以大欺小、以强凌弱，反对任何形式的侵吞与侵害。

其次，社会信用体系的运行是以道德观念与行为准则作为重要支撑的。在我国建设社会主义市场经济的过程中，人们的思想观念与道德行为在体制变革和利益多元化的冲击下发生了重大的改变。信用思想与信用观念、信用行为得到了一定程度的发展。在社会主义市场经济体制的建立和完善过程中，私有产权和个人利益逐渐得到承认，这极大地调动了个人劳动者的生产积极性，激发了他们在经济活动中的潜力，有力推进了社会主义市场经济的发展。

但与此同时，压抑了很久的私有意识与所有者权利及个人利益追求开始过度膨胀，有些人开始不择手段地扩张和聚敛自己的财产，有些人抛弃信用伦理和道德，欺诈、坑蒙拐骗、假冒伪劣、赖账等失信行为频频发生。当这种恶劣风气在社会上蔓延开来，成为一种气候的时候，那些无视道德、背弃诚信的欺诈者发现，当他们自己在聚敛财富、追求利益、伤害他人的时候，自己也正在被他人伤害，自己的所有权、财产和利益正在被他人蚕食。市场经济对私有财产和个人利益的承认与保护事实上也是有一定限度的，这个界限就是追求私有财产增长、实现个人利益的同时，不能侵犯或损害他人财产与利益，应该实行等价交换。

在这个限度以内，追求个人利益可以受到保护，市场机制的运行是有秩序的，市场经济的发展是有生命力的。但是，如果人们的行为超越了这个限度，比如说通过侵犯或损害他人的利益，来达到满足自身利益的目的，那么这种行为就严重破坏了市场秩序，市场经济会丧失生命力，难以维系下去。

因此，人们开始呼唤诚信，整个社会开始呼吁信用道德的回归，信用观念与行为重新复苏。人们认识到市场经济本身就是一种信用经济，信用经济的健康发展需要有社会信用体系的支撑，在市场经济交易中，人们需要信用道德规范的保障，需要对违信、失信行为的惩罚机制，需要强化社会信用意识、加强诚实守信的道德教育。

再次，社会信用体系的运行是以法律作为有效保障的。如果说道德规范和诚信意识为社会信用体系的建设提供了必要的“软约束”，那么法律体系的建设和完善就为社会信用体系的建设和规范运行设置起有力的“硬约束”。社会信用体系的建设需要法律的配合和保障，实现德治和法治的有效结合，共同维护社会信用体系的合理合法运行。市场经济是信用经济，是契约经济，也是法律经济。

信用是市场经济的基础，法律是信用建设的保障。法律制度不健全、法制保障不力，是在整顿和建立社会信用秩序中碰到的极为棘手而又亟待解决的问题。仅靠社会舆论和道德不可能有效约束债权人和债务人的经济行为，必须建立健全法律体系，依靠法律力量，把一切信用活动纳入法制的轨道，经由法制途径遏制失信行为。只有这样，才能维护和培育良好的信用秩序，才能使正常的信用关系得以维系和保障。

（六）社会信用体系是改善和优化发展环境的条件

在现代市场经济条件下，技术、人才、资本都可以引进，唯有社会信用环境无法引进；一个地方的自然禀赋无法改变，但是信用环境可以改变。良好的信用是一个地方乃至整个国家的宝贵财富。建立良好的信用环境，有利于降低市场交易成本，推进公平交易，促进市场交易的活跃和繁荣；有利于改善金融生态环境，优化投资和贸易环境，营造和谐信任的社会环境；有利于加快经济增长方式转变，提高全民诚信意识和道德水准，促进国民经济持续健康发展和社会文明进步。

考察一个国家或地区的发展环境，有很多角度，从信用方面看：

其一，信用经济发展水平。一个国家或地区的信用活动总规模是否适度，信用结构与分布是否合理，经济信用化程度是否与国内经济发展阶段和发展目标相适应，信用非中介化程度是否与信用经济增长幅度相吻合，资本市场诚信状况是否与经济发展要求相匹配，微观经济主体信用活动水平与信用经济发展水平是否相一致，都是考察该国或地区发展环境的重要因素。归根结底，信用经济发展水平在一定程度上反映了一个国家或地区的发展环境，而信用经济发展水平的不断提升必须有健全的社会信用体系做保障，因此，社会信用体系建设成为改善和优化发展环境的先决条件。

其二，社会信用环境状况。一个国家或地区的信用管理水平高低，社会信用体系健全程度，信用制度的完善状况，信用秩序的规范程度，信用文化的导向性，信用意识与行为的价值取向以及失信程度等，都是反映社会整体信用环境的重要指标。社会信用环境的状况，在很大程度上说明了该国或地区的发展环境。在一个诚信意识健全、信用管理规范的国家或地区，人际交往顺畅、贸易合作愉快，人文环境和经济环境良好，必然吸引更多的社会资源向其聚集，更加有利于促进经济的良性循环和快速发展。这些都与一个国家或地区的社会信用体系健全程度有直接关系，只有健全的社会信用体系，才能培育良好的社会信用环境，才能形成和谐的经济发展环境。

由此可见，市场经济需要良好的发展环境，良好的发展环境需要健全的社会信用体系做保障，那么，社会信用体系建设必然成为优化发展环境，促进市场经济发展的前提条件和重要基础，足以引起世界的关注和重视。

（七）社会信用体系是应对风险、防范危机的防火墙

首先，市场经济不是完美无缺的，市场经济固有的不完全竞争、外部经济效应、公共物品、信息不对称特征，决定了市场自我调节的功能是有限的，市场失灵现象时有显现，周期性的经济危机、信用危机、国际金融风险时有爆发。接连爆发的东南亚金融危机和美国次贷危机，都是市场调节失灵，信用交易过度泛滥的典型表现。

其次，市场竞争加剧，发达国家资本对外扩张提速，市场经营由封闭走向开放，厂商经营规模越来越大，最终突破国家疆界，向全球范围蔓延。经济全球化的推进，带给我们的不仅是经济的高速增长，技术的全面更新，更有经济危机、信用危机

全球化传导的风险。一旦经济危机、信用危机突破国界，在全球蔓延，带来的损失和教训将是难以磨灭的。

再次，资本的本性是追逐利益，要求高回报，高利润。众多厂商在获取资本的同时，也背负沉重的利润包袱。只有获得高额的利润率，才能继续获得新一轮的资本支持。市场经济体系中，自然而然诞生了很多垄断行业和垄断组织。这些垄断组织为了获得更高的利润，联合起来，以垄断优势在市场上占据有利的竞争地位，也在对外贸易中获得比较优势。

所有这一切，对发展中国家的影响与侵害都是不容低估的。发展中国家处于世界经济竞争的弱势地位，从产品、技术到市场、交易方式，都落后于发达国家，在全球经济一体化的形势下，发达国家的技术壁垒、贸易政策等都会给发展中国家的经济发展带来不利影响。如果发达国家的经济出现衰退或危机，发展中国家在全球经济中的弱势地位，将决定发展中国家是经济链条中最为薄弱的环节，受到的打击和创伤更加巨大。

中国是快速发展的发展中国家，在经济全球化的过程中，日益融入世界经济发展的大环境中，加之改革开放的不断深入，经济的资本化程度越来越高，中国必然也会受到经济危机、信用危机全球传导的影响。但是，中国文化中有谨慎小心的传统，向来的理财原则都是量入为出，与美国等发达国家超前消费、借钱消费的观念差距很大，中国的资金投放和使用都是有节制的，不容易出现美国那样的崩盘式经济过热。此外，中国政府强调对经济的宏观调控，资本过度扩张会得到有效控制，“薄赋税，均贫富”被老百姓普遍接受，因此中国经济不会出现美国式的完全自由发展，中国经济也不会出现美国那样的大起大落。中国在东南亚金融危机和美国次贷危机中都成功躲过，与中国独特的政治经济体制有密切关系。

社会信用体系是市场经济的基石和冷却器，也是现代市场经济的重要制度安排和优化发展环境的前提条件。对于建立社会诚信文化基础，规范社会交往秩序，建立市场交易秩序，具有不可替代的作用。

首先，社会信用体系对内可以稳定秩序，拉动内需。市场秩序是市场经济发展的根本，稳定市场秩序就是稳定市场经济发展的根基，根基不动摇，社会才稳定。特别是在当前全球遭受金融海啸袭击的环境下，我国经济发展也受到挑战。中国最活跃的沿海经济区域，许多外向型的民营企业纷纷倒闭破产，厂房闲置、库存积压、工人失业，很多企业主捶胸顿足，泪流满面。国家在帮助这些中小企业渡过难关的同时，也在积极投放财政资金，扩大内需，拉动生产，通过财政性基础建设工程，在困境中启动国内市场，使资金良性循环，保护投资者利益，也稳定社会秩序。

其次，社会信用体系对外可以加强融合，兼容并蓄。信用交易规则是世界通用的，建立社会信用体系，与国际市场及规则接轨，纳入国际通行的合理做法，摒弃国际上不合理的失败做法，为我所用，在加快与国际融合的同时，提升我国信用体系建设的水平和应对风险的能力。既然经济已经进入全球化时代，那么我们在社会信用体系建设方面也必须与经济发展相匹配，遵循世界通行的经济规则，诚信经营，公平交易，融入其中又灵活自如。

所以，市场经济本身有缺陷，市场竞争不断在加剧，资本天然有逐利性，这些虽然都是引发经济危机、信用危机的因素，但是并非束手无策，只要建立完善的社会信用体系，还是可以形成一道应对风险、防范危机的防火墙，保护我们的经济发展，巩固我们的社会稳定。

（八）社会信用体系建设是 21 世纪重要的强国战略

从国内来看，建立社会信用体系是经济发展战略调整、社会发展战略转变的需要，也是深化改革开放战略的需要。近几年，我国要增强综合国力，保持经济平衡较快增长，经济增长质量进一步改善；经济结构战略性调整继续推进，区域经济协调发展取得重要进展；就业和社会保障得到加强，这些战略性任务的实现，都离不开社会信用体系的保障。

从国外来看，中国在世界的大国地位需要有健全的社会信用体系作为基础，树立良好的国际形象，这也是一项战略性的任务。进入新世纪，国际环境总体稳定，世界政治、经济力量对比相对进入平衡时期，和平、发展、合作成为时代潮流，世界多极化和经济全球化深入发展，中国抓住这一契机，发展经济、增强国力，都必须以社会信用体系的完善为基础。

政治上，中国国内政治稳定，经济快速发展。在几次世界经济调整中，躲过危机，稳定发展，大国关系中的地位不断上升；世界话语权在扩大，影响力逐渐加强。

经济上，中国已经成为世界生产加工基地，贸易大国，投资、技术、劳务等方面国际合作加强。与美国强弱对比缩小，与欧盟建立新关系，与发展中国家友好合作加深。可利用的外部机遇更多，发展空间更大。

目前，世界各国普遍看好中国的发展前景，发展对华关系、加强对华经济合作的意愿日益强烈。中国的经济增长和经济发展模式已经发展为被国际认可的中国模式。但是支撑中国经济发展的政治管理体制，如文化模式、信用管理模式，尚未被总结。实际上，各国都有自己的发展模式，如美国的经济和军事，日本的电子和科技，中东的石油和能源，等等。那么中国是什么？中国是文化强国，应该总结我们的文化和管理体制，向世界输出，突出体现我们的文化强国优势。

总之，21 世纪，我国进入改革发展的关键时期，工业化、城镇化、市场化、国际化加快推进，经济体制深刻变革，社会结构深刻变动，利益格局深刻调整，思想观念深刻变化。我们必须抓住机遇，尽快建立完善合理的社会信用体系，出台更多有利于强国富民的政策，满足进入世界强国之林的战略需要。

三、社会信用体系的运行与内容

上面两个问题已经对社会信用体系的内涵与框架、意义与作用进行了详细阐述。下面将通过对我国和其他国家社会信用体系的架构与我国社会信用体系的系列子体系的研究，阐述怎样建设社会信用体系。

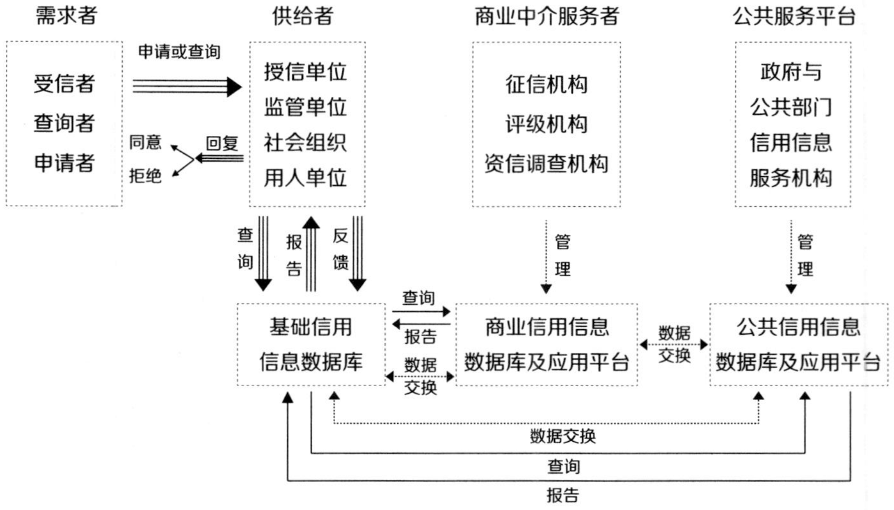

图 5-3 吴氏理论—不良信用惩戒机制示意图

不良信用惩戒机制涉及四大主体、三大数据库，包括三层循环。

——四大主体主要包括：（1）需求者，包括受信者、查询者、申请者等；（2）供给者，包括授信单位、监管单位、社会组织、用人单位等；（3）商业中介服务者，包括征信机构、评级机构、资信调查机构等；（4）公共服务平台，主要指政府与公共部门信息中心。

四大主体出于不同目的进行信用申请或查询，这些目的主要可以分为：（1）经济活动目的，如进行经济交易、经济合作、信用贷款等；（2）社会活动目的，如进行招聘、寻找工作机会、工作调动、公益评奖等；（3）监管活动目的，如提供政府扶持、招投标、进行资格审查等。

——三大数据库主要包括供给者管理的基础信用信息数据库、商业中介服务机构管理的商业信用信息数据库、政府与公共部门管理的公共信用信息数据库。这三大数据库都有自己的应用平台。三大数据库之间会进行信用信息数据交换与共享。

——不良信用惩戒机制的三层循环主要指：

第一层循环：①需求者向供给者申请或查询信用信息；②供给者在基础信用信息数据库查询相关信用信息；③基础信用信息数据库向供给者提供信用报告；④供给者对需求者做出回复是否同意其申请或查询，同意则守信激励，拒绝则失信惩戒；⑤供给者将得到的信用信息反馈带基础信用信息数据库。

第二层循环：①需求者向供给者申请或查询信用信息；②供给者在基础信用信息数据库查询相关信用信息；③基础信用信息数据库向公共信用信息数据库及应用平台查询信用信息；④公共信用信息数据库及应用平台向基础信用信息数据库提供信用报告；⑤基础信用信息数据库向供给者提供信用报告；⑥供给者对需求者做出回复是否同意其申请或查询，同意则守信激励，拒绝则失信惩戒；⑦供给者将得到的信用信息反馈带基础信用信息数据库。

第三层循环：①需求者向供给者申请或查询信用信息；②供给者在基础信用信息数据库查询相关信用信息；③基础信用信息数据库向商业信用信息数据库及应用平台查询信用信息；④商业信用信息数据库及应用平台向基础信用信息数据库提供信用报告；⑤基础信用信息数据库向供给者提供信用报告；⑥供给者对需求者做出回复是否同意其申请或查询，同意则守信激励，拒绝则失信惩戒；⑦供给者将得到的信用信息反馈带基础信用信息数据库。

如图 5-3 所示，三线箭头代表该步骤参与了三层循环，单线箭头代表该步骤参与了一层循环，虚线箭头表示该步骤未参与到循环中。

（一）社会信用体系运行的核心——失信惩罚机制

社会信用体系包含许多相关的子系统，其基本架构由社会信用制度、信用管理和服务系统、社会信用活动、监督与惩戒机制四个方面组成。社会信用服务体系是其中非常重要的组成部分，是社会信用体系建设中应该首先发展和大力支持的子系统。

世界上征信国家的社会信用服务体系建设，大致分为三种建设模式：政府主导型、市场主导型、政府与市场结合型。这三种模式各有利弊，互有短长。各国在建立信用服务体系时，必须结合本国所处的发展阶段和实际国情，不能盲目照搬照抄。

随着本国市场经济发育程度的不断提高，一些发展中国家，如印度、泰国，在信用服务体系建设上也积累了一些实践经验，有值得我国借鉴和参考的地方。这些发展中国家的信用服务体系主要包括信用信息局和资信评级公司两类。资信评级公司的建立主要是为了增强资本市场特别是债券市场的透明性，促进其健康发展。信用信息局的建立更多地是为了提高金融系统的效率，防范金融风险。

在发展中国家，信用服务中介机构一般由银行发起设立，主要股东包括商业银行、保险公司、证券公司等，业务主要包括信用评级、征信业务、咨询业务等。在信用中介机构建设过程中，发展中国家普遍同国际上的大公司进行各种合作，或者允许这些公司在国内设立分支机构，或者引进这些公司的管理和技术、进行战略合作或组建合资公司。

根据国际经验，建立社会信用服务体系应当遵循公平、公正的原则。在我国的社会信用服务体系建设过程中，必须认真研究我国的现实国情，借鉴国外又立足本国，切实找到适合我国经济发展的社会信用服务体系建设模式。

从国际经验看，无论采用哪一种建设模式，社会信用体系建设的核心都是对失信行为进行惩戒，从而鼓励守信者及守信行为，维护社会的信用秩序，保护社会信用环境。

失信惩罚机制是打击经济上失信行为的社会机制，是社会信用体系的核心。其主要功能是对所有失信行为的法人或自然人实施实质性打击，让不讲信用的法人和自然人不能方便地生活在社会中，使人们轻易不敢对各类经济类合同或书面允诺违约；同时，维护诚实守信者的利益，并在有条件的情况下对诚实守信者进行物质性奖励。一个国家只有具备运转正常的失信惩罚机制，才能说具有完整和健全的社会信用体系和信用制度，才能有效保障市场健康有序发展。

失信惩罚机制由所有授信单位共同参与，以企业和个人征信数据库的记录为依据，通过信用记录和信用信息的公开来降低市场交易中的信息不对称程度，并以此约束社会各经济主体的信用行为。

（二）我国社会信用体系的基础内容——系列子体系

1．信用立法子体系

建立以道德为支撑，以产权为基础，以法律为保障的社会信用制度，是我国社会信用体系建设的核心。包括建立健全社会信用法律法规，为开展信用管理和信用服务提供法制保障；制定以保护产权为基础的社会信用发展政策，促进现代企业制度的发展和信用交易规模的合理扩大；建立健全政府、社会中介组织以及企事业单位以道德为支撑的信用自律制度和信用风险管理制度，使各个层面的信用管理有章可循；制定科学统一的信用行业标准化体系，支持全社会信用信息的开放共享。信用立法的影响会渗透到信用交易、信用服务、信用监管子体系的各个环节，是整个社会信用体系运行的指导原则和依据。

2．信用交易子体系

信用交易子体系是指由公共部门、金融部门、企业等为信用交易主体进行的各种信用活动构成相互影响相互制约的有机整体。这种信用活动直接给信用主体带来生产或经营的变化，带来资金、销售等变化，直接改变了社会信用交易的总规模。这些变化与影响是通过市场来实现和传递的。交易体系运行的载体是市场，主要内容是信用交易，覆盖范围是经济领域的信用，形成的是经济上的债权债务关系。信用交易的基本原则是风险和利益的衡量和取舍，是众多微观利益主体经济决策的集合博弈。

信用交易子体系在信用体系中处于基础性地位，是公共部门、金融部门、企业、个人等等各类社会经济主体直接参与的体系；牵涉面最广、与经济增长的关系最为密切。各类商业和金融信用的大规模且公平地投放都是在这个体系中进行的。社会信用体系建设的目标之一就是要解决各类信用的大规模投放问题和安全投放问题，以此扩大我国市场规模尤其是信用交易规模，促进经济持续增长。

可以说，信用体系其他子体系的建设都是直接或者间接地为交易体系服务的，信用体系最终建设目标也是在这个体系中得以实现的。不仅如此，各类经济主体的绝大部分经济信用信息都是在交易体系中产生并且积累起来的。因此，信用交易子体系既是服务体系的直接服务对象，又是其生产原材料的重要来源地。

3．信用监管子体系

信用监管子体系是对交易子体系和服务子体系的各种活动进行监督管理，督促各行为主体遵守规范，合理经营的体系。从广义上讲，信用体系中的监管体系包括政府部门的监管、行业自律、社会监督和企业内控四大层次。从狭义上讲，监管体系主要是指政府部门的监管。监管体系是社会信用制度和法律得到贯彻落实的重要保障。

一般而言，在各国启动信用体系建设的初期，政府都发挥了极大的作用。一方面，各国在国家社会信用体系建设初期的政策都是要扶持信用管理行业的发展。对于传统的市场经济国家，其政府行业政策多在于保护个人隐私和维护金融安全。对于有信息保密传统的国家，政府会促进各类征信数据的开放，并在政策上保证征信机构能够以低成本采集征信数据。另一方面，如果政府采取促进征信行业发展的政策，政府也会在同时加强对该行业的监督管理，以避免从一个极端走向另一个极端。

4．信用服务子体系

除了交易子体系中的实体信用活动之外，在现代经济中，还产生了围绕着这些实体信用活动部门活动的信用信息管理与服务行业。信用服务子体系是指以经济活动参与者的多方面信息为原材料，通过对其进行收集、整理、加工和管理，以此为基础为经济参与者本身或相关方提供服务的信用中介服务企业和机构及其活动在内的总称。整个信用信息管理与服务行业中有各种各类企业，基本可以分为三大类，即信用信息管理机构、专业化的信用评价机构和深层次的信用服务机构。它们以社会实体信用活动为基础，以公共部门、金融部门、企业为主要客户，以经营并销售信用信息与信用产品、提供专业化和社会化的信用服务为手段，立于社会，成为社会信用体系的有机组成部分。

信用管理服务行业是一国社会信用体系建设的中坚力量。信用管理服务行业的成熟程度体现了信用经济发展的程度，一个国家的信用状况和信用秩序，在一定程度上取决于其信用管理行业的发育状况和市场化程度。

不良信用惩罚机制运行中最重要的环节是采集失信企业和个人的不良记录，并合法地将其公示给有需要的授信单位。至于授信单位是否会且愿意利用征信数据库的信用记录，以及是否拒绝与程度“严重”的失信者进行交易，只能依靠市场的规律行事，政府和征信机构的角色是倡导和教育。目前，最常被采用的“黑名单”方法，就是将企业或个人的失信记录正确地列入“黑名单”，向全社会乃至全世界进行“公示”，将矛盾激化为失信方对全社会的矛盾，最大限度地加大失信的成本。

需要特别说明的是，不良信用惩罚机制不是对失信企业和消费者个人进行类似刑事处罚，处罚依据与尺度也不出自《刑法》，公、检、法机构也不是惩罚机制中的执法机构。失信是产生于市场经济生活中的不良现象，回应市场对失信现象进行惩罚的机制也产生于市场本身，它的“执法机构”是各种各类的征信公司及其数据库、资信调查公司、消费者个人信用调查公司和资信评级公司等。当然，严重的失信行为或触犯刑律的失信活动则另当别论，既要受到不良信用惩罚机制的惩罚，也要追究刑事责任。

5．信用文化与教育子体系

市场经济是建立在一定规则基础之上的有限制和约束的自由经济，不是唯利是图、完全自由主义的经济。市场经济讲究道德、精神和规则。这一切的形成，既需要利益的平衡，也需要制度的安排，更不能忽视社会舆论的宣传、引导与监督。社会舆论是改善市场经济秩序、加快建设社会信用体系的重要支持力量。

信用管理理论与信用管理教育的发展为现代信用活动培养人才，是现代信用活动的有效组成部分，是社会信用体系的基础。信用管理学跨财务管理、市场营销、商法等学科，是一门典型的应用型交叉学科。随着经济体制改革深化，我国信用管理与服务行业迅速发展，特别是在加入 WTO 后，银行、企业信用管理越来越国际化、规范化，人才奇缺，发展与加强信用教育应立即着手。

首先，应大力发展专业信用教育，将信用管理作为一门独立和系统化的学科，在经济学下设信用管理专业二级学科，与金融学、工商管理等并列；或在工商管理学院、财政金融学院内设立信用管理专业课程；在经济、金融、工商管理、企业管理等成熟专业上，增设“信用管理”双学士；在有条件的院校及专业上，允许增设“信用管理 MBA”。其次，要加快发展信用管理的职业教育与岗位培训，主要对象是银行与企业的信用管理人员、信用调查评估与咨询等的从业人员。

第6章

建设社会信用体系的思考——现实与未来

世界经济的风云变幻，使各国都在思考各自的社会信用体系管理模式，中国在历次经济危机、信用危机中，都能够尽可能少地遭受损失，是因为中国有自己独特的社会信用管理模式。从经济运行到社会文化，到社会管理，再到信用管理，被称之为信用管理的中国模式。中国模式已经得到世界公认，也引起很多学者的思考。

中国对信用的认识，与众不同。我们的信用概念是一个宽口径、大范畴的认识，涵盖诚信、合规、践约三个维度，从意识形态到社会交往，再到经济交易，都涉及信用的概念，都有不同的信用表现。而国外研究信用，更多的是集中在经济领域，把信用看成是以偿还为条件的价值运动的特殊形式。有关信用的度量和评价也是以违约率为核心指标的经济领域研究，范围局限，认识片面。

中国模式经受了历次经济危机、信用危机的考验，是值得肯定和总结的。那么，究竟什么是中国模式?

中国现阶段社会信用体系建设已呈现出比较突出的特点，其实，正是这些特点选择和决定了中国社会信用体系的发展方向，也构成了中国模式的核心内容。

一、信用问题是经济与社会管理问题

国际上所有研究信用，从事信用分析，开展信用评估者，实际上都是在经济范畴，属于管理或交易问题，都是微观的；他们或为银行服务，或为企业服务，他们不谈论也不涉及社会信用问题，更没有形成系统的社会信用体系。

在中国，信用问题不仅仅是经济问题，更是社会问题。人们谈及并重视信用是从社会层面开始的，并不是从经济、交易、成本这些问题谈起的，而是从假冒伪劣这种问题谈起的，假冒伪劣如何影响到社会公众的生活，影响社会环境、秩序、道德、文化，需要社会监督、行政管理、法律法规，需要征信与评级服务、商账追收服务、防范风险，需要信用行业、产品与服务的发展。

中国的社会信用体系建设，由中国现阶段客观的经济模式和市场经济发展状态所决定，承袭了中国的传统文化与经济发展水平，结合了道德文化建设与信用交易活动的经济制度安排。中国的社会信用体系建设，是有浓厚中国特色的复杂的社会系统工程，面对全社会、面对政治、经济、管理等一系列问题，是市场经济下的新时期综合社会治理的制度安排。

社会信用体系建设的具体内容既包括银行业，也包括商业；既为市场服务，也为政府服务；既涵盖征信，也涵盖诚信评价；既涉及信用交易，也涉及市场秩序。各个子体系之间应该相得益彰，构成和谐的社会信用综合管理体系。

二、社会信用体系建设从诚信开始

社会信用体系建设从诚信开始，信用文化先行。国际上，世行援助了很多项目，特别是对发展中国家，让他们都学美国，主要就是从征信体系开始，就是从建立、采集信用信息，加工成一定格式的信用报告，然后提供给雇主、银行、企业等，用于信用交易过程中，用于防范风险。这很“西医”，头疼医头，脚疼医脚，治标不治本。

在中国，信用建设不从征信开始，而是从诚信教育开始。这很“中医”，追根溯源，重在内理。中国，从诚信教育开始，从防止假冒伪劣开始，从社会信用环境综合治理开始。因此，中国的信用体系建设，就是社会信用体系建设，其内容不仅仅包括设立信用信息系统，做信用数据库，去采集信息，然后提供给市场交易查询，更包括信用的思想、道德、行为教育，信用文化的培育。

由政府组织的、广泛的、持续的诚信宣传，诚信工程，信用浙江，信用温州等，这就是中国式的，很有特色，也很有效。征信、信用数据库建设，当然是社会信用体系建设的核心，因为最终思想、道德、行为等所有的一切都会落在具体的信用信息与数据上，都将以具体的信用信息与数据表现出来。毫无疑问，征信与信用评级或评分是核心技术，是重点，但是，现阶段恐怕它不是最迫切的，诚信教育与思想认识的统一是基础。在中国，征信体系必须与诚信教育并重，社会信用体系建设才能卓有成效。在这一点上，中国这个文化大国，表现得很有文化味道，与众不同。

在基础教育阶段开展诚信教育。在我国中小学的法制教育课程中，已经纳入了诚信教育的内容。这是中国文化传统的内在要求，是社会化的普及教育，具有鲜明的中国特色。

三、政府推动社会信用体系建设

纵观改革开放近三十年的历史，我国几乎所有的改革都是在当时历史潮流下，综合考虑各方面因素后由政府积极推动的。在这个过程中，往往是最容易成功、最不浪费社会资源、最集合大众利益的改革模式被大家认可。中国的社会信用体系建设，是由政府推动的，也只有政府推得动。由政府引导、制定规划，出台具体政策，宣传教育，建设信用信息职能管理系统。

我国各地区经济发展水平与民风、民俗差别较大，因此，治理和整顿市场经济秩序、发展信用交易、加强信用管理必须照顾到各地区不同发展情况，不能一刀切，条件好的地区与领域可先做，带动其他地区慢慢跟上。但无论谁先做，均须在国家统一规划、统一部署下、在法律法规的指导下开展。

现阶段，我国正处于转轨经济环境中，政府正在从计划经济体制下的职能定位向市场经济体制下的职能定位转变，扮演的角色也发生了很大变化，很多职能都在发生调整。调整的导向是市场和社会的需要，是为社会服务。在这个过程中，信用问题已成为社会性问题，信用管理当然成为国家各职能部委管理职能的一个重要组成部分，只是各个职能部门管理的侧重点不同。

信用管理的基本前提就是拥有信用信息，从这个角度说，目前各职能部门着手建立为自己管理服务的信用信息数据库是应该的，无所谓重复建设，因为信用管理的最大特点就是突出的数据化、电子化、系统化、信息化，在某种程度上，以加强信用管理为契机，可以提高政府的现代化管理水平，是有社会现实意义的。

四、加快与加强信用管理专业人才培养

从国内外政治经济形势看，社会需要加快信用管理专业发展。进入 21 世纪，国际上政治动荡，各国经济危机频发，市场经济秩序比较混乱，信用体系被严重破坏。2007 年美国次贷危机爆发，导致全球经济动荡。2010 年，欧洲债务危机爆发，至今成为拖累全球经济增长的最大障碍。2012 年，全球经济依然增长乏力，未来发展形势仍不明朗。西班牙和意大利信用违约基本成为共识；日本国际贸易逆差不断扩大，债务压力不断增强，信用偿还压力巨大；主权国家信用等级下调“浪潮”席卷全球。目前，政府信用违约频发导致各国之间关系紧张；进出口企业拖欠货款或不按时发货引起国际贸易秩序混乱；社会就业压力增大，求职过程中的造假行为造成职场环境失调；信用信息滥用；信用评级受到质疑；社会信任关系脆弱；全球社会信用秩序受到严峻挑战……

信用问题已成为全球性问题。建立新型信用管理体系与管理制度已成为国际共识。信用就是国际公则。认识现代信用活动规律，总结创建相应的新型社会管理体系已成为当今理论界与实践界最重大、最高端、最现实的问题。美国已从金融体系改革入手，加强信用交易的监督与管理；欧盟直接从建立联盟信用评级公司入手，构建全欧信用交易与风险控制监督管理体系。

从国内外政治经济形势看，社会经济发展已经到了一个新阶段，信用交易量与日俱增，信用关系日益普遍，信用信息服务日益拓展，信用风险控制与政府信用监管的社会需求强烈增长，创新发展信用管理制度和体系已成为当代必然。社会信用秩序与环境已成为当今世界发展的软制度与软实力。

信用管理人才匮乏已成为国际性问题，我国更加突出。信用管理人才的供应

不能满足信用体系建设的需求。随着信用体系建设的不断推进，对信用管理理论水平和人才水平的要求也越来越高。在经济全球化背景下，我国的信用体系建设也应具有全球性视角。这就要求我国的信用管理专业要不断加快、深化并国际化发展。

谁拥有信用，谁就拥有未来。谁拥有最先进的信用管理制度与技术，谁就掌控世界。谁拥有最高端的征信与信用评级，谁就拥有世界话语权。

从国家教育发展的大政方针看，信用管理属应大力发展的综合性创新学科。党和国家高度重视高等教育尤其是新兴学科发展。胡锦涛在清华大学百年校庆大会上的重要讲话中着重强调，高等院校要“瞄准国际前沿，加强基础研究，推动学科融合，培育新兴学科……努力为建设创新型国家作出积极贡献”。《国家中长期教育改革和发展规划纲要（2010—2020年）》要求高等教育要“以重大现实问题为主攻方向，加强应用研究。促进高校、科研院所、企业科技教育资源共享，推动高校创新组织模式，培育跨学科、跨领域的科研与教学相结合的团队。促进科研与教学互动、与创新人才培养相结合”。

信用管理作为国家经济社会发展急需的新兴学科，其很重要的出发点在于解决经济社会发展的重大社会信用现实问题，更需要贯彻国家教育改革和发展规划精神，深入探索信用管理组织模式创新和教学与科研的有效互动，为社会培养应用型、复合型、技能型信用管理人才。

从2001年开始，10年来，伴随着我国经济和社会的发展，已有越来越多的有识之士认识到信用管理的重要性及必要性，在各级政府的支持下，纷纷开设信用管理专业，截至2011年，在教育部备案或审批同意设置信用管理专业高等学校本科专业院校已达20所。具体情况见表6-1。

表6-1　2001—2011年经教育部备案或审批设置信用管理专业的高校一览

2001年	中国人民大学	2009年	天津商业大学
	上海财经大学		上海师范大学
2002年	吉林大学		广东金融学院
2004年	上海立信会计学院		重庆工商大学融智学院
	上海第二工业大学		兰州商学院

（续表）

2005年	上海金融学院	2010年	太原师范学院
2006年	浙江财经学院		厦门理工学院
	南京审计学院		兰州商学院陇桥学院
2007年	山东财政学院（现山东财经大学）	2011年	哈尔滨金融学院
2008年	天津财经大学		湖北经济学院

资料来源：吴教授信用管理工作室*根据教育部公开网页整理

当务之急，我国应加强信用管理学科建设和理论研究，把信用管理列为国家经济体制改革与社会管理发展急需的新兴、重点学科；支持有条件的高校设置信用管理专业或开设相关课程；在研究生培养中开设信用管理研究方向；鼓励国家重点、著名高校设立研究中心并开展与国家战略发展相关的重大信用专项问题攻关研究；鼓励高校、研究机构、信用服务机构以创新形式开展多项联合，建立信用管理产、学、研一体化的教学、实业研发、理论前沿研究的新型基地。

五、我国征信体系建设的双重目的

我国征信建设首先为政府监管服务，然后逐步向为市场交易服务转化。

市场失灵的经济环境下，公共产品不能自发有效提供。长期来看，建立征信体系就是为未来市场经济提供一个公共产品。但是，短期来看，为解决市场失灵问题必须先解决政府监管问题，把征信数据库作为监管的平台。当然，成熟的市场经济应该同时具有公共产品和私人产品，即使是将来信用信息作为私人产品都由私有部门生产制作，政府仍然可以提供公共产品。

我国社会信用体系建设从本质上来说，应该是社会管理制度建设的发展与完善，是在新的市场经济条件下，政府对社会信用环境、社会信用秩序等新型社会问题管理水平的改革与提高。我国社会信用问题是在市场化加深、相关法律规定

* 吴教授信用管理工作室：以中国人民大学信用管理学科带头人吴晶妹教授为核心的工作团队，挂靠于中国人民大学中国财政金融政策研究中心。

空白、行政监管缺乏的情况下充分暴露的，我们要解决的问题就是在市场逐渐发展的情况下，建设配套的信用管理法律和具体的行政监管手段，而这一切决定了我国征信体系建设首先要解决政府管理问题。所以现阶段我国征信建设的目的是为政府管理服务。

当然，从理论上说市场经济条件下，一切社会活动的核心都应该是为市场交易服务，而市场活动是有充分的需求、供给、服务的提供，但是这种活动应该都是内生的，或者说至少是由内在需求决定的，外部因素只起到推动或者约束作用。明确地说，谁需要征信，谁来征信，那都是自发的，不是政府指定就能成型的。正如最基本的经济学理论所界定的那样：需求决定供给。我们现在没有足够有效的对征信产品与服务的需求，当然也不能形成合理的供给。

所以，现阶段我国征信市场建设离市场交易服务还有一定距离。一方面是市场交易需求动力不足，另一方面政府监管需求强烈，结论是很明显的。

值得注意的是，目前对我国征信体系的认识与理解还存在很大差异，现在很多人把征信建设归结为建设一个数据库，一个信息平台，或者是归集一个黑名单，这种理解是有一定局限性的，应该认识到征信体系建设是我国深化市场经济建设过程中完善社会管理制度的一个重要工作，是在构筑一种新型的社会运行规则。

六、我国征信运营模式公共与私营并存

目前，全国上下对如何建设我国社会信用体系争论的主要焦点就是征信体系建设应采取什么模式，是公共征信还是私营征信。

这个问题其实并不重要。因为所谓的公共征信或是私营征信，都来自于发达国家的定义，而他们的定义也是基于市场信用体系而定义的。中国目前建立的是社会信用体系，所以需要各类机构“各自为政”，“百花齐放”，并不涉及一定要采用某一种征信模式的问题。

现在人民银行利用金融机构的数据做了一个数据库和征信系统，但是这些数据只在金融机构内部流通，并不对外公布，对此，一些机构认为人民银行没有做到数据共享，应该把这些数据公开。但是，人民银行的这个征信系统属于金融信

用体系的征信系统，它是为金融体系服务的，所以最起码在现阶段，这些数据是可以不公开的，这种举措是无可非议的。若征信系统成熟后，有选择的公开或者交换一些数据是可行的。那么私营的征信系统是不是就没有存在的必要了呢？当然不是。私营征信系统的市场在于商业信用体系，应该着重挖掘企业的数据信息。征信行业进入门槛高，规模效应明显，但是，现在中国的信用体系正处在起步阶段，所以私营的征信系统很有发展前途，而公共征信也在做，比如发改委牵头的联合征信等。

现在中国的商业信用体系正处在“春秋战国”时期，群雄争霸，可以说这个市场是很健康的，符合市场规则，有竞争才会有效率，也符合优胜劣汰的自然法则，现在群雄逐鹿，这个“鹿”就是商业征信市场，最后到底是采用公共征信模式还是私营征信模式不是人为的选择，而是市场的选择，所以在现阶段，需要让各个模式的征信都自由发展，看最后市场选择哪种模式。

所以，当前所要讨论的热点并不应该是采用什么样模式的征信体系，而是如何建立起社会信用体系，这时候各个部门都需要建不同的数据库，而且这些数据库之间并非信息的完全对称，而是各有所长，互有补充，这样才能建成有效的社会信用体系。

七、地方信用体系建设先行并活跃

现在有些人提出没有必要搞区域征信建设，认为，在市场经济条件下，个人和企业活动很大比例为跨区域活动，因此在一定区域性范围内建立社会信用体系并无太大意义。

我认为恰恰相反。其理论依据还要从征信活动的实质谈起。从根本上来说，征信活动是要解决社会管理和市场交易的问题，至于解决的形式和手段在某种程度上来讲并不重要。目前，之所以会产生区域建设是因为很多地方在经济发展和社会管理中已经面临社会信用管理问题，所以，站在服务于区域经济发展的角度，建设区域性征信体系符合市场和社会信用要求，也符合转轨经济时期政府管理职能改革与发展的需要。至于未来，转轨经济结束后，一切由市场决定。

我国市场经济运行并不充分，绝大部分个人和企业，特别是中小企业的经济活动还主要在本区域，跨区经济交易也还受到种种行政管理的限制。从现在各地进展的情况来看，区域性征信体系建设，政府主要起推动作用，在很大程度上是投入少量资金启动具体的建设项目，后续的以及征信建设的全面发展事实上也都逐渐交给了社会，应该说基本上按照中央的“政府推动，市场化运作”原则操作，我认为发展形势很良性，应该肯定，并且支持，应该鼓励相互交流经验。可以肯定地说，区域性征信体系建设，政府投资并不多，但是创造的社会效益明显。

由于在国家层面上，全社会信用体系建设的总体方案迟迟未推出，各地根据经济社会发展的需要先行开展信用体系建设是必要和合理的。社会信用体系建设是个庞大的社会工程，各地区、各行业发展不平衡，统一框架模式在中国很难开展。应充分考虑到各地区间经济发展的不平衡，信用基础状况也不尽相同，应注重统筹协调，不能以统一模式一步到位。因此，只有在地方先行建立区域性征信体系，才能为今后进一步建立全国性征信体系提供实践依据。目前，个人征信建设应该从大城市起步，不发达地区和中小城市不急于推开；企业征信建设也应以中小企业为主，大企业则选择财务相对较透明的。

八、信用数据体系建设

中国的社会信用体系历经十几年的探索，已经初见成效。特别是信用体系的基础——信用数据体系建设，在政府部门、行业组织和地方政府层面，均以不同方式达到一定规模，但是尚未形成成熟的建设模式，在信用数据的采集标准、相互共享等方面还需要进一步加强统一和协调。

我们可以坚信在不久的将来，我国的信用数据体系将会形成三大数据体系：金融信用数据体系、商业信用数据体系、政府监管信用数据体系。

信用数据体系（CDS， Credit Data System），主要是指在相关牵头部门的推动和组织下，按照一定的数据采集标准，对信用主体的信用信息进行采集、加工、核实和更新，以实现信用信息在体系内互联互通的一种信用管理运行机制。

金融信用数据体系是指：由银行业主管部门为主导运作，以金融机构（主要是商业银行）为主要用户，以授信申请人为主要征信对象的金融业征信系统，以及信用信息在体系内互通互联共享，在金融业形成的一种信用管理运行机制。

银行征信局是这个体系的核心。他们是信用信息采集、加工、传播的专业机构，主要以商业银行为采集对象，获取企业和个人的正面和负面授信信息，用于金融机构的授信信用风险管理，并在金融体系内信息共享，以降低交易风险，促进金融业的健康发展，保障金融安全。从国际惯例和中国的实际情况看，金融信用体系，特别是金融征信系统适合公共征信。

金融信用数据体系主要采集的是金融机构方面的信用信息，主要的服务对象也是金融机构，这有些类似于行业征信。姑且把金融业也看作是一个行业，而金融信用体系看作是一个行业的信用体系，在这个行业内部有自己的征信系统，为本行业服务，只是由于金融业与商业有密切的关联，它所拥有的信息具有外部性，所以，金融业的这个行业信用体系是独立于其他行业信用体系而存在的。但是，也并非所有的信息都是需要公开共享或者说可以公开共享的。因为，作为一个行业信用体系，它首先要在金融界内进行信息的共享，其次才是有选择地以有偿或者无偿的方式对外公开一些数据与信息。而公开这些信息的前提是不会影响金融行业的安全。

商业信用数据体系是指：由信用服务中介机构为主导运作，以企、事业单位为主要用户，以企业和个人为征信对象的征信系统；以及信用信息在市场范围内互通互联，在社会上形成的一种信用信息共享的运行机制。

这些信用服务中介机构主要包括：征信公司、资信调查公司、信用评级公司等等。他们是市场经济发展、社会分工深化的产物，是社会信用体系的有效组成部分。他们按照现代企业制度建立，依据市场化原则运作，以独立、客观、公正的原则为市场提供产品与服务，为企业授信、雇主用工、投资合作、贸易融资等商业活动提供决策信息，是市场需要的新兴的征信服务行业。

商业信用数据体系主要由征信机构、信用评级机构等信用服务中介机构对企业的信用信息进行采集、筛选和评估等。企业的信用信息包括企业市场交易的信息，也包括企业在商业银行贷款的基本记录，这些信息主要被用于企业之间的交易活动。

在这种征信服务行业里，既可以有公共征信机构，也可以有私营征信机构，具体有做企业征信的，也有做个人征信的，但不论做什么，都应遵守市场原则，充分、正当、公平竞争，优胜劣汰。

政府监管信用数据体系是指：以政府或职能部门为主体运作，以政府及各职能部门为主要用户，以企业和个人为征信对象的信用信息系统；以及信用信息在政府及各部门之间互通互联，在政府及职能部门内形成的一种信用信息共享的运行机制。

政府监管信用数据体系中的信用信息系统，由政府或职能部门委托的事业单位建设，为政府综合信用监管服务。这种信用信息系统一般以电子政务为基础，以信用信息整合为切入点，实现政府及职能部门之间信用信息共享，形成反映企业和个人综合信用状况的基础数据，实现综合的、有针对性的、预先的监督与管理，以促进社会成员遵纪守法、诚信经营。

政府监管信用数据体系中的信用信息系统建设，是政府自己的事情，只要符合有关行政管理规定即可，不需市场化，只为政府服务，也不参与市场。

政府监管信用数据体系主要是政府部门从其他相关部门获取数据，比如工商局、税务局等等，用于政府部门对市场的监管与预警，其中有些数据只能在政府内部共享，不能被服务中介所利用，而有一些基础数据或者具有结论性的数据，可以对外公布。

对失信者实行惩戒是社会信用体系的一项重要功能。除了征信产品的使用具有信用状况揭示作用外，政府有关部门和公共服务机构还应以信用公示、警告、行政处罚、取消市场准入资格等方式，使失信者受到惩戒，建立由政府部门、授信管理机构、公共服务机构共同参加的联控联防机制。

金融信用数据体系、商业信用数据体系和政府监管信用数据体系这三大数据体系在社会信用体系中应呈现出“三足鼎立”的局面。这三大体系之间并非是完全的竞争关系，而是相互补充，各据一方，每个体系都有自己的侧重点，目的都是为整个社会服务，是社会信用体系不可或缺的组成部分。

当社会上有人需要相关的信用信息时，就需要向这三个信用数据体系中的一个或多个索取信息。如果是金融机构或者政府部门，他们可以直接享有自己本体系的信息，并且通过中介机构索取其他体系的信息。如果是企业为商业活动需要，可以通过信用服务中介来获得所需要的信息。而信用服务中介也都各有侧重，有的侧重商业信用体系，有的侧重金融信用体系或者政府监管信用体系，也有的机构规模比较大可以兼顾两个体系，但是一般不会有机构可以兼顾三个体系。

九、中国的社会信用体系建设必须创新

中国的社会信用体系建设，在借鉴国际先进经验的同时，必须根据国情，独立创新，走自己的路。我国的信用建设基于中国古老的信用文明与传统文化，与中国独特的转轨经济密切相关，因此，我国的信用建设不能照搬西方国家的模式。我们应当在借鉴国际先进经验的基础上，结合中国实际，探索中国信用建设的规律，寻找信用建设与和谐社会的关系，以促进中国全面、协调、和谐发展。

我国的信用体系建设结合了道德文化的建设与信用交易活动的经济制度安排，是有浓厚中国特色的复杂社会系统工程，不是照搬某个国家或地区的发展模式所能解决的。我国已走向市场经济，社会各界与各经济利益主体正逐渐走向成熟，社会信用关系与其带来的利益正在调整与平衡，新的信用文化正在形成。所以，这时需要一个全面的社会信用体系来为社会的综合发展保驾护航，而并不是仅仅局限于某一两个领域。

美国的社会信用体系发展 100 多年，积累了成熟的经验和模式，但那是美国模式，不适合中国发展的需要。美国模式完全建立于自由市场经济体制之上，依靠法律的强制力约束人们的信用行为，征信、信用评级等重要信用服务行业高度市场化，表面看来完美无缺，但是即使如此完美，也没有经得住经济发展的考验，安然事件、次贷危机等接连出现，并未真正发挥信用体系防范风险、维护秩序的作用。日本也同样，信用信息数据库完备、市场信用意识强化、信用服务门类齐全，是亚洲征信国家的典型代表，然而日本的经济多年来持续泡沫，加之目前的次贷危机影响，同样也陷入经济衰退的危机。

因此，任何经济体制和制度的选择都要顺应社会需求，符合所在国家的具体国情。中国的传统文化与经济发展决定了中国的信用建设只能走自己的路，也决定了中国社会信用体系建设的内容与模式将会形成中国模式。

第 7 章

政府信用监管

我国市场经济建设需要信用环境与秩序，我国加入世界经济循环需要信用交易与信用能力，我国逐渐成为世界强国需要信用形象与信用管理。我国社会信用体系建设已经启动，信用理念已日益深入人心，建立信用制度、加强信用管理已为社会必需。政府建立信用监管体制、发挥信用监管作用责无旁贷。

一、什么是政府信用监管?

政府信用监管（GCS，Government Credit Supervision），就是政府对监管对象的诚信度、合规度、践约度实施的综合监管。

人们认为信用监管分为很多领域，很多政府部门都在监管，准政府部门包括行业协会等也在进行行业监管，认为这之间交叉、重复，无法界定。但实际上，所有的信用活动都是三维的，每个部门的监管都涉及信用三维的监管，如工商局的监管包括对其监管对象的诚信度管理、社会关系的合规管理和经济交易下的合同管理；税务局的监管包括对其监管对象的诚信度管理、社会关系的合规管理和经济交易下的纳税管理。这样看来，似乎各监管部门都有重复的地方，但实际上都是为各自的监管目的服务的。哪些是容易被监管部门重复监管的，哪些是各个部门独特的，可以用信用三维的概念区分。

所有的信用监管都可以从三维信用理论认识；所有的信用监管内容也无非都是三维信用管理；所有的信用监管制度与措施也都是针对三维分别制定的。不论是哪个维度的监管，监管的主体都是政府各个职能部门，监管对象是企业和个人。

二、为什么要进行政府信用监管?

党的十八大报告提出“加强政务诚信、商务诚信、社会诚信、司法公信建设”。在社会信用体系建设的过程中，为什么要进行政府信用监管？如何看待和发挥政府在社会信用体系建设中的作用，这是社会关注与议论的焦点问题之一。

（一）建设社会信用体系是发展市场经济的战略性制度安排

在市场经济中，社会经济关系往往表现为信用关系，经济活动的主要方式是建立在诚信原则基础之上的信用交易，例如赊销、消费信贷、信用卡、信用证、债券等。这些信用交易扩大了市场，节约了交易成本，提高了交易效率，促进了经济的发展。市场经济就是建立在各种各样的、错综复杂的信用关系基础上的经济，是以信用为纽带生产、交换、分配、消费的经济形式。信用是市场经济运行的前提与基础，是市场经济健康发展的基本保障，是市场经济微观主体经济活动的启动器，是市场经济的核心——金融活动形成和发展的基础，为市场经济活动与交易创造工具与基本条件。信用提高了经济活动的质量与效率。市场经济就是信用经济。

随着信用活动的广泛发展，信用对经济的影响与作用不断扩大，整个经济活动日益信用化。经济信用化程度与经济发达程度密切相关，信用活动总规模与信用交易结构深深影响着经济增长，甚至影响和决定着经济周期的变化。因此，信用建设不仅是道德问题，更是经济发展问题。

各种各样的信用活动与信用交易在推动经济增长的同时，不可避免地带来风险。由于失信破坏交易秩序，可能给交易对方、甚至社会带来损失，因此，信用活动与信用交易在强调以诚实守信为根本的同时，更要注重对信用风险的识别、防范与控制。在市场经济发展的过程中，在信用交易与信用活动逐渐形成规模的条件下，建设并且有效运行一套社会信用体系，是经济发展的内在需要。信用建设不仅是经济发展问题，更是社会管理问题。

中国是文明古国、礼仪之邦，中华民族讲信用的传统源远流长。但是，目前我国的市场经济秩序混乱，信用缺失严重，在信用经济活动以及社会一般交往关系中，存在着诚信原则被丢在一边的现象。究其原因，是由于从近现代以来，我国社会几经剧烈变迁，新旧制度交错甚至冲突，制度存在缺陷，社会各经济主体利益边界模糊，往往失信者不受惩罚，守信者得不到回报，造成信用关系与信用交易秩序混乱。特别是受原有计划经济的影响，我国的信用基础十分薄弱。

在计划经济时期，全社会的经济活动都是由国家计划安排实现的，国家是社会关系与经济活动中的唯一主体。企业和个人都从属于国家，他们在国家计划的层层安排下，进行具体工作，不独立参加社会经济活动，也就不需要应用诚实守信原则。诚实守信虽然仍是做人的原则，但是并没有直接应用于经济活动中，没有和经济交易规则结合在一起。

在市场经济中，一切经济活动都是由交易活动具体实现的。企业和个人是各种交易的主体，必须遵守公认的、共同的交易规则，也就是诚信原则。所以在市场经济中，一般社会关系中的诚实守信道德规范和行为原则与经济活动的交易规则紧密地统一起来，这就是市场经济的信用文化。这正是我们这种由计划经济向市场经济转型的国家所缺乏的，也是发展市场经济所必需的。正因如此，在建设我国市场经济的过程中，要大力宣传与确立诚信原则，并且以诚信原则为本建立市场经济下的各种交易规则，以诚信为本进行各种交易活动。

建立社会信用体系，从根本上来讲就是建立一套新的社会管理制度，管理与维护社会秩序及环境以适应新的市场经济发展需要，最终实现经济发展、社会进步的人类诉求。

（二）中国的社会信用体系建设需要政府推动

对我国社会信用体系的认识，目前并不统一，主要表现是认识高度不一样，认识角度不一样，认识内容不一样。有人认为这不是关系国家发展的重要问题，有人认为是国家发展的重大战略问题；有的认为应该是市场自发解决的问题，有的认为应该是政府推动的社会管理制度建设问题等等。

社会信用体系建设关系到我国市场经济的健康发展，中国作为大国、强国屹立于世界的一个战略性制度安排。这个问题不应该，也不可能交给市场自发解决，照搬西方经验，认为别人有的，西方人有的，我们就要有，西方没有的，我们就不能做，这在社会科学、管理科学来看，是教条可笑的，是不实事求是的。中国的社会信用体系建设是中国富国强民、可持续发展的重要创新制度，是要由政府推动、全面建设的。众所周知，市场经济存在着固有缺陷，从社会信用管理角度看，市场体系不可能解决一些问题，而这些问题必须由政府来解决，主要表现在以下方面：

统一与协调社会信用体系的各个构成。社会信用体系是一种集管理与服务于一体的社会综合机制，是由信用立法与执法、信用管理行业运行惯例与约定、社会信用行为与道德规范、不良信用惩罚机制、诚信教育等多个子体系共同作用、交织形成的社会综合机制。

在这一社会综合机制里，各子体系都是社会信用体系不可或缺的有机组成部分。一方面，它们的活动内容和职责各有侧重和不同，彼此之间既无法相互涵盖，又有所交叉。例如不良信用惩罚机制的运行就要在相关立法的约束下，体现自己的特点和运行原理。另一方面，由于活动主体的不同和行为目标的差别，各子体系间及其内部还有可能存在矛盾和冲突。这就需要有一个部门去统一、协调社会信用体系的各方各面，以保证社会信用体系的健康、平衡发展和效率的最大化。

政府是一国政策的制定者，经济发展的倡导者，也是制度的选择与决策者。其职责就是站在国家的高度上，从整体出发，不局限于某一方面的利益和要求，统一和协调社会的所有资源和各个部门，实现整体效益的最大化。因此，由政府对社会信用体系的各个构成进行统一和协调，是最合理的选择。

引导两步并做一步走，促进社会与经济全面发展。信用问题说到底涉及的是社会各界在社会活动中的信用关系。信用的好坏、信用关系的优劣说到底也是要靠参加信用活动的主体自己去建立与维护，而不是靠法规的强制、政府的管制来建立与实现。良好的社会信用关系是建立在社会各界的因信用而带来的利益平衡的基础上的，这个平衡的过程是市场自发调整实现，需要相当长的一段时间。

成熟的市场经济国家信用活动的发展经历了一个过程，可以说是两步走。

第一步是“信”，即立信，主要是建立市场经济交易规则，确立和完善市场经济秩序，打造市场经济环境。这个阶段是一个历史过程，在西方发达国家历经了近一个世纪。在这个过程中，市场经济的参与者们在原始积累初期，经历了假、骗、诈等失信经营——暂时获利——丢掉客户——最终丢掉市场的过程。在市场的教育下，人们逐渐认识到了失信的危害，承认了诚信在社会活动中的重要性，开始把诚实守信作为经营者的生命，把品牌、信誉结合在一起视为经营之本。经营者重视诚信，社会呼唤诚信，诚实守信成为社会共同追求的道德规范的重要内容，成为社会行为准则的一部分，成为可以立足于社会的资源与财富。

第二步是“用”，即信用，把已确立的信誉利用起来，把已立住的诚信资源的作用发挥出来，去创造更多的财富。这个阶段是生动的，是活跃与发展的，西方发达国家用近乎整个20世纪来经历与刻画。此间的社会各经济主体，特别是经营者们在维护诚信的同时，在尊重诚信道德规范原则的基础之上，广泛使用信用手段生产与经营，信用交易与信用活动普遍发展，信用活动拉动了投资与消费，在一定程度上推动了经济增长。

中国的经济发展令世界瞩目，中国创造了举世罕见的速度与模式。要尽快缩短与发达国家的差距，腾飞的中国就不可能再走西方国家曾经走过的一个半世纪的漫长历程。中国应缩短进程、两步并作一步走，即一方面宣传诚实守信、树立诚信道德规范、整顿市场秩序；另一方面积极发展与扩大信用交易，以此拉动经济增长。目前，我国经济信用化程度很低，信用交易渠道与手段很少，信用活动总规模很低，信用活动的发展与经济发展不匹配，信用资源对经济发展的贡献远远没有挖掘出来。应从发展战略的角度认识这个问题，制定具体的政策，改变这个局面，在新时期创造出新模式、新思路，为加快中国市场经济建设做出有益的探索与尝试。

推进道德、产权制度、法律环境的建设。健全的社会信用制度是以道德为支撑、产权为基础、法律为保障的。诚信即诚实守信，是一种精神与原则，是在社会交往与社会经济活动中必须遵守的一种道德规范和行为原则。在社会一般交往中，信用主要指社会交往主体遵守诚信原则，守诺践约，获取他人信任。这种信任撑起了整个社会运行的信用环境，是社会关系的重要内容之一，是建立与维护社会秩序的基础。诚实守信是每个企业和个人都应遵守的道德规范与行为原则，是为自己积累起来的重要社会资本，是一种资源与财富，是文明、进步及发达的标志。

市场经济发达与成熟的根本标志是以产权作为交易对象加入到交换过程中来，即产权的市场化。实现产权市场化才能使市场经济原则真正贯彻到社会经济生活的每个角落。我国处于经济体制转轨时期，人们的借贷理念、消费理念、信用风险理念、破产理念等与信用制度关联度极强的理念，以及大量生产、大量销售的信用产品，若没有产权的概念将难以支撑。此外，银行信贷、上市公司融资，也都要以产权界定为基础。可见，清晰的产权是基础，没有明确的产权，经济主体就没有成本核算的动机和压力，没有信用意识，建立社会信用体系就毫无保障。因此，要建立健全社会信用体系，必须进行产权改革，建立“归属清晰、权责明确、保护严格、流转顺畅的现代产权制度”。而这所有的一切工作，在当前的中国国情下，都必须靠政府的大力推动。

建立和完善社会信用体系首先就是要建设相关的法律环境，同时，完善的法律法规也是社会信用制度健全、成熟的重要保障。例如，征信行业的发展，必须有关于征信数据的法律和法规作为约束，以协调征信业对数据开放的需要与公民享有的保护个人隐私的权利。对金融企业的有关法律法规则严格规范了它们的各项信用活动，从而保证了信用交易的有序进行和信用经济的健康发展。在欧美发达国家，经过一百多年的不断完善，已经形成一系列的信用法律法规，对社会信用体系中的有关环节做了具体规定，保障了这一体系的健康发展。而在我国，对金融企业的立法尚不成熟完善，对信用管理行业也缺少相关法律的约束和指导。因此，在建设社会信用体系的过程中，政府必须大力推动法律制度的建设和法律环境的完善。

三、由谁来监管?

政府信用监管是长期任务，应有常设机构，专司其职。国家层面应设信用监管委员会，各行政职能部委应设信用监管司、局。

我国市场经济建设是艰巨的，是历史性的，是百年大计，市场经济在建立与完善的过程中需要信用环境与信用秩序。信用建设将伴随着市场经济建设逐步发展，在市场经济发展的不同阶段，对信用建设的内容与重点要求亦有不同，这就决定了我国社会信用体系建设、政府信用监管将是长期的、艰巨的，不断发展与完善。为了实现与完成这一长期、艰巨的任务，就必须建立长期存在的管理机构，以使其职能长期延续并不断发展。

政府信用监管建设，应该纳入社会信用体系建设总体规划之中，并且应该作为总体规划的一个重要组成部分。政府信用监管建设的主要内容应该包括组织机构建设、制度建设、职能建设、行政监督管理执行能力建设等等。其中，组织机构建设是重中之重。

政府信用监管是创新，古今中外，政府专门成立机构，专门针对信用制度、信用环境、社会信用秩序、信用交易等进行管理，迄今还没有。但是，针对中国的实际情况，以及有特色的中国市场经济建设的需要，我们有必要设立专门的政府信用监管机构，专门形成一系列的信用制度与信用管理措施。在这点上，中国没有现成的经验可学习。如果说，中国的强大必须从中国做一个创新国家开始，那么中国就必须在科技创新之外，有相应的管理制度创新，信用管理监管制度及组织机构应该是中国社会管理创新的一个内容。

那么，这样的组织机构应该怎么设立呢？

（一）中国信用监督管理委员会

中国政府的信用监管机构应该从国家层面就设立最高监督管理委员会——“中国信用监督管理委员会”，专司信用监管的政府职能，就像银监会、保监会、证监会等金融领域的专业监管委员会一样，独立承担信用领域的相关监管工作。“中国信用监督管理委员会”最大限度的发挥政府对信用行业发展指导作用，规范市场信用交易行为，保护信用主体的合法权益，宣传和倡导社会诚信原则与精神。“中国信用监督管理委员会”下设地方派出机构，可以按照行政区划，分省、市两级分别设置。

（二）信用监管司、局

国家各部委可设立信用监管司、局，负责本系统内的信用监管工作。比如，国家工商总局、国家质监总局、商务部、海关总署等，内部均可以专门设立信用监管司，专司信用监管与行政处罚职能。现在有些部委已经开始有所尝试，有的是在原有的司、局基础上，增加了信用监管的专项职能，有的是专设了相关司、局，有的相关司、局还会再升级成为更高级别的信用监管机构。这些做法，适应了目前信用监管的需要，监管非常到位，解决了很多现实问题，发挥了应有的行政监管职能，很有行政作为。现在已经很明显地看出，这种做法是一种趋势，并且很符合中国社会实践、有特色的中国市场经济建设的需要。可以预见，将来我们会走出一条很成功的中国政府信用监管之路，就像很成功的中国经济改革模式一样，会被很多国家借鉴。

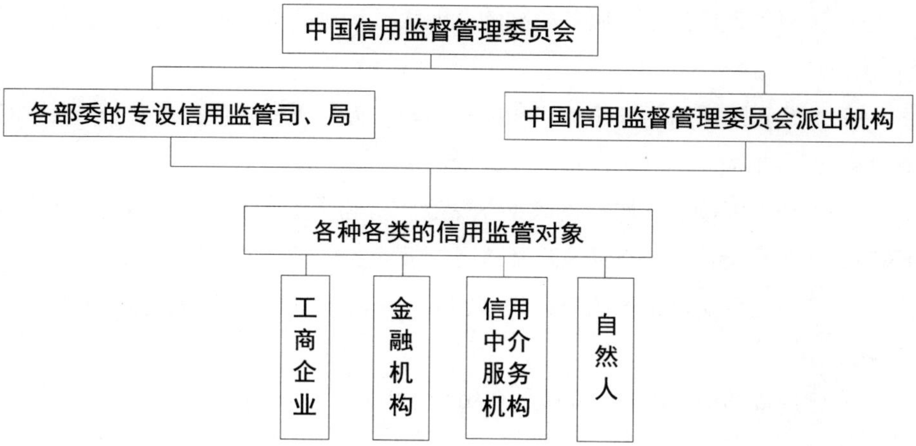

图 7-1 吴氏理论—政府信用监管组织示意图

四、信用监管的职能是什么?

中国信用监督管理委员会及其派出机构和各部委信用监管司、局作为不同的政府信用监管主体，应发挥不同的职能，各司其职，从不同的角度与不同的层次共同改善整个社会的信用环境。

（一）中国信用监督管理委员会的监管职能

为了改善我国社会信用环境，保护信用主体的合法权益，促进市场经济的健康发展，我国在市场经济改革过程中就应该设立专门的信用监管机构——中国信用监督管理委员会，其主要职责应该包括：

——研究和拟定社会信用体系建设的方针政策、发展规划；起草有关的法律、法规；制定有关规章。

——统一管理信用交易活动，按规定对其派出机构实行垂直领导，并与各职能部委设立的信用监管司、局进行协调。

——监督管理信用中介服务行业的组织机构，对机构管理实行审批、备案制，对个别有特殊规定的信用中介服务行业，实行资质认证管理。

——监督管理信用中介服务机构的从业人员，对高级信用管理人员实行注册登记制。

——监督管理信用中介服务机构的产品与服务，受理与仲裁社会公众相关信用投诉，开展相关规范服务调查，并实施查处。

——监督管理授信机构的授信业务规范，以指导性手段提示授信机构防范授信风险，降低社会性信用交易风险及信用危机发生的可能性，保障社会安全。

——管理信用交易市场的交易秩序，信用信息的处理与传播，保障信用主体的合法权益。

——监管境外相关信用中介服务机构在境内的一切活动。

（二）中国信用监督管理委员会派出机构的监管职能

为了加强对地方信用体系建设的指导及监督管理，对地方失信主体失信行为及时查处，提高信用监管效率，促进地方信用环境改善，保证地方经济健康有序发展，中国信用监督管理委员会按照我国行政管理惯例，在地方设置派出机构。该派出机构应该秉照中国信用监督管理委员会的精神与原则，在地方落实与执行相应职能。具体职能如下：

——负责对辖区内信用服务中介机构的业务活动进行日常监管。

——负责对辖区内信用服务中介机构的设立、变更、解散、歇业、年检申请进行初审，出具初审意见。

——根据授权，依法查处辖区内监管对象的违法、违规行为。

——负责配合或者会同有关部门查处辖区内失信交易行为，以及破坏信用市场秩序与社会信用环境的行为。

——负责处理辖区内有关信用的投诉，调解信用交易纠纷和争议。

（三）各部委信用监管司、局的监管职能

为了规范行业信用秩序，加强对各类信用主体的分类监管，提高监管的全面性，完善全社会的信用环境，各部委应该在中国信用监督管理委员会的精神与原则指引下，根据自身的监管范围和监管特点，制定适合本部委的信用监管职能。由于各部委的监管职能不尽相同，在此，我们不再一一列举各部委的监管职责内容。

五、信用监管的内容是什么?

政府信用监管内容很多，总体看来，应该包括以下内容:

（一）诚信度监管

诚信度监管主要涉及道德、文化、心理范畴。道德监管是监管企业和个人的道德水平。监管部门首先要制定道德规范标准，以此为依据来监督监管对象的道德水平。

诚信度监管不但需要依靠政府部门，还需要社会大众的自觉性和舆论监督的导向性力量，从政府到公众再到社会舆论，都在大力倡导诚信为本、操守为重、模范守信的道德观念，讲究求真务实、说实话、报实情、守承诺，反对欺上瞒下、暗箱操作、敷衍塞责、推诿扯皮等。与此同时，社会宣传教育和政府奖优罚劣的导向，有利于整个社会形成人人守信的氛围，营造良好的诚信环境，并且利用表彰、通报、处罚等手段对不同信用主体进行奖惩分明的管理，在社会上树立诚信本身也是一种价值的理念，使社会主体都珍惜诚信、培育诚信、提高自身的诚信度。

其实，政府部门宣传和倡导诚信，是每一个行政监管部门都会涉及的问题。但在监管实施过程中，大部分政府部门都不会把诚信度监管作为主要职能。每个部门都有自己最重要的监管任务，面对这些监管任务，政府部门已经疲于应付了。宣传和倡导诚信，往往就被政府部门忽视了，这样就使得社会上关于诚信的正面宣传和倡导工作，无法系统地长期开展，政府部门变成了“消防队”和“急救中心”，日常的信用宣传教育工作却没有人策划，也没有人组织实施。所以，我们

强调诚信监管应该由专门的委办、司局来执行，制定年度、季度、月度的计划，针对当前社会问题，采取具体措施，及时、正面宣传引导公众，落实政府的行政监管职能。

现阶段，从国内的环境和秩序来看，就特别需要诚信宣传教育。也就是说，在社会信用体系建设初期，政府职能部门对诚信度的宣传教育，对信用主体的诚信监管，是非常重要的。从全社会来看，社会信用体系建设初期就必须做到“立信”，使诚信成为人人皆知，人人遵守的社会准则。

各个委办、司局的信用监管机构，可以首先从社会调研开始，研究现阶段人们的信用意识状态与行为规律，制定宣传教育规划，设置一些处罚规定和奖励措施，具体体现政府部门的监管导向。

（二）合规度监管

合规监管主要涉及政策、准则、制度范畴。社会合规监管是监管企业和个人的合规情况。监管部门首先要制定合规标准，以此为依据来监督监管对象的合规情况。具体手段包括奖励措施和惩罚措施。奖励合规的监管对象，惩罚违规的监管对象。

社会合规监管的行使主体为政府部门，监管依据为各类法律法规、部门规章、行业规范等，对于遵守规定的企业给予政务便利、政策扶持或资金支持；而对于违反规定的企业则采取行政和经济手段予以惩戒。在我国现阶段，失信惩戒机制无法完全发挥作用，社会合规监管不失为一种有效的信用监管方式，既能够做到有据可依，保证监管的公平性，也能够运用有效的手段确保监管目的的实现，维护社会秩序。

政府部门根据行政权限，以信用分类监管的方式对监管范围内企业实行信用监管是目前比较适合中国国情的选择。现阶段，工商、税务、海关、质监等政府部门已经启动信用分类监管措施，并且结合自身的行政职能，给予相应的奖励和惩罚。在地方上，地方政府还结合区域特色，尝试实行区域信用分类监管措施，针对不同地区的信用发展状态和信用环境状况，给予不同的扶持政策或惩戒措施。在新兴的科技园区等，园区管委会也积极创造条件，扶持园区企业发展的同时，采取相应的分类监管措施规范园区的信用秩序，营造良好的发展环境和信用环境。

目前，大部分的委办、司局已经有相应的监管部门，事实上承担了信用合规监管的任务。比如很多部委都已经对被监管对象做出了基本的信用评价，进行了信用分类，按照达到监管要求的不同程度，把监管对象分成红、黄、蓝、绿，A、B、C、D，或其他标识，等等。

这种做法，其实质就是按照合规程度不同，进行合规度监管。只是这种监管，现在还很综合，目的不太清晰，效果不太显著。例如，分类的标准到底是什么？按照什么标准进行评价？分类和评价之后的目的又是什么？究竟能给监管主体带来什么好处？有的时候，并不能很好地回答这些问题，因为这个目的、分类的标准太综合了，有的是按照新设置的一套信用程度，但是这个信用究竟要包含什么也不清楚；有的是按照原有行政管理规定的达标程度；还有的是按处罚规定的要求等等。把各种各样的目的和标准综合起来，最后评价的结果也不伦不类，对信用主体来说，有的时候又是非信用的，并没有真正做到褒扬诚信，惩戒失信。

所以，从目前我国的实际情况看，在社会信用体系建设的过程中，政府要做好信用监管，应该设置专门的监管司局，专门从信用角度出发，制定与信用相关的管理规定，明确信用行为边界，确定信用处罚规则，实施真正的信用合规监管。相关的信用监管结果，可以形成信用信息，可以根据信用信息的情况做出不同的分类，根据不同的分类采取不同的处理方式，如信用信息公开披露、社会共享、纳入企业或个人征信档案等。

在社会信用体系建设的初期，在“立信”的过程中，只依靠政府的正面诚信宣传教育是不够的，这种思想意识形态和文化的东西是比较软性的，发挥作用比较缓慢。同时，政府要建立政策性的、约束性的长效制度约束，并且一定要有专门的监督管理部门，长期实施监管。目前，社会信用体系建设就处在诚信宣传教育、信用合规监管并举的阶段，即诚信度监管与合规监管建设阶段。当这两个监管基本确立以后，就标志着社会信用体系建设初期阶段完成。当社会信用体系建设初期阶段完成之后，社会就应该有良好的诚信环境与相对完善的信用监管体系。

（三）经济践约监管

经济践约监管主要涉及经济交易范畴，对企业和个人的经济践约情况进行必要的规范和管理。监管部门首先要制定践约标准，以此为依据来监督企业和个人的践约情况。

经济践约监管的行使主体主要是政府部门和行业协会、商会等自律组织，监管的依据主要是部门规章和行业自律公约等。政府部门、行业协会等监管机构可以指导、协助企业签署、执行诚信承诺，联盟公约，企业之间互相监督，实现企业的经济践约管理。

在经济践约监管领域，行业协会发挥的作用不容忽视。许多影响力较强的行业协会，不但可以团结行业内企业共享信息资源、建立沟通平台、抵制恶性竞争，而且可以利用协会的号召力发动行业内企业诚信经营，履约践行。例如目前很多行业协会与会员签署的诚信公约，要求会员企业以诚为本，明码实价，杜绝各种违规经营和欺诈消费者行为；及时处理消费者的问询和投诉，建立消费者和企业之间的信赖关系；强化行业自律，维护市场秩序，抵制恶性竞争；维护消费者权利，建立产品和服务质量保证机制；诚信披露信息，不做虚假承诺；加强交流与合作，建立诚信信息互动与公示机制；以优良的产品、优质的服务，为消费者创造放心消费的环境。这些都是规范信用主体经济践约的具体表现和有力措施。

与诚信度监管和合规度监管相比，经济践约监管的建设虽然也应该在我国社会信用体系建设的初期就起步，但是它的完成将在社会信用体系建设的后期。因为，经济践约监管实质是在“立信”中起步的，但是大量的、真正的监管一定是在“立信”之后，在全社会以“立信”为基础，大量、普遍开展信用交易的时候，经济践约监管才能针对交易行为，真正发挥监管作用。

经济践约监管是为市场经济服务的，是降低信息不对称，防范信用交易风险，提高交易效率，节约交易成本的重要保障。当市场经济发展到信用交易比较普遍的时候，这种经济践约监管就变为日常需要，不可缺少了。市场信用交易越普遍，经济践约监管的专门存在就越必要。所以，我们从现在开始，在各部委就要设立专门的经济践约监管部门，应该着手调研我国市场信用交易的基本行为和规律，制定必须遵守的交易规范，确定交易管理制度，明确不良信用交易的惩罚规则与措施，确定保护信用交易主体合法权益的内容与边界。

（四）政府信用建设的重点——合规信用监管体系

政府信用监管体系建设是指形成设立监管机构、制定监管规则、确定监管内容等一系列监管机制的过程。其中，政府信用监管内容建设，正如上节所述，主要应包括诚信度监管、合规度监管、经济践约监管。上述三度监管，最重要的是合规度监管。换句话说，政府信用监管体系的建设重点就是合规信用监管体系建设。

六、政府在社会信用体系建设中的基本作用

总体上说，政府的作用是实施社会信用体系法规、保护企业和消费者利益、促进社会信用体系健康发展、维护国家经济信息安全和社会稳定。

（一）政府在社会信用体系建设不同阶段的作用

在社会信用体系建设的不同阶段，政府的作用不同。主要分为三个阶段：

在社会信用体系建设的初期，政府管理作用的核心是推动社会信用体系数据开放共享。这个阶段政府监管力度大一些。政府要规划体系，是社会信用体系法律法规的推行者和法律环境的维护者。

中期，随着社会信用体系法规和市场的完善，社会信用体系建设逐步向政府监管与行业自律相结合的方向发展。首先是实现社会信用体系基础数据系统的民营化。民营化可以采取股份制改造、国有股减持转让等方式，真正使产权明晰、投资主体多元化的企业参与市场活动，自求生存和发展。同时，政府应该引导民间资本，利用社会信用体系企业联合或者新设股份制企业等方式，建设新的基础数据库企业，以此在基础数据市场领域引入竞争机制，让国内基础信用数据企业在市场竞争中发展壮大。

后期，政府作用的重心要放到保护企业和个人利益不受侵犯和保护隐私权上。在社会信用体系市场国际化和竞争激烈化的趋势下，政府需要面对的一项重要课题将是妥善解决保护国家信息安全，抵御外国社会信用体系对我国社会信用体系冲击，和社会信用体系国际化下我国社会信用体系领域必须对外开放的矛盾。要积极通过竞争促使我国社会信用体系企业的发展壮大，使本国企业能够抵御外国企业的冲击，同时要遵循我国加入世贸组织的承诺，根据信用信息采集、加工、使用等环节的不同特点，有重点、有步骤地推进对外开放。对信用信息基础数据领域的经营开放应加以一定的限制。信用产品设计、评级评分模型开发等信用信息加工领域，可适时对外开放，形成有效竞争的格局，促进服务水平的提高，促进我国社会信用体系企业的技术进步。

（二）信用文化与政府的导向

我国社会信用是从诚信缺失、社会对诚信意识与文化需求强烈、呼唤诚信、

提升社会信用环境开始的。我国的社会信用体系建设是道德文化建设与信用交易活动的经济制度安排，是有浓厚中国特色的、复杂的社会系统工程。信用的基础是“诚信”，涉及文化、道德等社会多个方面；信用的本质是一种契约关系，涉及法律、管理等社会问题。

作为一个社会问题，社会信用体系的建设首先要从信用文化做起。在市场经济中，一切经济活动都是由交易活动具体实现的。企业和个人是各种交易的主体，必须遵守公认的、共同的交易规则，也就是诚信原则。所以在市场经济中，一般社会关系中的诚实守信道德规范和行为原则与经济活动的交易规则要紧密地统一起来，这就是市场经济的信用文化。这正是像我国这样由计划经济向市场经济转型的国家所缺乏的，也是发展市场经济所必需的。正因如此，在建设我国市场经济的过程中，政府要确立并大力宣传诚信原则，并且以诚信为本建立市场经济下的各种交易规则，以诚信为本进行各种交易活动。具体而言，就是要营造全面的信用文化，包括人们的信用意识与信用观念，以及信用行为规范、信用交易规则和信用交易方式等。

社会信用数据库的建设要以文化为支撑，并满足我国的国情。目前我国已经开始形成行业性和区域性两大信用信息体系互相补充的格局，同时也存在信息相互封闭、交流不畅的实际问题。目前大部分部委都在建设自己的数据库，但是由于缺少相关法律以及部门利益的存在，这些数据库并没有相互连接起来，其数据也不对外公布。目前各部委中比较有影响力的数据库有中央银行贷款登记结算系统、商务部建立的外贸企业数据库、工商总局建立的企业注册信息数据库，等等。这些数据库的完善必须以信用文化为基础，满足我国的基本国情。

社会信用体系的建立需要时间与过程。作为一个社会问题，社会信用体系的建立涉及社会的多个方面，需要面对不同社会主体的利益博弈。社会信用体系的建立是一个长期过程，远不是作为一个经济问题能又快又简单地解决的。信用问题说到底涉及的是社会各界在社会活动中的信用关系。信用的好坏、信用关系的优劣，说到底也是要靠参加信用活动的主体自己去建立与维护的，而不是靠法规的强制、政府的管制来建立与实现。良好的社会信用关系是建立在社会各界因信用而带来的利益平衡基础上的，这个平衡过程是市场自发调整实现的，需要相当长的时间。大体估算，社会信用体系框架的建立可以用大约五年的时间来完成，而信用文化体系的有效运行则需要更长时间。

七、政府在社会信用体系建设中的具体任务是什么？

政府信用监管怎么管？从哪入手？具体任务与职责是什么？

主要是建立统一、全面的规划，规划社会信用体系建设的框架，统一组织立法，推动征信数据的开放与共享，带头使用信用产品与服务，推动信用管理行业的发展，推动专业信用管理教育的发展，加强社会诚信宣传等。

（一）统一全面规划社会信用体系建设的框架

政府已把信用体系建设纳入到国民经济发展纲要。信用制度的建设不是一朝一夕能够完成，不是在某一个领域可以一蹴而就，需要国民经济的综合发展，需要社会发展目标的长远规划，需要政治、经济、文化、道德的综合发展。

过去，很多部委都在各自的职权范围内管理着相应的信用活动，并且出台了很多具体的与信用相关的管理规则与实施办法。这种自然形成的信用管理职能与分工，是在需求中应运而生的，符合我国市场经济发展状况，起到了很积极的作用。

但是，社会对信用的重视以及信用活动的迅速发展，要求对全国的信用活动统一管理、规范一致、加强力度、协调发展。因此，仅仅保持这种分工就不能适应迅速发展的市场形势的需要。现阶段，社会各界均已高度重视信用，对信用的认识及对信用管理的需求有了质的飞跃。政府应顺势加快信用管理产业政策的制定与推行、地方信用建设模式的试点、信用文化的培育等框架性基础工作。

（二）政府统一组织立法

政府组织立法并执法，以法律的形式确立信用、维护信用。信用立法的主要目的是建立社会信用制度基础，为社会信用体系建设及信用活动提供完整、公开和相对稳定的标准，指导和保障社会信用活动与行为健康、有序地发展。从常理看，一般的制度应包括法律制度、行政规定与规则、国际公约与国际惯例、社会习惯与习俗等。我国信用立法与社会信用制度的建设也应毫不例外地包括这些内容。

本文认为，在信用立法方面，主要有两大类工作，即对现有的信用法律法规的修改和完善，以及相关信用新立法。

在修改与确立信用立法方面，本文认为应借鉴国际经验与遵从国际惯例，并考虑中国民情与历史沿革。主要的工作应围绕以下几个方面进行：

——建立界定数据开放范围的法律或法规，其中包括必须开放的数据源及其监督机构的责任，以及对于向公众提供不真实数据的惩罚。在强制性公开大部分征信数据源的同时，确定必须保密的部分，以及确定征信数据的经营方式。应向欧洲的“数据保护法案”、美国的“诚实租借法”、“公平信用报告法”、“公平债务催收作业法”和“平等信用机会法”等法案学习。

——建立与界定商账追收的法律与法规，其中应包括允许各级工商局开放商账追收类信用管理公司的注册，明确用法律或信用手段进行商账追收的程序与行为约定，对消费者个人及企业法人的追账手段约定。这方面应向美国的“债务催收操作法”学习。

——修改已有的部分授信机构的信用管理规则，如“担保法”、担保规则与实施细则、贷款通则、信贷管理规定等。注重平等授信、公平授信、合理授信，鼓励诚实守信。

（三）推动征信数据的开放与共享

信用信息开放涉及社会各个领域，其发展具有很强的关联性、系统性和政策性，而目前由于体制上的原因，管理多头、分散，政策不一。目前各地从事企业和消费者个人征信服务的企业已有上百家，但整体发展水平还比较低，缺乏信用信息采集的技术标准和基本的服务规范，极大地影响着信用行业实现信用信息采集、处理和报告的自动化，也制约了行业整体服务水平的提高。

政府部门在实施公共管理、公共服务机构在提供公共服务、行业协会在提供行业服务时形成的有关信用信息应依法公开，及时纳入联合征信服务系统，实现社会共享，并做好信息的维护和更新。涉及信用信息的征集与管理、公开与使用，政府需制定具体的政策，提供原则，并且这些政策与原则必须是公开和透明的。

联合征信机构要做好与信息提供单位的系统接口等工作，并搞好信用信息的处理与加工。要建设社会信用信息自主申报和核定接收系统，使企业和个人通过此系统能方便地向联合征信服务机构提供自身信用状况，以及失信当事人的相关失信记录。联合征信服务机构要开展信用产品、信用服务的技术标准研究、建设和推广应用工作。联合征信服务机构要加强与国际征信组织和国内外征信服务机构的合作与交流，吸收国内外先进成果，不断提高联合征信服务系统的建设和服务水平；要积极与信用管理服务机构进行合作，协助其完善信用服务，搞好信用信息的交换和共享工作，共同促进社会诚信体系的建设。

（四）带头使用产品，推动信用管理行业的发展

信用管理行业是在现代经济发展后进一步的社会大分工下形成的，是市场经济运行机制的必要部分。与其他行业相比，该行业的主要分工职责是为各类经济主体的信用活动提供专业化、社会化的服务，促进整个社会信用活动高效、快速、规模发展，规范和约束微观经济主体的信用行为，以市场化的方式对不良信用行为给予惩罚。健全的信用管理行业是健康的社会信用与信用活动赖以生存与发展的基础。目前，在我国，最缺乏的就是一个形成体系并粗具规模的信用管理行业。

要加快建立和发展专业化的征信公司及其信用数据库。在社会信用体系的建设中，最关键、也是我国最缺乏的就是专业化、规范化、粗具规模的征信公司及其数据库。信用数据库是对经济主体的各种各类社会信用活动的记录。这些记录是档案、是信息、是公告、是约束，是社会信用体系基础的基础。没有信用数据库，信用管理就无从谈起。

应开放民营的和外资经营的信用管理机构，允许其经营包括企业、消费者信用调查、应收账款管理（商账追收）和信用保险在内的信用管理业务，以满足我国企业和个人的信用管理需要，平衡发展我国信用管理行业，缩短我国信用管理行业与国际的差距。

政府部门要对个人或企业信用报告的使用做出必要的制度安排，带头使用信用产品。在进行政府采购、土地交易、投资项目、基建项目的招投标、人事人才聘用和评估时，都应提倡使用专业信用管理公司、评估公司的专业报告。在登记注册、行政事务审批、日常监督、资质认定等管理事务中，以及周期性检验和评级、评优等工作中，要逐步推广使用信用产品及信用报告。

（五）建立信用服务机构的市场准入、退出、监管制度

众所周知，构成社会信用服务体系的中介机构必须公正、客观、守法，并且必须是独立于政府之外的产权明晰的企业，否则它们就没有维护信誉的积极性。要保证这一点，政府必须为各类社会信用中介服务机构创造规范的市场准入规则。根据国际知名的信用评估公司（如穆迪、标准普尔）的发展经验，该行业还必须建立严格的退出机制、完善的“同业互查”制度、行业内谈话制度和通报制度等，

这样才能使中介机构发挥更好的作用，并逐渐步入良性发展的轨道。退出机制不完善是国内许多中介机构面临的问题，政府必须担当起建立健全各类社会信用服务机构的市场准入、退出制度这一重任。

加强政府对各类信用服务机构的监督。这是我国政府行业监管职能的全新扩展。国家明确提出要按照完善法规、特许经营、商业运作、专业服务的方向建设企业和个人信用服务体系，逐步开放信用服务市场。因此有必要建立信用服务机构的市场准入、日常监管、违规处罚和退出机制，使其健康发展。在我国市场机制尚未成熟和完善的条件下，政府的监管作用显得尤为重要。政府要确定信用中介服务行业的主管部门，其任务主要是出台政策、公布规则、认定资格界定业务、行业准入与监管、信用信息获取、处理和开放行为的管理、资信评估程序的规范、鼓励信用产品开发与应用、保护知识产权等方面。

总体说来，对信用中介服务机构的监管应遵循以下监管原则：一是依法管理的原则，即对信用中介机构进行监管必须有法可依。信用中介机构对法定监管必须接受，不得有例外特殊。监管部门要依法行事，保持监管政策的权威性、严肃性、一贯性，只有这样才能保证监管的有效性。二是合理、适度竞争的原则，即开放性原则。监管的重心是保护、维持、培育、创造一个公平、高效、适度、有序的竞争环境，所以既要避免高度垄断，又要防止出现竞争过度、破坏性竞争。三是实行自我约束和外部强制相结合的原则。四是安全稳定与经济效益相结合的原则，包括政府启动、市场化运作，维护市场公平竞争，维护个体权益与信息安全。

政府对信用中介机构的监管，从目前看，比较迫切的是对征信机构、资信评估机构、信用担保的监管：

1．政府对征信机构的监管

政府对征信机构要实行准入监管、日常监管和退出机制。鉴于我国的信用中介行业已经有一定的基础，对征信机构的准入监管可以采取审批的方式。建议实行企业征信和个人征信分类经营。对企业征信机构要设置适度的准入标准，限制垄断；对个人征信机构也要设置较严格的资质和市场准入标准，防止个人信用被滥用。日常监管包括受理对征信机构的投诉和举报、监督征信机构上报年度经营情况报告和重大事项报告等。对征信机构及其管理人员在信用信息采集、加工、披露等方面的不正当行为和非法行为，要依法进行处罚，严重者追究刑事责任。此外还应建立合理的征信机构退出机制。征信机构若发生解散、被撤销、破产等终止事项时，应当妥善处理其征信数据库，可以移交征信监督管理部门，或在征信监督管理部门的监督下按照商业原则转让给其他征信机构，或在征信监督管理部门的监督下销毁。

2．对资信评级机构和信用担保公司的监管

政府对资信评级机构和信用担保公司也要实行准入监管、日常监管和退出机制。对这两类机构的准入和管理要严格执行许可制度。目前我国担保公司的准入门槛不高、资本实力不足，加之担保业务水平不高、操作不规范，甚至出现联合骗贷事件，使得很多担保公司得不到银行的信任。针对这种情况，政府要加强担保公司的准入限制，提高对资本和管理人员的要求，促进担保机构的兼并重组和资源整合。政府要强化对这两类机构的日常监管。资信评级机构和担保公司必须具备完善的管理制度和业务规章，对自身的评级和担保业务有必要的风险控制机制。要促进建立评级行业标准，不断提高评级行业的技术水平和中介独立性，树立良好的社会声誉。此外还应建立良好的退出机制。信用担保公司的经营风险比较大，资信评级公司在经营初期也往往举步维艰，因此要创造一条合理的资金退出渠道，例如当其解散、被撤销、破产时，其征信数据库及其他资料应如何处理，以及资金或债务应如何解决等。

监管机构的工作除了由政府负担以外，行业自律组织的作用也不可忽视。行业协会的主要职能在于联系本行业或本分支的从业者，为本行业的从业者提供交流的机会和场所，替本行业争取合法利益。因此，有必要在政府监管机构之外，建立起统一有效的业内约束机制，即行业自律互助协会，研究政府有关规章政策，支持并协助政府监管工作，发展壮大信用中介服务行业。

（六）加强对信用交易的监管

从理论上来看，社会信用体系建设必经三个阶段：初期阶段主要是诚信宣传教育阶段，中期阶段主要是合规信用监管体系建设阶段，成熟阶段主要是信用交易体系完善阶段。信用交易监管是长期的、重要的艰巨任务，是我们社会信用体系建设要解决的最根本问题。信用交易监管就是要催生健康合理的信用交易，形成良好的信用交易秩序，用信用交易手段最大限度地提高我们的生活水平。

但是，即使是在成熟的市场经济国家，也没有很好解决信用交易监管问题。美国次贷危机就是一个很好的反例。在次贷危机中，信用交易严重泛滥，失信行为很普遍，在失信、没有严格信用交易监管下进行的、过度扩张的信用交易活动，必然导致大量违约，最终爆发信用危机，对信用交易市场、对社会信用交易秩序，乃至对人们的交易信心，都给予沉重的打击。

如何加强信用交易监管呢？这是包括以美国为代表的、成熟市场经济体系国家在内，全世界政府都应该考虑的问题。改革开放、迅速发展、与众不同的中国，更应该考虑。

首先，把原有的控制货币总量扩展到控制整个信用总量，相应的货币政策宏观调控调整为金融总量宏观调控。对信用总规模的缩放，既要避免信用过度膨胀对经济的损害，又要避免信用不足制约经济增长；通过调整信用结构，释放各种经济成分的活力，促进金融体系协调发展。

其次，充分重视信用流量的统计、监测和预警。寻找能够准确反映信用及交易流量的指标作为金融宏观调控的中介目标，而不是传统货币调控的存量控制指标。在信用不发达的时候，利用存量调控是可行的，因为流量的变化不会太大。但是随着信用经济的深入发展，信用交易越来越活跃，一笔存量在极短的时间内通过反复交易会形成巨大的流量。这种流量对于市场的冲击是非常大的，是影响金融安全的潜在因素，往往会成为金融危机的诱因，需要建立有效的预警和监控机制。

再次，合理选取信用统计指标。不管是存量还是流量统计，信用指标的选择在很大程度上依赖于实证研究的结果。不同国家在不同时期与宏观经济关系最密切的信用指标也会不同。我国社会主义市场经济建设具有自己的特色，信用变量对经济的影响也有自己的特色，影响的范围和程度必然与西方发达国家不同，在选择时必须充分考虑我国国情，不能盲目套用别国的经验。

（七）推动专业信用管理教育与社会诚信宣传

随着我国信用管理与服务行业迅速发展，人才需求剧增。特别是在加入 WTO 后，银行、企业信用管理越来越国际化、规范化，人才奇缺，发展与加强信用教育应立即着手。

首先，应大力发展专业信用教育，应将信用管理作为一门独立和系统化的学科，在经济学下设信用管理专业二级学科，与金融学、工商管理等并列；或在工商管理学院、财政金融学院内设立信用管理专业课程；在经济、金融、工商管理、企业管理等成熟专业上，增设“信用管理”双学士；在有条件的院校及专业上，允许增设“信用管理 MBA”。

信用管理的高等教育可以讲授较为全面的信用管理知识，它是一种常规教育。高等学校里开设信用管理专业可以增强人们对信用管理作为一门学科的认识与关注。在国外，一般将信用管理专业设在商学院或经济管理学院。专业的高等教育分为本科层次和研究生层次，本科层次的信用管理教育我们可以在条件比较成熟的高校开展。

其次，要加快发展信用管理的职业教育与岗位培训，主要对象是银行与企业的信用管理人员、信用调查评估与咨询等的从业人员。现阶段，发展职业教育是首当其冲的。

开展信用管理培训工作，是对现有的信用管理从业人员或者是拟进入信用管理行业的人员进行培训，增加专业知识水平，提高其信用管理能力。主要对信用管理从业人员进行短期的培训。也可以针对信用管理从业人员资格考试进行考试前的培训与辅导，但一定要做到考培分离，不得损害信用管理行业从业人员资格考试的公平性与公正性。

同时，应坚持不懈抓好诚信教育工程。政府是宣传信用意识、加强信用教育的重要力量。政府掌握着国家机器，掌握和控制着广播、电视、重要报刊与杂志等各种各类的新闻媒体。可以利用这些媒体集中地、有计划有步骤地、长期地向社会公众宣传信用，强化信用意识，加强信用教育，逐渐培养和树立信用观念与行为规范。

（八）保持政府对社会信用体系建设的控制力

社会信用体系建设是一项复杂的系统工程，涉及政治、经济、社会等各个方面，政府对社会信用体系建设要保持必要的控制力，按照主动性、可控性、渐进性原则加以推进。我国的信用信息主要集中于政府部门、国有企业和商业银行，涉及大量的商业机密、个人隐私甚至是国家机密。在社会信用体系建设初期，由于法制和市场环境不够健全，社会信用制度完全市场化的建设模式将给国家经济安全带来极大隐患，且很难操作，必须采取政府主导的方式，掌握主动权，保持对整个社会信用体系的控制力。

因而，现阶段，由政府推动，建立由政府主导的社会信用体系，既可以保证信息安全和经济安全，又使政府有一定的控制力，缩短建设周期，降低建设成本，风险较小。随着法律法规逐步完善，信用服务市场和信用服务机构的逐步发育和成熟，政府要进一步加强对信用市场的监管，加强对当事人合法权益的保护，运用市场力量逐步推动信用体系发展壮大。

（九）维护国家信息和经济安全

我国社会信用体系建设要符合世界贸易组织的规则，在严格监管、维护国家信息安全的基础上循序渐进，逐步开放信用服务市场。从国际上看，信用行业由于其特殊性，在世界各国都是高度敏感的行业。从国内来看，我国社会信用体系建设还处于起步阶段，更需要高度重视信息安全和经济安全问题。

目前，外资机构正想方设法进入国内征信市场和信用评级市场，我们要坚持循序渐进的原则，把好信用市场准入关，处理好对外开放与信息安全的关系，根据法律法规的完善程度和实际监管能力，逐步开放市场。要加强对外资信用中介机构的监管，注意防止基础信用信息资源被外资机构控制，防止以各种合资社会征信机构的方式将企业和个人信用信息资源转移到国外。

八、详解合规信用监管

在我国社会信用体系建设中，政府的地位和作用是十分重要的。政府的信用监管尤其是合规监管如果做得好，做得到位，做得公平、公正、透明，将直接给企业与个人、给全社会，包括政府立规矩，让人们知道应该怎样做才算讲信用，这将大大提升我国社会信用体系建设的进程。俗话说，没有规矩不成方圆。政府合规信用监管就是围绕社会信用规矩进行的行政管理。

（一）为什么要建立合规信用监管体系？

在市场经济中，交易活动是普遍的。交易的前提就是讲信用。讲信用就是市场经济的规矩。这个规矩是全世界的，也是全社会的。这个规矩不是一个人、一个企业能建立的，也不是民间的联盟和协会能建立的，需要一定的强制性、长时间、制度性的建设过程。这实际上是一个阶段性的历史使命，这个使命只有它能完成——政府。这是政府天然的、注定了的社会责任。

信用是市场经济的基础。在成熟的、理想的市场经济中，经济活动是经济主体们自发进行的，是自负盈亏、自担风险、自主进行交易的。经济交易过程往往形成经济交易契约，这种契约是交易行为与结果的法律约束与保障。在契约中，交易双方往往要规定交易对象、数量、质量、方式等等交易细则。这种经济交易契约可以规定得非常细致，但是有一点往往是不在列的，那就是诚实守信的原则。诚信、按照规矩办事，已经作为被社会公认的、最基本的精神和前提，被默许下来，无须再界定和再约定。

但事实上，这是理想境界。在现实生活中，往往在合同中不约定的内容，不可能约定清楚的内容，非商务性的内容，也是最根本的内容，是决定交易基础的内容——就是对方究竟能不能老老实实、规规矩矩按合同办事。这些内容不可能每个合同中都去约定，这是社会的东西，是社会在某一段时间内，人们形成的共识与社会行为规范。这些内容没有必要在每一份合同中一一列清楚，也不可能列清楚，但是却应该受到管理和约束。

这种约束和管理，由谁来做？它不是由商务合同本身的条款来完成，也不是由具体的经济法律条款来限定。这种思想和行为规范的问题，应该由政府引导，政府建立规则，政府确定规范的边界，政府向社会宣传，从而成为这段时间内，社会管理共识的内容。政府的行政管理约束和法律的具体条款限定，一起成为社会管理的内容。

在人们信用思想意识、信用文化、信用价值观念并未完全确立的时候，政府就要引导和宣传诚信精神。在全社会范围内，人们对什么样的行为算信用行为，什么样的信用行为算规范的信用行为，不遵守信用行为规范，会受到什么样的处罚等一系列问题还没有形成共识的时候，政府就要引导，要宣传，要逐步制定出一些信用行为规范，促使信用主体按照这些规范的要求去做，从而不断改进社会信用环境。事实上，这就是不断建立信用管理规矩，形成社会信用行为规范的过程，对于中国市场经济的健康发展，是至关重要的。在整个社会形成信用价值观念和形成信用行为规范的过程中，政府的行政职能要到位，这是政府行政作为的最基础内容。所以，政府必须进行社会合规信用监管体系建设，并且应该作为新时期政府职能转变，政府服务于社会公众的一个新内容。

（二）什么是合规信用监管体系?

合规信用监管体系，是政府行政管理部门从职能出发，以合规监管为核心，以信用信息为手段的新型综合监管机制。

合规信用监管体系（CSSC，Credit Supervision System of Compliance）与政府原有的政府行政监管体系不冲突，并不是新建一套完全独立的，与过去行政监管职能不相关的全新体系，而是对现有政府行政监督管理体系的改良。其实质是在原体系基础之上，对监管手段、制度和某些相关机构的改革。

合规信用监管体系的主要内容包括：监管主体与对象、监管基础与依据、监管内容与实质、监管手段与措施等等。

信用监管主体。在国家层面来说，就是“中国信用监督管理委员会”。在地方层面来说，监管主体就是“中国信用监督管理委员会”的派出机构。在政府各职能部委，监管主体的代表就是专门设立的信用监管司、局。

信用监管对象。对政府来说，对各层面的监管主体来说，信用监管对象都不是新的，都是原监管职能确定的监管对象。只是监管领域扩大了，监管内容扩大了，监管更细化了。比如，监管对象都是某企业，但是从信用监管出发，对该企业的处罚，就要执行信用监管对象及监督管理的实施细则。在监管上，仍是有区别的。

信用监管基础与依据。合规信用监管的监管基础与依据是，在原有行政职能部门的职能与任务之上，增加信用内容与信用监管任务。依照法律法规确定具体的监管原则与监管精神，以及监管的职权范围，监管的行政处罚程度与具体实施保障。

信用监管内容。其核心是建立合规信用监管，主要是信用制度建设、信用数据库系统、信用评价分类监管系统、信用服务系统。这四个系统的具体内容很重要，将在下面的第三个问题中详细阐述。这四个系统，实际上就是要确定信用行为范围、规范标准、失信行为界定、失信行为的行政处罚程度与实施办法，具体执行机构及其权限，信用信息处理及披露的内容与程度及方式与路径等等。信用监管内容建设的实质，就是确定社会信用行为规范，简单地说，就是立规矩，用行政管理办法告诉社会，什么算守信用，不守信用就会受到怎样的处罚。

信用监管着手点与路径。信用监管与政府以往的其他监管不同。信用监管很有特点，那就是信用监管的一切，都要依靠信用记录与信用信息。并且，信用监管有自己的监管办法、流程、相应的技术手段和技术方式等。政府要建立一套新的信用监管体系，首先就要建立一套能够记录被监管对象信用信息，并加以处理的数据库系统。比如对监管对象征信，建立征信数据库，建设信用信息发布平台等。某一个政府部门这样做还不够，各个政府职能部门之间要联网，要保证各个主体在各个部门之间的信用信息，能够在各个职能部门之间透明、公开、共享。各个职能部门都从自己的管理角度，依据这些信用信息，对不同主体实施不同的监管。要能够对一些失信的，给社会造成负面影响的人，向全社会公开其信用信息，采取必要的行政处罚手段。对于失信特别严重的、触犯法律的人，就要进入法律程序。

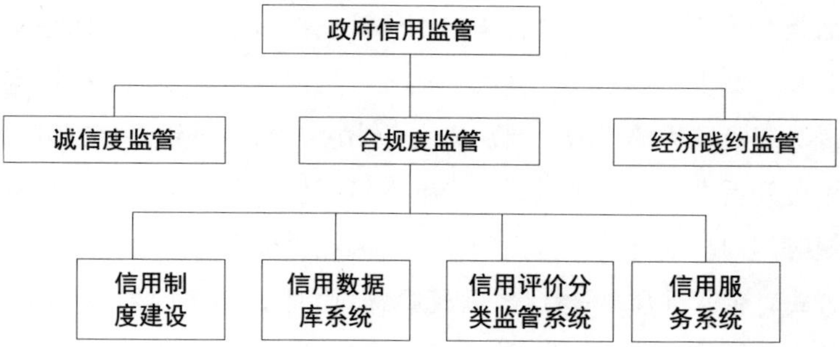

图 7-2 吴氏理论—政府信用监管内容示意图

（三）合规信用监管体系的主要内容是什么?

合规信用监管体系的建设是一项复杂的、综合性管理工程。具体而言，我国政府各个职能部门的合规信用监管体系建设的总体框架应由四大部分构成：信用制度建设、信用数据库系统、信用评价分类监管系统、信用服务系统。

1. 信用制度建设

合规监管体系的制度建设应由七部分组成：包括完善管理法规体系、规范行政执法和内控制度、畅通政策宣传和反馈渠道、建设信用信息管理系统、建立信用信息共享机制、健全信用评价和奖惩制度、严格失信惩戒机制。

完善的管理法规体系。要完善信用法规体系建设，形成一套完整的信用信息管理的法律体系。法制部门应在有关上位法颁布后，在其基础上尽快制定领域信用法规，对银行、企业及个人信用信息采集、使用、披露等行为进行规定，明确征信管理部门职责和信息披露权限，并赋予检查监督权，为管理部门建立合规监管体系提供法律依据和监管便利。同时，应当以法律的形式明确政府各部门信息共享的义务、信息披露的方式等，促进各部门间的沟通，减少信息系统的重复建设，另外，也要立法保护企业的商业秘密和个人隐私。

规范的行政执法和内控制度。建立公正科学的行政程序制度是规范行政执法的重要途径。民主、公正、科学的行政程序是行政执法行为实体公正、准确的保障。在行政执法过程中，行政执法人和执法对象之间处于不对等的地位，前者处于主导地位，而后者则处于被动地位。公正的行政程序可以保障相对人不受行政执法人的任意支配，增进对相对人合法权益的保护。

畅通的政策宣传和反馈渠道。信用主体在管理方面所遇到的问题许多不是制度性的，而是在管理制度变化过程中，由于管理部门和企业之间沟通不足，一些新政策企业知之甚少所致。因此要大力加强政策的宣传力度，不断拓宽政策反馈渠道。一是对于新政策的出台，要加大宣传力度，同时对新出台政策的执行情况进行全面跟踪和反馈，以利于进行适当的政策评价及政策调整。二是考虑信用主体很难在短时间内接收到管理方面的信息，因此可以采用定期召开座谈会及设置意见箱等方式对企业进行政策宣传，答疑解惑。而对于大型企业，尤其是业务频繁、数额巨大的企业，可以采取定期信息交流和现场办公的制度，按行业选择一些重点企业，作为政策反馈点，以加强对企业的政策和信息宣传工作。

建设信用信息管理系统。建设信用信息管理系统的制度性内容，主要应该包括确定信用信息管理系统的组织运作机构、职责与范围、信用信息来源渠道、处理方法与传播范围、更新与保密、相关人员与经费等等详细规定。信用信息管理系统的制度建设，是合规信用监管制度建设中的技术性制度建设。在这部分内容中，规定的是规则、规范、标准等管理类的内容，而非技术系统本身。

建立信用信息共享机制。建立信用信息共享机制主要包括与谁共享？共享什么？怎么共享？这主要解决政府间信用信息共享的范围、方式、各自的权利与义务、职责与任务。

事实上，严格地来说，信用信息共享有两个层面，一个层面是全社会的，另一个层面是政府间的。这两个层面的信用信息共享机制都与政府有关。我们在这里谈到的信用信息共享机制，主要指的是政府自己手中因监管而产生的信用信息，第一步应该在政府间共享，第二步应该提供出来，供全社会共享。

信用信息共享机制的建设，政府先要解决自己的信用信息共享问题，同时还要解决社会层面的信用信息如何共享。这是两大类问题。信用信息共享机制的制度建设主要应该抓的问题包括：法律法规建设，这是信用信息共享的基础，这是最根本的制度；行政管理规定，这是信用信息共享的指导与约定，这是工作的依据；具体实施办法，这是信用信息共享的操作制度，这是工作的步骤和流程。

科学的信用评价和奖惩制度。要按照给定的信用分类标准，确定企业信用等级，有一个重要条件，那就是企业信用等级必须能够客观公正地反映企业信用的真实状况，否则，不仅起不到应有的效果，反而会带来信用市场的更大混乱。因此，科学、合理、公正、权威地对企业信用进行评价，划分信用等级是成功地实施企业信用评分及分级管理的关键所在。首先，要用专业的、科学的方法设计一套针对信用主体的信用评分方法，既要反映信用主体的总体信用，又要突出监管的重点。其次，要有完整的信用信息资料。信用评分方法所要求的数据项虽然侧重点不一，权重不等，但对于完整反映信用主体信用状况都有影响，因此，保证数据的完整性与真实性，是做出科学的信用评价的重要一步。

在做出信用评价之后，应当适当分类，以便实行奖惩制度。信用监管分类，是根据信用等级，在监管方式、巡查频度等方面予以区别，即：很好的企业放松监管，给予更多的自主权，同时可以对其进行正面宣传，例如可以把合规守法荣誉企业信息提交给征信部门纳入企业基础信息数据库管理，以提高企业在其他活动中的信用等级；较好的企业适度监管，检查频率可较少；一般的企业正常监管；较差的企业大力监管，增加检查频率；很差的企业重点监管，甚至逐笔审批或对其行为予以公开曝光等。

严格的失信惩戒机制。——降低信息披露的标准。目前政策规定的公开披露条件严格，其中对违法金额或罚没款金额的画线标准过高，比较高的违法金额或罚款金额即使在沿海经济发达地区也不多见，在内陆经济欠发达地区则更为鲜见。过高的公开披露条件导致该项政策在部分内陆地区形同虚设，找不到符合公开披露的违法案件，从而难以起到广泛的警戒功效和社会效果。因此，应当适当降低信息披露的标准，以达到严格惩戒、有效警示的目的。

——根据不同的情况拓宽披露范围。一是公开披露，向监管部门及政府相关部门提供，供信用管理公司及相关企业、个人查询。对于违规金额巨大、性质恶劣、影响面广的信用主体的违规案件，在有关媒体公开披露。二是由检查部门负责信用主体违法信息的收集，提供给人民银行征信管理部门，由征信管理部门负责录入企业和个人信用信息数据库，并承担日常数据的更新和维护，通过负面信息披露放大对违法失信行为的打击效果。

2．监管信用信息数据库系统

建立高效的监管信息系统。构建市场信用体系的核心内容就是高效的监管信用信息系统。虽然很多部门已经建立了十几个信息系统，但是由于这些系统是在我国经济转型、外向型经济深入发展，以及管理体制改革的过程中逐步建立起来的，已难以适应经济发展和对外开放新形势的需要，因此，建设市场信用体系，首要任务就是对相关管理信息系统进行整合，逐步建立高效的信用信息管理系统。

更新管理信息系统的设计理念。随着对外开放的深入和经济市场化程度的日益提高，管理经历着从事前审批向事后监管、现场检查向非现场核查、行为监管向主体监管的转变。在新的形势下，如果再沿用过去那种“头痛医头、脚痛医脚”行政管理思维方式，显然难以解决复杂和深层的问题，管理的有效性将越来越弱，而且管理的成本和代价也会越来越高；并且我国资源逐渐由稀缺转为相对过剩，因此，必须转变管理理念。管理信息系统的设计思路也必须随之转变，并且应有一定的超前性。在统计指标和统计内容的设计上，应紧紧抓住影响我国经济发展和国计民生的主要指标和重要内容。彻底摒弃面面俱到的管理理念，抓住主要矛盾。

构建高效的收支预测、预警体系。建立高效的管理信息系统，是为了加强统计数据的分析、预测和预警，为监管提供准确的数据和判断。我们应在建立统一的信息监测体系上，构建科学的收支预测、预警体系。

建立互通互联的信用信息共享系统。信息资源作为一种特殊的资源，要发挥更大的价值，信用要建立惩戒机制，就要实现信用信息社会共享。同时，信息资源的共享常常是双向的，信息的提供者同时也是信息的获取者。信息资源的可交互性使信息在交互的过程中不断升值，最终使所有的参与者都从共享中得到最大的收益。所以说，信息资源的共享是一种典型的“双赢”。因此，要实现信用管理部门及其他部门管理的双赢，必须建立互联互通的信用信息共享系统。合规监管体系建设需要各经济管理部门的共同努力，管理部门应加强与税务、海关、外经贸委等部门的沟通，加强信息交流，积极探索与其他监管部门的信息共享和政策联动的监管机制，发挥社会中介机构在监管信息披露、信用评级与咨询等方面的作用，从而更好地增强监管能力。

建立监管主体分类系统。传统的监管实行的是以业务为分类的行为监管，合规监管体系建设的目标之一是实现行为监管向主体监管的转变，通过对监管对象的信用主体信用风险进行评价和分级，实行分类监管。

因此，我们要建立信用主体分类系统，实现对主体的监管。概括而言，信用主体分类系统要在监管数据库整合的基础上，通过功能模块外挂的方式进行试点运作，在此基础上建立监管信用评价体系，通过研究和开发适合监管要求的信用评价指标体系、计分模型和软硬件平台对监管对象实行信用等级的分类和评定，揭示被评价对象的违约风险大小，对各个处于不同信用级别下的被监管对象规定不同的监管措施和力度，奖优罚劣。通过这种运作方式，我们只需关注一些信用等级比较低，风险比较大的被监管对象，将主要的监管力量集中于此即可；对于风险较小、信用等级比较高的被监管对象可以适当放松监管力度，采取定期抽查与评审的手段，以大量节省审批的人力、物力、财力，提高监管效率，最终建立完善的信用分类监管制度。

3．信用评价分类监管系统

从各国金融监管的经验我们可以看出，使用信用管理手段对经济主体进行综合分析评级，从而评定风险的大小，并随时予以关注预警是征信国家的一种成功做法。因此，我们也要建立自己的信用评价系统，借此对监管对象进行信用风险的评定。

信用评价分类监管服务系统是实现信用分类监管制度的关键技术组成部分，在现阶段，我们根据业务检查和主体监管的需要，设置监管信用风险提示系统和监管信用评价系统两个子系统，利用这两个系统分工实现对经济主体的信用评级，以评级结果揭示不同的信用等级对应的风险，并据此对评级对象进行分类，为分类监管措施和政策的制定提供科学的依据。其中，监管信用风险提示系统仅限于对经济主体的基本信用情况进行一般性评价，以内部使用为主，目的在于揭示经营的主体风险的大小，实现监管的信用风险预警功能，为跨境资金的流动性监测提供服务。而监管信用评价系统则主要是对经济主体的负面信息记录，在社会范围内加以揭示和披露，通过市场化的惩戒机制严惩失信者，实现失信惩戒的目的。

4．信用服务系统

信用服务系统的建设是在新形势下，政府行政职能转变的一个重要内容。以信用信息为基础，以信用管理为手段，为社会提供信用相关管理服务，是政府的新兴职能。在某种程度上说，各个政府职能部门信用服务系统的建设，是一个标志。凡是建立了信用服务系统的职能部门，就标志着它在新时期行政职能的转变有了新的突破。

信用服务系统的内容主要应该包括信用信息记录系统、信用信息处理与加工系统、信用信息发布、信用数据库的建立与管理、信用信息平台建设、面对社会公众的信用信息查询与服务、政府间的信用信息共享，等等。

信用服务系统的服务形式应该是立体的，全方位的，多元化的。例如，这个系统应该有 IT 形式的网络平台，有电话提示类的语音服务，有办公人员现场接待类的实体服务，有信件征集处理类的信访服务。总之，政府应该让社会公众能够以各种各样的方式，享受到与信用有关的服务。在接受信用监管的同时，也享受到信用服务，这是全体公民的权利。服务内容的全面性与服务手段的多样性，标志着政府的成熟程度和行政监管水平。

政府信用服务是要发生成本的，与政府职能相关的基本服务开支，应该纳入财政预算，由政府统一承担。应社会公众要求，衍生的深层次信用服务，必然会产生一些额外的成本开支，政府可以适当收费，但应该事先制定相关费用标准和对应的服务内容，并且公开透明。而且，这类衍生服务的收费应该不以盈利为目的，服务社会公众。

第 8 章

政务诚信建设

市场经济是一个信用无处不在的经济体系，而当前社会在某种程度上已经初步建立了经济发展所需要的信用体系。但是“信用”不等于“诚信”，诚信体现的是道德、良心和人格，属于意识形态范畴，是构成经济信用的道德因素。

政务诚信要求政府在政务活动中恪守诚信原则，遵守法律法规，信守承诺，不欺骗百姓，对出台的政策和条例等严格执行。随着现代政治文明的发展，人民群众对政府期望的不断提升，社会对政务诚信问题越来越关注，进而对政务诚信的要求也越来越高。

一、怎么理解政务诚信？

政务诚信（GI，Government Integrity）是政府获得社会公众信任的资本。政务诚信表现在三个方面：政府的基本素质、在社会管理中的自身信用水平以及在经济活动中承诺践约的能力与结果。政务诚信具有示范效应。政务诚信具有效率功能，只有言必信、行必果，才具公信力、政令易通，从而提升政府行政权力行使的效率。

基本素质是政府获得公众信任的基础资本，表现为政府的基本诚信素质，涉及道德文化理念、精神素养、意愿、能力与行为，体现的是政府的信用价值取向，可以概括为诚信度。

在社会管理中的自身信用水平是政府获得公众信任的社会资本，表现为政府在行政活动中遵守法律法规、行业规则、民间惯例以及内部管理规定的意愿、能力与行为结果，涉及政府的一般行政活动，体现的是政府在行政活动中的信用价值取向与信用责任，可以概括为合规度。

在经济活动中承诺践约的能力与结果是政府获得公众信任的经济资本，表现为政府在经济活动中的践约能力，体现的是政府在经济活动中的信用价值取向与信用责任。

政务诚信由来已久。古代圣王禹、汤，循义讲信而天下大治；暴君桀、纣，背信弃义而天下大乱。作为国君一定要慎礼义、讲忠信，然后才能治国。司马光在《资治通鉴》中讲到，“夫信者，人之大宝也。国保于民，民保于信。非信无以使民，非民无以守国。是故古之王者不欺四海，霸者不欺四邻。善为国者，不欺其民；善为家者，不欺其亲。”中国古代凡是政绩卓越、受百姓爱戴的君王都做到了“取信于民”。国外也是自古就有政务诚信。例如，古罗马人把诚信概念引入法律体系中，并且作为古罗马法的法律原则，贯穿于整个法律体系中，古罗马帝王在执政过程中也遵循“诚信”原则。可见，诚信是齐家治国的法宝，诚信是治国之本。

当代很多国家把政务诚信规范化、法律化。美国的政府道德署于 1992 年颁布了《行政部门雇员道德行为准则》，联邦政府所有官员和雇员都必须遵守和执行。《准则》第二、三章规定政府雇员不得索取或接收来自于被禁止的或因职位而送的礼品；第四章规定政府雇员在履行公务时应采取措施尽量避免产生有失公正履职的境况；第七章规定了联邦雇员如何正确使用自己的职权、非公开信息、政府财产以及公务时间。韩国于 1981 年建立了公职人员财产申报制度，即《韩国公职人员道德法》。经过 4 次修改，该法于 1993 年 6 月基本定型，发挥了显著的效果，官员财产申报成为了例行公事。日本政府于 1999 年 4 月颁布实施了《国家公务员伦理法》，具体规范了公务员伦理道德的行为准则。它是日本行政改革的一大举措，也是日本政府为了防止国家公务员腐败所采取的一项重要措施。

二、为什么要进行政务诚信建设?

党的十七届六中全会明确要求，把诚信建设摆在突出位置，大力推进政务诚信、商务诚信、社会诚信和司法公信建设。那么为什么要把政务诚信摆在第一位呢?

（一）政务诚信是商务诚信、社会诚信的表率

十七届六中全会提出政务诚信、重视政务诚信，表明了政府对政务诚信建设的态度及决心。政府机构提供公共服务，维护社会秩序，对其他社会主体起示范作用。只有讲诚信，才能取信于民，才能产生凝聚力、向心力。政务没有公信力，社会信用体系缺乏基础和支撑，商务诚信和社会诚信建设便举步维艰。

（二）政务诚信是确立现代社会诚信的基石

政务诚信是社会主义核心价值体系的重要内容。社会主义核心价值体系是党的十六届六中全会首次明确提出的一个科学命题。坚持以爱国主义为核心的民族精神和坚持社会主义荣辱观是社会主义核心价值体系的重要组成部分。目前，我国正在全力推进社会主义核心价值体系建设，将诚信体系建设作为社会主义核心价值体系建设的切入点和重要基础。当前加强诚信体系建设已经成为社会共识，与我国社会主义市场经济相适应、与推进社会主义核心价值体系建设相协调、与落实科学发展观的要求相一致的诚信体系，已经在全社会范围内开始建设。

在政务诚信、商务诚信、个人诚信等组成的社会诚信体系中，政务诚信起着基础性、导向性作用。加强政务诚信建设是加强我国诚信体系建设的关键部分，对建设社会主义核心价值体系起着表率作用。

三、政务诚信缺失的表现与影响

整个社会对公共机构的关注度在不断提高。与公众期望相比，政务诚信度却不尽如人意，与公众需求形成较大反差。

（一）表现

当前政务领域存在“上有政策、下有对策”、“形象工程”、“面子工程”、“政绩工程”等现象，这些弄虚作假、欺上瞒下的做法使得政府的公信力大打折扣。

一是政策朝令夕改，出尔反尔，缺乏稳定性和连续性。这种现象相当普遍。一些地方政府推出的产业引导与行政指导政策，在不经过科学论证的情况下就匆忙推出，而在当地企业和百姓据此执行后，政府又因受某方面的利益驱动，短时间内不断修改，企业和百姓只得感叹“计划不如变化快”。一些政府机关的行政行为随意撤销，不给任何说法，或者仅以“公共利益”搪塞了之，使得百姓权益无法得到保障。还有一些地方的领导只关注自己任期内的政绩问题，对地方发展规划缺乏长远眼光，没有统筹考虑，往往唯利是图，得过且过。

二是政府官员以权谋私，损公肥私，营私舞弊。一些政府官员利用手中掌握的公共权力搞权钱交易甚至权权交易，官员之间互相提供办事方便，为了各自的私利将公共权力予以交换。这些官员忘记了权力是人民赋予的，忘记了权力是为人民谋福祉的必要手段，而不是个人谋取私利的工具。

三是政府官员弄虚作假，好大喜功，沽名钓誉。一些政府官员为了给自己的升迁铺路，不顾客观条件大搞“政绩工程”，劳民伤财。一些政府官员不实事求是，弄虚作假，谎报政绩数据。一些领导干部台上大谈廉洁作风、艰苦奋斗精神，台下却收贿受贿、奢侈浪费。

四是政府官员跑官要官，买官卖官，提拔干部任人唯亲、唯钱。一些地方官员不把心思放在如何做好工作为百姓做实事上，而是趋炎附势，忙于请客吃饭，跑官要官。一些地方领导长期控制着选人用人的权力，并以此索取或收受贿赂，甚至公开标价，买官卖官。这种做法大大破坏了政务诚信，并严重影响了社会诚信。

五是有法不依，“潜规则”盛行。在政务领域经常出现“明规则”将人拒之门外而“潜规则”大行其道的现象。当“潜规则”畅通无阻的时候，追逐“潜规则”者便趋之若鹜，而所谓的“潜规则”大多由政府官员操控，没有遵守法律法规，政务诚信合规度很低。

（二）影响

政务失信比其他领域的诚信缺失对社会发展有更严重的影响。政务诚信在社会民众中起到重要的示范和引领作用。政府重承诺守信用，会带动整个社会诚信风气的形成。这种诚信风气是我国社会主义市场经济健康发展、社会主义和谐社会全面建设所不可或缺的重要精神力量。

政务失信，轻则伤害民心，降低政府公信力；重则导致群众与政府对立，甚至会危及国家安全和社会稳定。

政务失信降低行政效率，加大管理成本。效率是市场经济的基本原则，是社会活力的重要来源，也是现代服务型政府的重要价值取向。提高行政效率不仅在于改革机构，理顺职能，还在于减少和杜绝政务失信。现实生活中有些政府部门经常朝令夕改甚至朝令朝改，而且门难进、脸难看、事难办。这些在本质上都是政府职责上的失信行为，不但会降低行政效率，加大管理成本，而且会阻碍社会发展，造成对公共利益的损害。

政务失信影响社会和谐，加大社会成本。近年来，群众上访事件频发，集体上访、越级上访、重复上访、联名信访等事件时有发生，有些地方甚至发生群众围攻政府部门的事件。当然，造成大面积群众信访的原因有很多，但不可否认，一些政府部门在工作中的失信行为，例如暗箱操作、越位缺位、贪污腐败等，是不可忽视的重要原因。

政务失信造成伦理失范，加大道德成本。市场经济被称为信用经济，经济交往的复杂性要求市场主体必须重契约、讲信用。在我国社会主义市场经济条件下，政府的作用和影响仍然很大，政务诚信对于市场经济的健康发展尤其重要。但是目前，一些政府部门领导的政治道德底线屡创新低，不诚信甚至不法行为时有发生。社会公众对这些领导的思想和行为不能认同，极度反感，由此也会引发公众对政府的不满，从而加大社会主义道德建设和市场经济建设的成本。

四、怎样进行政务诚信建设?

政务诚信表现在三个方面，即政府的基本素质、在社会管理中的自身信用水平、在经济活动中承诺践约的能力与结果。那么政务诚信建设也应从意识文化、规章制度、交易践约能力三方面入手展开。

（一）意识与文化建设

作为一维政务诚信的诚信度没有具体的约定内容，而是存在于政府人员的潜意识中，是行政过程中的潜意识与潜规则，是社会对政府要求的信用底线。随着社会发展，这种政府行为的潜规则、意识、文化的边界将逐渐外化、清晰，全社会将逐渐达成共识，明确内容与行为边界。

一维政务诚信涉及宗教信仰、价值观念、社会态度、风俗习惯、伦理道德、行为方式以及生活方式，表明政府及其行政人员的基本素质。加强政务诚信建设要夯实政务诚信建设的思想基础，努力提高政府部门人员的诚信意识和服务意识，要通过从政伦理教育和职业道德教育在公职人员中不断灌输和强化诚信观念。

政务的出发点和落脚点是社会公众的利益与期待，政务诚信的最高价值指向是人民满意。政府官员应树立正确的政绩观和为人民服务的意识，在政务活动中培养和强化诚信观念，减少劳民伤财的“政绩工程”“形象工程”。应着力打造诚信型政府，提升政府的公信力，真正做到取信于民。

建议制定公职人员伦理道德法，对包括诚信在内的从政伦理道德作全面规定。通过道德行为的法治化，诚信不仅仅是一种道德的规劝和倡议，而且具有法律上的约束力与强制力。

（二）规章制度与岗位责任建设

如果说一维政务诚信仅仅是一种意识形态上的潜规则，不具有对政府行为的硬约束，那么二维政务诚信则是具体明确的法律法规、监管规定、社会管理制度、内部规定等，是对政府行为的一种硬性约束，是明确的社会规则，是把一维政务诚信中已形成的、被社会公认的潜规则上升成明规则，落实成政府与社会管理规定。制定规章制度，要推行公示制、首问负责制、服务承诺制、程序告知制、责任追究制和作风评议制等工作制度，把诚信原则贯穿于行政机关履行管理、监督和服务职能的全过程。

全面推进政务公开和官员个人财产报告与公开。知情权是监督权的前提，推进政务诚信建设最重要的一项措施便是公开化，包括政务公开与财务公开，让权力在阳光下运行。只有实行公开化，才能最大限度地避免暗箱操作，也才能最大限度地消除老百姓对政府官员的怀疑与不信任，从而保障公民的知情权与监督权得以实现。建立和运行财产申报制度是实现公开化的重要方式之一，也是建立和加强二维政务诚信的有效途径。目前我国的财产申报制度还没有发挥出应有的作用。公职人员申报财产后，受理机关应通过合法、合规的方式将公职人员财产申报情况向全社会公开，接受社会公众的监督。对于公职人员违背诚信原则，拒不申报以及谎报、瞒报财产的，要依法追究责任，不能仅仅局限在党纪政纪处分上，情节严重者甚至可以引入刑罚机制。

建立公务员诚信档案制度，包括信用评定、信用监管、失信惩戒等一整套完善的信用机制，实行“官德”问责制。行政机关的一般失信行为，应由其主要负责人向社会公众公开解释并道歉；行政机关的严重失信行为，应依据法律法规和行政部门相关规定对其主要负责人进行责任追究；对于行政机关的失信行为给社会公众带来严重损失的，应依法给予赔偿。对与行政机关失信行为有关的政府工作人员，应将其相关行为及造成的损失等记入公务员诚信档案，并对其问责。此外，应将公务员行政行为的诚信记录纳入社会征信管理系统。

借鉴其他国家政务诚信建设的经验。西方发达国家有几百年市场经济的历史经验，对市场经济条件下如何加强政务诚信建设进行了卓有成效的探索，部分发展中国家也根据自身国情进行有效的政务诚信建设。有些国家把行政机关人员的道德，如忠于国家、忠于职守等内容规范化、法律化，有很好的效果，如美国联邦的《行政部门雇员道德行为准则》、《政府道德法》，韩国的《公职人员道德法》，菲律宾的《公共官员与雇员品行和道德标准法》，日本的《国家公务员伦理法》等。这些国家重视加强公务员职业道德立法，在消除腐败、降低市场管理成本和交易成本方面起到了积极作用，提高了各级政府的运行质量，赢得了社会公众对政府的信任。对此，我们应当结合自身实际有选择地借鉴吸收，积极探索适合中国国情的政务诚信建设之路。

（三）交易践约能力

三维政务诚信是诚信度和合规度在经济交易领域的集中反映。政府及其行政人员的诚信素质和信用形象，直接关系到经济交易的水平与能力；政府自身的财政实力和自我约束意识，又直接关系到经济交易的履约能力。

政府作为债务人，其经济活动主要表现为政府借款和政府债券。中央政府借款是指我国同外国签订的政府贷款协定借贷的资金。地方政府借款是指为解决地方基本建设项目资金，由地方政府指定借款主体，以地方政府未来预算资金作为还款来源，用地方政府信用作为担保的借款。作为债务人，政府应当做好债务管理，按时、足额偿还债务，不能拖欠；同时也要根据自身的偿债能力和践约能力来控制债务规模。

政府作为管理者，其经济活动主要表现为政府承包，包括土地承包、工程承包等。作为管理者，政府应当对承包项目做好监督和检查，对承包项目中的失信行为进行惩戒；对于承包项目中对社会公众造成的损失，应及时、负责任地解决，并按时、足额支付相关款项，做到对社会公众负责。

五、如何建立政务诚信监督机制、提高公信力？

政务诚信表现在政府的一切公共行政管理活动与经济交易活动中，不仅涵盖政府的全部行政行为，即行政决策、行政执行、行政监督等，而且包括了政府在经济交易领域的信用水平与能力，以及履约践行情况。在公共行政管理活动中，政务诚信的主要内容应包括政策的出台与执行相一致、政府的公开承诺及时兑现、积极接受监督机构和社会公众的监督、主动向社会公众公开政务、不造假等。在经济交易活动中，政务诚信主要表现在政府及其行政人员根据财政能力合理控制政府债务规模，在以政府作为主体的经济活动中守信、践约，为其他经济主体树立履行合同的正面典范，带动全社会诚实守信良好风尚的形成。

政务诚信是政府的无形资产，是重要的社会信用资源，是社会信用体系建设的重要组成部分。现阶段，我国的政务诚信建设需要监督约束机制。建立政务诚信监督约束机制有两个关键问题：法律后盾与独立的监督机构。

关于法律后盾。由于政府特殊的社会地位和权力作用，政务诚信监督机构在监督过程中困难重重。监督机构首先要有法律的支持，要寻求法律的保护。现成的法律法规恐怕不能直接解决问题，而要在陆续出台的信用相关法律法规中得到明确和具体落实。在这些法律法规中，至少应该包括：以明确的条文规定政务诚信监督机构的法律地位、职能、工作范围和作用；各级政府及其职能部门以及工作人员必须支持和配合政务诚信监督机构及其人员的工作，不得以任何方式、任何借口干预和阻挠；对政府的失信与守信行为进行明确界定；对调查政府信用状况的范围、方式与程序做出明确规定；对政府信用公告的范围、内容与格式进行明确规定。

关于独立的监督机构。建议在全国人民代表大会和地方人民代表大会设立政务诚信监督管理委员会。为了充分并有效发挥“人大”的监督作用，政务诚信监督管理委员会应从社会各界选聘一些年龄在 35 岁至 45 岁左右的专家学者，工作任期与“人大”相同，一批一轮换。这些专家学者的特点是朝气蓬勃、专业性强、为人正直、不会官场运作，他们更具民主作风，更能代表社会公众的利益，而且自身不受官职和政绩的约束。到期轮换后，他们回到原工作岗位，继续其专业研究和专业工作。这样不仅可以使政务诚信有独立的监督机构和专业且有效率的监督人员，而且可以改造“人大”退休、养老的现状和非专业化的工作水平，从而提高“人大”的工作效率，加强其各方面的职能。

第9章

商务诚信建设

一、什么是商务诚信?

商务诚信（BI，Business Integrity）是商务领域中的企业主体获得社会公众信任的资本。商务诚信主要体现在企业主体经营活动中的诚信状况、经营方式、借贷能力与偿还情况、在市场中的声誉与公众形象等方面。所有在市场中进行的经济交易活动都属商务领域，所有的企业都在商务领域，包括工商企业、金融机构、社团组织等。商务诚信建设就是要企业自身诚信、经营活动与经济交易诚信。商务诚信的构成是三维的，主要包括一维基础素质、二维社会活动以及三维经济活动。

一维基础素质是商务领域中的企业主体获得公众信任的基础资本，表现为企业的基本诚信素质，涉及道德文化理念、精神素养、意愿与能力及行为，体现的是企业的信用价值取向，可以概括为诚信度。

二维社会活动是商务领域中的企业主体获得公众信任的社会资本，表现为企业在商务活动中遵守社会行政管理规定、行业规则、民间惯例、内部管理规定的意愿、能力与行为结果，涉及企业的一般商务活动，体现的是企业在商务活动中的信用价值取向与信用责任，可以概括为合规度。

三维经济活动是获得交易对手信任的经济资本，表现为商务领域中的企业在信用交易活动中遵守交易规则的能力，主要是成交能力与履约能力，涉及企业的经济活动，体现的是企业在经济活动中的信用价值取向与信用责任。

了解一个企、事业单位的商务诚信状况有利于决策者们在商务活动中做出准确的判断和决定。从更深一层的意义看，它有利于规范企、事业单位和工商业主的市场经济行为，使其经营透明度增强，从而有效防范市场经济中经济欺诈等犯罪活动。

商务诚信体系建设的最终目的是保证市场主体交易的安全性，为市场和企业、消费者等市场主体服务，创造良好的市场环境，提高市场交易的安全性和效率，降低交易风险和成本。

二、商务诚信建设的重要性

健全的社会信用体系是社会主义市场经济体制进一步完善和国民经济健康发展的制度保障。商务诚信是社会信用体系的重要组成部分，涵盖了企业之间以及企业与消费者之间的直接信用交易和相关的信用服务领域。商务诚信建设是商务领域的重要工作，也是商务事业快速健康发展的重要条件。商务诚信建设得好，不仅可以有效惩治商务领域的失信行为、改善市场环境、扩大社会消费，而且可以有效防范和控制信用风险、促进信用交易、降低社会交易成本，此外还能有效促进商务部门转变职能，提高管理和服务水平。

近年来，我国商务领域积极开展信用建设。商务部建立了信用建设工作机制，出台了《商务领域信用信息管理办法》，开通了“商务领域信用信息系统”，组织商会、行业协会开展行业信用建设，与中宣部等10多个部门和单位联合开展“诚信兴商”宣传教育活动，开通了中国反商业欺诈网。各级商务主管部门在内外贸各行业领域加强制度建设，严厉打击违规、违约和商业欺诈等行为，倡导诚信理念，并采取多种方式推动商务诚信建设。但是必须看到，当前商务领域的失信现象仍比较严重，失信惩戒机制尚待完善。商务诚信建设的滞后对市场经济秩序的稳定和国民经济的健康有序发展有不利影响。

三、我国商务诚信的现状

目前我国商务诚信问题较为突出，严重制约着商务领域和整个市场经济的发展。主要体现在以下方面：

（一）意识淡薄，基础素质不高，消费者信任度几近为零

作为一维商务诚信的诚信度体现的是企业的基础素质，是企业取得消费者信任的最基础要素。但是很多企业为了追求自身的高收益，不惜侵犯消费者的利益，使得消费者对企业的信任度近乎为零。企业的低诚信度主要体现在以下几个方面:

1．炮制虚假概念，迷惑消费者

在某些创新领域，一个新的概念似乎就代表了技术的先进性和产品的独特性，但实际上其中有很多不实和错误的概念。有些概念还未成熟就急于抛向市场，有些技术缺乏相关部门的鉴定。企业利用这些新的概念迷惑消费者使其支付高额费用，却不能给消费者带来实际利益。

2．偷工减料，欺骗消费者

有些企业甚至知名大企业在生产过程中偷工减料从而降低成本，造成商品质量存在缺陷，给消费者造成使用上的不便甚至人身安全上的危害；而且商品的销售价格保持在高位，使得商品的质量和价格严重不符，给消费者造成财产上的损失。

3．假冒伪劣商品泛滥

每年的 3 · 15 以及全国和地方性的打假行动中，查获和曝光的假冒伪劣商品涉及很多行业、很多企业。假冒伪劣商品不仅严重危害消费者的人身及财产安全，而且侵犯被假冒、被伪造企业的合法权益，扰乱正常的市场竞争秩序。

4．虚假承诺，不实宣传

广告是企业宣传自身产品和服务的重要途径，但由于广告内容与事实不符、夸大宣传等问题导致的消费者投诉现象日益增多。当广告中宣传的内容与实际产品和服务出现较大偏差时，消费者就会对企业产生质疑，企业的信誉将受到损失。

5．包装上做手脚

由于送礼盛行，有些企业借助收礼人的虚荣心理，把商品包装得很华丽但里面却是劣质甚至过期的东西，坑骗消费者。这种做法短期内可能会为企业带来收益，但却严重阻碍了企业的长期发展。

2001 年“南京冠生园事件”是我国信用历史上的标志性事件之一。冠生园是一家百年老字号，素以童叟无欺、货真价实作为经商理念，却竟然把卖不出去的月饼拉回厂里，刮皮去馅、搅拌、炒制入库冷藏，来年重新出库解冻搅拌，再送上月饼生产线。此事曝光之后，不只是月饼，它的其他产品也销售不出去了，品

牌形象瞬间倒塌，消费者弃之而去，最终只好申请破产。

由此可见，企业要想获得消费者的持久信任、长期占领市场、取得长期利益，就应该坚持诚信经营，树立并维护商业品牌。

（二）缺乏规则，没有奖惩，社会信任关系紧张并恶化

目前在我国商务领域，企业行为的合规程度较低。企业在市场中的经营和交易行为缺乏足够的规则约束，而且违规行为不受监管部门惩罚，使得消费者对企业和相关政府部门越发不信任。

在商务领域，竞争的加剧导致企业进行价格战。实际上在很多诱惑巨大的促销背后是一个接一个的陷阱，消费者按照企业事先设定好的规则购物，最终却发现企业承诺的那些优惠在很大程度上只是一种文字游戏而已。2012 年 8 月，京东、苏宁、国美三大电商发起价格战，通过移动媒体、门户网站、微博等途径宣传造势。发改委价监局的调查认为，价格战过程中有电商的促销宣传行为涉嫌虚构原价、欺诈消费者。在此次价格战中，电商有四大罪状：1. 虚构原价。三大电商均存在实际促销价高于之前 7 日内交易的最低价的行为。2. 未履行“零毛利”承诺。京东曾表示所有大家电将在未来三年内保持零毛利，但实际上部分产品即使促销后最高的毛利率也达到 10%。3. 标明无货实际有货。很多网民反映电商承诺低价出售的商品都处于缺货状态，但实际调查结果显示商家仓库实际有存货。4. 重合商品少。价格战中三大电商的产品重合度很低，有的电商促销的产品是独家经营，其他商家没有，所以也就无从比较其承诺价格到底是否为最低价。商家的这种做法不仅不能让消费者得到实惠，反而欺诈了消费者，并且扰乱了行业秩序、破坏了竞争规则。正是由于缺乏明确的行业规则和行政约束，缺乏政府部门的监管和惩罚条款，商家才如此胆大妄为。

要想减少和消除商务领域破坏行业秩序和竞争原则等行为，相关部门必须要制定明确的规则，政府的监管要形成制度化、日常化。

（三）信用交易践约率不高，信用风险无处不在，人人自危

由于经济不景气、经营状况不佳、财务周转困难等原因，企业贷款和债务拖欠日趋严重。商务领域的信用践约率不高，企业拖欠银行贷款的现象时有发生，进行信用交易的企业不能按时、足额收回货款或者不能按时、足量收到货物的情

况也频繁发生。由于商务领域的信用风险无处不在，加上企业防范信用风险的能力较低，很多企业不敢进行信用交易，导致信用方式退化。在欧美国家中，信用关系已被应用到几乎所有的支付活动和交易过程，企业间的信用支付方式已占到80% 以上，纯粹的现金交易方式已越来越少。而国内有些企业却宁愿放弃大量订单和客户，也不肯采取客户提出的信用交易方式，交易方式向现金交易方式、以货易货等原始交易方式退化。

要解决信用交易践约率不高的问题，应该制订和加强企业信用交易维权制度，设立相关监管机构和非政府性组织，使企业有更多的申诉和维权渠道，使商务领域的信用交易行为更加规范。

四、商务诚信建设的主要内容

（一）意识与文化建设——基础素质

政府倡导。深入开展诚信宣传教育，在商务领域大力倡导“诚信兴商”，增强市场经营者诚实守信意识，推进商务领域信用建设。宣传有关法律、法规和制度，宣传商务领域信用销售及通过信用手段进行融资的经验。加强对行业信用评价结果的宣传和推广，在商务领域大力推动诚信经营示范创建活动。

企业自身内炼。中国现处于市场经济时期，市场竞争激烈、经营行为短视、经营理念冲突都有可能导致企业在生产经营活动中价值失衡，出现不诚信行为，其根源在于企业管理过程中对诚信文化的忽视。要使整个社会有良好的市场环境，就必须要建立起企业诚信文化。企业文化是企业生存的基础、发展的动力、行为的准则、成功的核心。建立企业诚信文化，就是要求企业自觉地遵守诚信原则，以诚信的文化理念来指导自己的生产经营活动。提高企业管理者及员工的诚信水平，要依靠企业诚信文化的建设。企业诚信文化建设是所有企业在企业文化建设中应该高度重视的。

塑造企业诚信品牌。企业是诚信规则的最大需求者和供应者，在市场经济运行过程中，企业行为对市场机制与市场秩序的发展有重大影响。企业要生存发展，要赢得市场，要实现利润最大化和持续化，就必须讲诚实守信用。企业诚信状况是企业兴衰成败的重要制约因素，信誉、信用是企业的生命线。企业的兴旺发达首先看其是否有至诚之心，能否自觉做到守信、合规、践约，履行社会责任，兼顾经济效益与社会效益。做到这些，企业就可以逐渐塑造起自己的诚信品牌，为市场所认可；做不到则会损耗企业自身的无形资产，逐渐被市场所淘汰。“三鹿奶粉”事件深刻揭露了中国奶制品企业的信誉与信用问题，充分说明了诚信经营的重要性。它同时告诫人们：诚信是企业的无形资产，也是企业发展的根本，企业必须严格恪守这一道德底线，自觉履行社会责任，才能获得长久发展。

（二）建立规则并有效执行——社会活动合规度

加快出台专项法律法规。建立健全商务信用法律法规体系，推进商务领域的信用立法工作，尤其是推进信息保护与公开的立法过程中，要做到各个行业、各类企业的公平、平等。此外，要抓紧研究制订和完善与信用服务业发展有关的法律、法规和规章，使与商务领域有关的信用服务受到法律的保护和约束，从而进一步推进商务诚信建设。

建立健全商务诚信行政监管制度。制订商务经营主体、交易行为和交易信息管理规范，以及信用保护、失信惩戒与诚信褒奖等实施细则。推动相关部门制订第三方信用评估服务机构的相关行业标准和从业人员标准，着力提高信用评估服务的规范性和可信度。

建设商务领域信用信息数据库。做好信用信息采集和使用工作，准确记录商务领域企业获得行政许可、经营资质、违法违规处理以及合同履约情况等信用信息，并向社会公开提供信用信息查询服务。还应建立商务诚信信息数据库，并实现跨部门、跨行业信用信息的互联互通。

规范单用途商业预付卡发行和服务行为。监督发卡企业规范和完善内部管理制度，加强企业管理者的诚信意识和责任意识，强化行业自律和市场监督，对卷款而逃的企业和个人给予严格的法律制裁，切实防范商业欺诈和市场风险，保障消费者权益和社会的公共利益。

加强建设消费者维权体系。我国有 13 亿人口，消费者人数众多，消费者权益保护仅靠一个消费者协会和一年一度的 3 · 15 是绝对不够的，应该形成一套包括法律制度、组织机构、监督机制在内的完整消费者权益保护体系。从事消费者权益保护，不仅要有政府机构，还要有民间或行业组织。政府机构受理投诉、进行调查、实施处罚，并在必要时应用法律程序；民间组织为消费者提供法律咨询和消费指南的信息服务等，并向政府机构提出意见和建议。消费者的投诉和维权渠道应多样化，有多个全国性和地方性的机构和组织受理消费者的投诉和维权申请，并且可以通过电话、信件、电子邮件、亲自上门等多种途径受理。从事消费者权益保护工作的机构和各类组织应通过网站公示等方式使其办公地点、联系方式甚至接洽者姓名等信息透明化和公开化。

（三）鼓励并加强信用交易及践约——经济活动践约度

促进企业间信用销售。推动企业与金融机构合作，发展企业间的信用销售。鼓励和支持信用销售企业利用信用调查、资信评估、商业保理、履约担保和信用管理咨询等信用服务产品，降低信用销售风险。

鼓励企业发展信用消费。引导财务实力雄厚、管理先进的零售企业面向消费者开展信用消费；支持零售企业与银行、保险机构、信用担保机构合作开展各类信用消费业务，开发新的信用消费模式，拉动消费增长。

推动内外贸信用险发展。鼓励更多保险公司开发信用保险业务，不仅面向外贸企业，也面向进行信用销售的内贸企业。保险公司应实施积极的承保政策，降低平均费率，优化产品体系，创新承保模式，扩大保障范围。推动建立信用保险业务的制度化风险补偿机制，降低内外贸企业信用销售风险。鼓励商务领域的企业用好、用足信用保险政策，进一步发展信用销售。

支持商圈融资发展。加强与金融和担保机构的合作，支持对商品交易市场、商业街、物流园区等商圈内经营主体的信贷融资，推广适合商圈特点的融资模式，建立商圈与金融机构的合作机制，创造良好的融资服务环境，有效缓解中小商贸企业融资困难的问题。

鼓励商贸企业运用多种融资方式。引导金融机构向已通过信用认证或信用评级较高的商务领域企业发放小额信用贷款，开展应收账款、仓单、保单融资和供应链融资等创新业务。鼓励大型流通企业对供应商、分销商和客户的融资提供信用支持。支持商务领域的企业通过典当等方式获得融资。

建立企业大额应收账款拖欠申报制度。应收账款是企业因销售商品、材料、提供劳务等应向购货单位收取的款项，直接影响企业的营运资金周转和企业的实际经济效益。现代市场经济是信用经济，企业之间的信用交易越来越多，外贸和内贸企业很多都采取赊销方式进行销售，所以应收账款也越来越多。现在监管部门没有渠道了解企业间赊销货物形成的应收账款状况，不利于掌控我国经济的总体运行情况，这是很危险的。应该建立企业大额应收账款拖欠申报制度，大型国有企业和规模以上民营企业必须定期申报应收账款状况，政府监管部门应设定监管预警指标，对企业的应收账款进行监控和预警。

建立企业大额合同违约登记备案制度。大额合同涉及的资金和货物数额很大，合同的履约和违约情况对企业的经营会产生严重影响。在现代信用经济和经济全球化背景下，大额合同越来越多，涉及的企业范围也越来越广，对经济的总体运行也产生较大影响。现在监管部门没有渠道了解企业大额合同的签订和履约、违约状况，可能会由此造成经济失控，十分危险。应该建立大额合同违约登记备案制度，大型国有企业和规模以上民营企业必须定期申报大额合同违约状况，政府监管部门应对大额合同违约情况进行登记备案，并设定监管预警指标，对企业的大额合同违约进行监控和预警。

建立企业信用销售支付结算监控系统。在现代信用经济背景下，信用销售是企业扩大销售规模、增加收入的重要途径之一。当前越来越多的企业通过分期付款、延期付款等方式向单位或个人销售商品或服务，国内企业信用销售已经很普遍，而且信用销售也是我国企业发展的大方向，企业信用销售的支付和结算情况将对经济的总体运行状况产生较大影响。现在监管部门没有渠道了解支付和结算情况，一旦失控将会很危险。应建立企业信用销售支付结算监控系统，大型国有企业和规模以上民营企业必须定期申报信用销售的支付和结算情况，政府监管部门应对支付和结算情况设定监管预警指标，对企业的信用销售进行监控和预警。

（四）行业组织自律

强化行业自律。指导行业商协会在食品、日用品等重点行业，电子商务、电视购物等新兴业态，对外投资及劳务合作以及重点产品出口等领域，率先实行企业信用认证和信用等级评价。监督行业商协会定期通报外商投资企业执行出资、撤资、清算等规定的情况。要创新组织模式和管理模式，增强行业自律建设的科学性和有效性；要协调好行业商协会与企业和社会公众的关系，提高协会的凝聚力和公信力。

建立信用档案。指导行业商协会采集和整理本行业企业的信用信息，建立会员企业信用档案，制作和发布守信企业红名单和失信企业黑名单，建立行业信用信息发布查询平台，实现行业内部及上下游企业之间的信用信息共享。指导行业商协会从重点行业入手，对职业经理人和重点岗位从业人员实行执业行为的采集、记录、管理和共享制度，建立从业人员信用档案，开展信用评估，并将评估结果向会员企业、上下游行业组织和有关部门通报。

健全管理机制。指导行业商协会开展会员企业信息服务和信用管理知识培训，推动行业内先进企业设立信用管理机构，对客户资信、销售合同、应收账款、员工信用档案等进行管理，降低交易风险，提升企业经营管理水平和经济效益。

推动企业信用信息互换共享。支持商品交易市场、商业街、物流园区等商圈，以及供应链上下游企业群等逐步积累企业信用信息，推动条件成熟的商圈和供应链上下游企业群建立信用信息交换和共享系统。

（五）舆论监督

应充分发挥舆论监督的力量，社会公众广泛参与到商务领域的诚信建设中。社会舆论有很强的监督和警示作用，能对错误思想和行为有很好的约束和矫正作用。如果社会舆论消极对待诚信建设，诚信思想和行为不能得到肯定和弘扬，诚信缺失现象不能得到及时的抨击和惩罚，必定会阻碍商务领域的诚信建设并导致失信文化的形成和传播。因此网络、电视、报纸等新闻媒体要切实做好舆论监督，坚持正确的舆论导向，大力褒扬诚信思想和诚信行为，积极推动诚信文化建设。通过全社会诚信道德教育，培养公众的信用观，为监督商务领域的诚信建设和为社会保持良好的信用秩序营造良好的道德基础。

（六）信用服务业

引导企业运用信用产品和服务。信用产品和服务既可以帮助企业减少和避免因其他商务领域中的主体的诚信问题而导致的损失，也可以帮助企业提升自身的诚信水平，完善企业自身的信用管理。要逐步建立行政许可、市场监管、政府采购、招投标、财政贴息等事项的信用记录预审制度，鼓励行业商协会和交易当事人使用信用服务机构提供的企业信用报告，扩大信用服务业的市场需求。

培育信用服务企业。把信用服务企业的发展和规范作为商务领域诚信建设的重要内容，并把信用服务业作为一项新兴产业扶持和培育。鼓励发展中小信用服务企业，根据商务领域各行业企业的特点，开发创新型信用产品和服务，并将信用产品商品化。信用服务企业要建章立制和规范运作，以可靠的信息和优质的服务取信于广大市场主体，努力提高自身的诚信度和公信力。政府职能部门要依法监督信用服务企业及其经营行为，并保护其合法权益，营造和维护良好的信用服务市场环境。借助企业资质、服务质量、信息安全等评估认证，促进信用服务企业规范发展。鼓励信用服务机构完善信贷、合同履约、产品质量、售后服务等方面的信用记录，实行内部信息分类管理，健全负面信息披露制度。此外还应加强对外资信用服务机构的监督和管理。

发展征信机构，建立和完善商务信用信息系统。商务领域的信用信息系统可以实现商务领域中的信用信息采集、交换、披露、汇总和共享等，既能为企业的销售决策和合作决策等提供依据，又能帮助相关政府部门实现监管。征信机构通过采集、处理、评价、传播信用信息，可以有效缓解商务领域信用信息不对称的问题。国际上信息产业对经济的发展起着举足轻重的作用。商务诚信信息调查作为信息产业化的具体表现，早已深入市场经济的每一个角落，成为社会经济活动中不可缺少的一项业务。以美国为例，从事这一行业的成员已达 1.6 万人，平均年营业额在 46 亿美元左右。在欧洲、日本等发达国家和地区，商务诚信调查被工商业主们誉为经济活动中“防止跌倒的手杖”。在我国，商务诚信以商务部为主导，分为行业信用建设、企业信用分类监督、贸易信用体系建设等几个方面，在我国经济领域产生了重要的作用。今后要进一步推动商务诚信信息的合法采集、及时披露与适度公开，推进建设我国的商务信用信息系统，并尽快实现各部门、各行业的商务信用信息的联通与共享。

发展商业信用评价机构，促进商务领域信用体系完善。商业信用评价机构对商务领域各参与主体将来按期偿还债务的意愿和能力，以及可偿还债务的实现程度进行综合评定，可以起到信用风险度量、信用风险监测、信用风险预警和信用资源整合等作用。商业信用评价机构和商业信用调查机构经营的信用信息是不同的，商业信用评价机构经营的是资信流中的信用信息，而商业信用调查机构经营的是商品流中的信用信息。市场交易的对象不只是有形的商品，还有劳务、技术、资本以及其他无形资产。资本的交易额在市场交易总量中的比例不断提升，国际的资本交易量已经超过了贸易交易量。市场上流通对象数量的变化使得商业信用评价机构处理信用信息的数量和重要性在不断增强，在信用体系中处于核心地位。

应在建立健全商业信用信息系统的同时，不断推动对劳务、技术、资本以及其他无形资产的评价工作，充分发挥商业信用评价在商务信用体系中的显著作用。

（七）重点与热点领域

电子商务是当前商务领域中的重点与热点。电子商务诚信是利用计算机技术、网络技术和远程通信技术从事各种商务活动、交易活动、金融活动和其他相关服务的主体在买卖双方不谋面的情况下获得对方信任的资本。

电子商务诚信平台是以电子商务为基础，针对现有电子商务的缺点，专门打造的平台。平台执行符合我国市场情况的企业资信认证标准、产品认证标准、整体品牌认证和企业履行能力考察等多种企业信用认证方式和国际通用的认证方式，并提供在线的企业信用信息查询和信用报告服务。在企业允许的情况下，买方可以方便地查询到企业信用报告。信用报告中包含了企业基本信息、企业名称变更记录、企业股东情况、企业内部制度、相关资质和证书、银行信用信息、财务情况评估、行业前景评估等内容。企业信用报告分为基本信用报告、综合信用报告和专项信用报告。

基本信用报告包含企业商务诚信状况的基本信息，比如注册情况、通讯地址、法人代表、经营范围、所属行业分类等。

综合信用报告在基本信用报告的基础上，更加详细地反映企业的综合运行情况，包括企业在经营活动中的特征、经营方式、信誉状况、信贷能力、财务状况以及在市场中的公众形象等。此外，综合信用报告一般还包含对企业信用等级和信用风险能力的评定。综合信用报告有利于企业树立自身形象、扩大业务范围与规模，同时也为企业争取更多银行贷款提供了有力后盾。

专项信用报告涉及以上两个报告中没有的信息。该报告在遵守相关法律的前提下，按照客户的要求，提供企业的所有背景情况。

健全电子商务诚信监管相关法律法规。在电子商务发展初期，诚信建设主要依靠企业自发性的规范行为推动，但要进一步完善诚信体系，就需要健全的法律法规保障和政府相关部门的监管。司法部门可以根据电子商务环境和交易的特点，制定新的法律法规，明确电子商务信用的范围和形式，保障诚信交易的实现，保护交易各方的利益。另外，在法律执行过程中建立失信惩戒机制，对有不良信用记录的主体予以惩罚，加大失信行为的成本。统一信用评价标准，加强制度保障。提升电子商务交易过程中涉及的数字签名、数字证书及身份认证等技术的水平。

第 10 章

社会诚信建设

近年来，诚信缺失现象屡屡见诸媒体。“毒奶粉”、“瘦肉精”、“地沟油”、“染色馒头”等令人们在消费时提心吊胆，利用人心之善发布虚假捐款信息行骗的行为令人们在心中设起重重防线，政务诚信缺失、商务诚信缺失严重扰乱了正常的社会秩序。

诚信缺失现象的成因很多。一方面，对失信行为惩罚不严，使失信有利可图，有时失信甚至成为“头脑灵活”、“经营有道”的代名词；另一方面，守信收益不明显，有时守信者甚至要为守信行为付出严重不对等的代价。不仅如此，对诚信缺失见怪不怪的“习惯性诚信缺失”心态，导致严重的社会信任危机。政府表态，不信；专家解释，不信；媒体报道，还是不信。一些极端的诚信缺失事件打破了法律底线和道德底线，严重损害社会公平，影响社会稳定。

十七届六中全会明确提出要“把诚信建设摆在突出位置，大力推进政务诚信、商务诚信、社会诚信和司法公信建设”。重塑社会诚信，加快推进与中国经济社会发展相适应的社会诚信建设已经成为当务之急。

一、怎么认识社会诚信的内涵与范围？

社会诚信（PI，Public Integrity）是指参与社会活动的所有社会主体的诚信。

社会主体包括个人、企业、政府和各种社会组织，例如高校、基金会、行业协会等。

社会诚信是某一社会主体获得其他社会主体信任的资本。社会诚信表现在三个方面：社会主体具备基本的诚信素质，社会主体在社会活动中遵守规定、规则，社会主体在经济活动中遵守交易规则。

社会主体的基本诚信素质，涉及社会主体的道德文化理念、精神素养、意愿与能力及行为，体现的是社会主体的信用价值取向，可以用诚信度衡量。社会上的一些诚信评价活动就属于这个范畴。

社会主体获得管理者信任的社会资本，表现为社会主体在社会活动中遵守相关法律法规、规定、规则、民间惯例等的意愿、能力与行为结果，涉及社会主体的一般社会活动，体现的是社会主体在社会活动中的信用价值取向与信用责任，可以用合规度衡量。我国一些行政管理部门开展的对企业信用监管评价活动就属于合规度评价这个范畴。

社会主体获得交易对手信任的经济资本，表现为社会主体在信用交易活动中遵守交易规则的能力，主要是成交能力与履约能力，涉及社会主体的经济活动，体现的是社会主体在经济活动中的信用价值取向与信用责任，可以用践约度衡量。

二、社会诚信建设的时代背景与意义

（一）社会诚信缺失现象与情况

我国经济一直持续快速增长，而我国的社会诚信水平却持续下降。《小康》杂志从 2006 年开始在全国范围内开展“中国人信用大调查”。从调查的数据来看，我国社会诚信水平逐年下降的趋势比较明显。其中，在 2011 年对新中国成立以来各个年代的社会整体诚信度的调查中发现，有超过六成（65.7%）的受访者认为，20 世纪五六十年代的整体社会诚信度较高，仅有 6.2% 的受访者对近十年的评价较高。《瞭望》新闻周刊于 2011 年 2 月 11 日至 2 月 14 日在北京、上海、广州、杭州、成都这 5 个大中城市开展了民意调查。从调查结果来看，受访者对当前中国社会诚信状况总体评价较低，仅有 4.8% 的受访者评价“好”，48.7% 的受访者评价“一般”，近一半（46.6%）受访者评价“差”。

当今社会各种失信状况频发，我国面临着诚信严重缺失的危机。政府、企业、个人这三类主要的社会信用主体都存在着较大的诚信问题。政府部门政策多变、暗箱操作、弄虚作假、虚报政绩，企业逃废银行债务、信用交易违约、制假售假、发布虚假财务信息，个人学历造假、学术造假、坑蒙拐骗、欠账不还……

诚信缺失严重影响了社会正常的生产和生活秩序，对我国经济发展与和谐社会建设造成严重危害；社会生活中的失信则损害了人际关系的和谐，影响和谐社会的建设；经济生活中的失信则危害着社会主义市场经济的健康发展。因此，加速推进社会诚信建设，建立覆盖全社会的征信系统，已经成为当今社会的必然选择。

（二）社会诚信建设的意义

1. 社会诚信建设是我国经济转轨、发展市场经济的需要

在我国当前的经济发展阶段中，市场经济要想快速发展和顺利推进，必须要加强社会诚信建设。社会主义市场经济活动，包括商品的生产、经营、流通和交换，本质上都必须以社会诚信作为基础和保障。随着社会主义市场经济的深入发展，社会诚信问题必然日益显现出来。

市场经济既是法制经济又是诚信经济。所谓市场经济，就是以市场为基础对有限的资源进行合理配置，并且以价值规律为基础实行等价交换。这两项最基本的市场经济规律都要以诚信为基本前提，诚信为市场经济的健康发展保驾护航。在诚信缺失条件下，银行担心信贷风险从而使大量的交易机会由于缺乏金融安全的保障而被放弃，出现金融资源闲置现象。社会信用的缺失也会导致投机盛行和社会腐败现象的增多。

2. 社会诚信建设是我国参与国际竞争的需要

在经济全球化背景下，每个国家、地区、企业和个人都是市场主体，信用对这些市场主体的竞争力和可持续发展有着重要影响。市场主体缺少技术、资金、人才等生产要素可以很快筹集或引进，但一旦缺少了信用这一无形资产，则需要很长的时间去建立和修复，从而会造成巨大的经济损失。

在改革开放和经济全球化的双重推动下，我国的经济发展和社会生活正快速融入国际社会，这对我国的社会诚信建设提出了更高的要求。我国的经济和社会发展面临激烈的国际竞争，而国际竞争的基础和前提就是诚信。在开放的全球化市场竞争中，质量是竞争的根本，诚信是竞争的基础。建立完善的社会征信和信用评估体系是个人和企业参与国际竞争的必备条件。

WTO九大基本原则都是以诚信为基础的，加入WTO对我国的诚信制度、信用机制提出了新的、更高的要求。据中国外企协会调查，外商认为在华投资的最大风险之一就是信用风险。在国际竞争中，我国在努力提高企业产品竞争力的同时，应恪守诚信观念，遵守WTO的各项规则，不断建立和完善我国的信用制度和体系，树立良好的信用形象，只有这样，我国才能在经济全球化的激烈竞争中立足和发展。

3. 社会诚信建设是建设和谐社会的需要

诚信是社会主义精神文明的重要特征，是社会和谐融洽和发展进步的伦理道德基础。社会主义和谐社会的发展不是单一、片面的发展，而是全面的、健康的、和谐的发展。社会诚信建设既关系到经济的快速增长，又关系到精神的丰富和发展，对社会的全面发展起着重要作用。

诚信是中华民族的传统美德，也是构建和谐社会的基石。但在现实生活中，有种种不诚信、不和谐现象存在着，不仅严重损害了社会公众的合法权益、扰乱了社会秩序，而且阻碍着社会主义和谐社会的建设。全面建设小康社会、和谐社会，都离不开社会诚信这一重要保障。

和谐的社会关系和有序的社会秩序一方面需要有法律的强制作用来维持，另一方面更需要有伦理道德来规范和维系。诚信建设是伦理道德建设的重点，搞好诚信建设可以为社会公众创造和提供健康有益的精神食粮，有助于正确处理人与人、人与社会的关系，营造诚实守信的社会环境。

三、社会诚信建设的内容

在发展社会主义市场经济、构建社会主义和谐社会的过程中，应该大力弘扬诚实守信的中华传统美德，使每个公民都树立起诚实守信意识，在全社会范围内开展诚信建设。

1. 基本道德准则，文化宣传教育

现代市场经济是信用经济，应该发挥包括诚信在内的传统美德对推动市场经济健康发展的巨大作用。市场经济越发达，对诚信的要求就越高。

诚实守信是做人的一项基本道德准则，是一切社会关系赖以维系的基石。诚信要求人们为人诚恳，待人诚实，做事实在，讲求信誉。因此，诚实守信是一个人安身立命、为人处世必须遵循的基本准则，也是一个社会维持正常秩序和有效运行的必然要求。

树立现代诚信观念对于改善个人生活和维护社会秩序都有着重要意义。现代社会应加强诚信宣传，形成诚信文化。单纯的中国传统诚信已经难以适应当今飞速发展的时代要求，更应发挥社会信用体系的强大功能和现代诚信观的导向作用，从思想上廓清人们的认识误区，树立义利并重的现代诚信价值理念。

强化思想道德教育，培育诚实守信的良好社会风气。当前，我国公民所接受的思想道德教育大多停留在学生阶段，走进社会后所接受的道德教育是微乎其微的。思想道德教育的薄弱与缺失，增大了社会成员失信的可能性。诚信道德教育和诚信文化建设应从家庭、学校、企业和社会全方位开展，在全社会营造“守信光荣，失信可耻”的良好氛围，使诚信真正渗透到每个人生活的方方面面，实现诚信的自律化。

诚信建设需要正确的舆论引导，提高社会公众对诚信重要性的认识。通过网络、电视、广播、报刊等多种形式宣传、教育，设置专题专栏，加大宣传报道力度。通过舆论报道，使诚实守信的企业和个人获得社会尊重，曝光不讲诚信、不讲道德、不讲规则的丑恶现象，使失信者受到全社会的谴责。通过舆论宣传，使人们感知诚信问题的严峻性、诚信交易的重要性和改善失信交易状况的紧迫性，并让人们意识到失信事件所造成的恶劣后果，从而树立诚信意识，自觉诚信做事。

2. 职业道德要求，规范社会活动，建立良好的社会关系

诚信要求各行各业的从业人员在自己的工作岗位上诚实劳动、合法经营、实事求是，杜绝弄虚作假、假冒伪劣、坑蒙拐骗等现象。

诚信建设主要靠自律，但也要靠他律，规范社会信用活动和营造良好信用环境需要有制度作保障。应完善信用制度，进一步明确监管职责，加强统筹协调，健全诚信记录，统一评估标准，营造诚实、自律、守信、互信的社会信用环境。建立良好的社会关系还应规范信用管理，制定相关行政法规，建立科学的协调机制、管理办法和操作流程，规范信用信息的公正、合法、正当收集与使用，加强对信用服务行业的监管，实现政府信用、企业信用、中介机构信用、个人信用的相互衔接和资源共享，在信用数据开放、信用监督管理方面，做到有法可依、执法必严。此外，还应强化信用激励，注重发挥社会政策和社会管理的导向作用，建立失信惩罚和守信奖励机制，把诚信标准纳入各类群众性精神文明创建和企事业单位各项先进评比范畴中。

3．记录行为，形成制度，培养习惯

以社会公众日常言行为重点，把公共诚信行为纳入征信范围。社会公众的日常公共行为既是个体行为又是事关社会公共利益甚至公共安全的公共行为，应该将个人遵守社会文明规范列入信用监管范围。要记录社会公众的日常诚信行为，首先要积极采集数据，制定相关规程，选择一些公民日常诚信行为，依法有效采集，整合社会信用信息，实现对诚信行为的协同监管。有关部门应该在对违反交通法规、破坏管理秩序等行为进行处罚的同时，把相关行为记入相关个人和组织的信用档案。其次要采取制约措施，运用采集的诚信行为数据，依法对有关个人和组织在办理工商年审、金融业务、市场准入、社会保障等方面进行正面激励以及反面惩罚，让诚实守信者得实惠、受尊重，反之受谴责、受制裁。最后要加强宣传评议，充分发挥新闻媒体的舆论引导作用，积极组织社区和街道等基层单位开展诚信宣传活动，向社会公众大力宣传并深入剖析诚实守信的典型，曝光和指责不诚信的人和事，增强社会公众的诚信意识，使诚信根植于社会基层之中。

建立和完善个人信用体系，意义在于通过对个人信用的调查与评估，赋予信用一定的价值，使其在法律允许的范围内、在社会相应机构的监督下自由变现使用，从而建立良好的市场经济运行秩序。其基本内容包括个人信用登记、个人信用评估、个人信用风险预警、个人信用风险管理、个人信用风险转嫁等制度。个人信用体系根据成本收益原则，使个人信用违约成本高于违约收益，通过失信约束惩罚机制使诚信观念深入人心。

此外，还应充分利用各种社会诚信档案，在信息共享的基础上建立个人诚信信息数据库，并使其所记录的诚信信息相伴终身，辐射其生活的方方面面。将之前单独、分隔的信用记录，比如税收缴纳、个人贷款、信用卡还款、交通违章信息等，集中整合在一个数据库中，并增加和完善其他的个人信用记录信息，实现个人诚信体系从碎片化到完整统一的过渡，从而有利于降低个人的诚信风险，建立全社会的信用体系。

第 11 章

司法公信建设

一、什么是司法公信?

司法公信（JI，Judicial Integrity）是司法机关依据自身对法律和事实的忠实而获得社会公众信任的能力。司法公信是司法机关通过司法活动在社会生活中树立起来的一种公共信用，表现在三个方面：司法机关的基本素质、司法过程中的合法合规程度、经济活动中承诺践约的能力。

基本素质是司法机关获得公众信任的基础资本，表现为司法机关的基本诚信素质，涉及道德文化理念、精神素养、意愿与能力及行为，集中体现在司法过程中忠于事实真相，体现的是司法机关的信用价值取向，可以概括为诚信度。

司法过程中的合法合规程度是司法机关获得公众信任的社会资本，表现为司法机关在司法活动中忠于法律，遵守法规、行业规则、民间惯例、内部管理规定的意愿、能力与行为结果，涉及司法机关的一般司法活动，体现的是司法机关在司法活动中的信用价值取向与信用责任，可以概括为合规度。

经济活动中承诺践约的能力是司法机关获得公众信任的经济资本，表现为司法机关在经济活动中的践约能力，体现的是司法在经济活动中的信用价值取向与信用责任。

二、为什么要建设司法公信?

“天下难事，不难于立法，难于法之必行。”在经济社会生活日益复杂多变、法律逐渐完善、人们对法治的期待越来越高的情况下，将现有的法律准确实施、将抽象的法律转化成人民享有的权利、将法治的理想转变成美好的生活，司法责无旁贷。司法要有力量就必须有权威，必须有司法公信。

（一）建设法制社会要求

党的十七大之所以提出建设公正高效权威的社会主义司法制度的目标，是因为我们的司法尚缺乏应具的权威。司法的公信和权威是国家法治建设的坐标。没有司法的公信和权威，法治就是一句口号。党的十七届六中全会进一步提出司法公信建设、维护法律权威和社会公平正义的目标。

近年来受国内外形势发展变化的影响，我国社会各类矛盾纠纷不断凸显，矛盾化解难度加大，人民法院在保障国家安全、维护社会稳定、服务经济发展、满足群众需求等方面的任务更加艰巨。与新形势、新任务的要求相比，人民法院的司法公信力距离社会的要求还有一定的差距，司法权威面临着严峻的挑战。司法公信力不足的问题，已经成为影响公正、高效、权威的司法制度建设的重要因素。

（二）司法自身提高的要求

司法公信力是一个国家法制建设的重要课题，是一个国家的司法根基。司法公信力也是衡量一个国家法治程度的重要标尺，是人民法院改革和发展得以顺利推进的重要保证。

当前我国司法建设与经济和社会发展的要求还有很大差距，司法公信力不高是不争的事实。一方面，一些领导干部和行政机关非法干涉司法活动，地方主义、保护主义盛行，公正司法面临阻碍；另一方面，某些人无视生效裁判文书的权威甚至逃避执行、暴力抗法，好多人信“权”不信法，有些人不能以客观和理性的心态对待司法机关和司法人员，更有甚者咆哮法庭、辱骂法官、进行人身伤害……这些现象都反映出公众对司法敬重感的严重缺失。随着社会转型期的各类矛盾纠纷不断凸显，疑难复杂案件日益增多，矛盾化解难度逐渐加大，人民法院的工作面临巨大挑战，其中司法公信力不高的问题日益突出，已经成为制约我国法制建设的重要因素。

三、司法公信建设的主要内容

在我国当前经济与社会发展迅速、社会矛盾集中显现的形势下，加强司法公信建设要坚持司法公正，保证司法廉洁，实现司法公开，不断提高司法的社会认同度。

（一）坚持司法公开，增强司法透明度

公正司法是司法公信力建设的关键所在，而司法公开是司法公正的重要保证。司法公开主要有以下几个方面。第一，案件在法庭审理过程中的举证、认证、质证公开。所有的证据材料，无论是庭前交换的、当事人自行收集的还是法院调查收集的，都要在法庭上公开出示。第二，判决公开。判决公开包括判决理由、适用的法律和判决结果的公开。无论是公开审理的案件还是不公开审理的案件，其判决都应公开宣告。第三，向当事人和社会公开。案件的审判过程应向当事人公开，案件判决的结果、理由、适用的法律等应向社会公开。

（二）加强反腐倡廉建设，确保司法队伍的清正廉洁

司法机关是“反腐败、倡清廉”的直接力量，司法廉洁也必然是社会关注的焦点，是影响司法公信力的重要因素。司法机关应建立并强化内外部监督和惩戒机制，形成完善的监管体系，对司法腐败行为严肃处理，甚至进行法律制裁。司法人员应加强诚信意识，以人民群众和社会利益为工作核心，提高自身的社会责任感。司法反腐倡廉建设应从解决现存薄弱环节入手，在司法过程中依法保障当事人的权利，用扎实的证据和充分的法律依据来支持裁判，最大限度地将法院队伍中的腐败现象减少到最低程度，以清正廉洁守住公平正义的底线，提高司法公信力。

（三）提高司法人员综合素质，夯实司法公信的队伍基础

司法公信力的提升离不开司法队伍的建设，司法人员的综合素质是影响司法公信力的重要因素。司法人员不仅要提升自己的思想道德修养、形成正确的价值观，而且要通过不断的学习提升理论基础和司法能力。开展司法人员核心价值观教育活动，培植司法精神文化，把“忠诚、为民、公正、廉洁”作为司法人员的

共同价值追求；同时应建立学习常态机制，加强和改进教育培训工作，不断提高司法人员的司法能力和业务素质，从而打造一支公正、高效、文明、廉洁的司法队伍。

（四）以人民为本，狠抓审判质效，把好公信之本

谨慎对待国家赋予的审判权，本着对国家和人民高度负责的态度，以人民为本，把好案件质量关，做到办理的每一起案件事实清楚、证据确凿、程序合法、适法正确、结果公正，把每一起案件都办成经得起人民和历史检验的案件。

司法机关只有牢固树立和深入实践“司法为民”思想，以维护好、实现好、发展好人民群众的根本利益为出发点和落脚点，公正处理群众合法的利益诉求，使群众从司法活动中感受到自身权益得到切实维护，真正做到在思想观念上为民、在工作措施上便民、在实际效果上利民，才能在司法实践中取信于民。

（五）深化司法体制机制改革，加强司法保障的落实

不断推进司法改革，增强公信之能。紧紧围绕人民群众普遍关心、可能影响司法公正的问题，以维护人民利益为根本，以促进社会和谐为主线，以加强权力监督制约为重点，积极稳妥推进司法体制改革。通过加强司法规范化建设、深化量刑规范化改革、推进司法公开和司法民主、完善人民陪审员制度等各项举措，不断增强司法工作的公开度和透明度，不断提升人民法院维护公平正义、促进和谐稳定的能力和水平。

在司法资源的供给上，要确立司法经费单列、中央统一拨款的体制，每年将司法经费列入国家预算，经全国人大批准后，国务院统一拨款，由最高司法机关统一支配和管理，使各级人民法院在财和物上真正摆脱地方政府的束缚，从而保证司法的独立性。在司法人员的使用上，改革法官的招录和任命制度，法院的编制、法官招录人数变地方决定为国家决定，法官的任命变地方任命为国家任命，确保法官的独立性，彻底防止地方势力对司法的干扰和牵制，公正地进行裁判。在对司法人员的保护上，要建立法官履行职务的保障制度，使依法履职不受错误追究，依法履职无后顾之忧。从体制和机构设置上防止损害国家基本制度和司法规律的做法，防止在法院之上设“法院”，法官之上设“法官”，最终损害和否定司法公信。

（六）改进司法宣传工作，促进良好舆论环境的形成

司法机关应及时了解并满足社会需求，大力推行以公开、公正、公信为内涵的阳光司法，不断增强司法工作与社会公众的良性互动：一是全面落实和深化司法公开，不断拓展公开的范围和内容，将司法公开与审判管理制度、审判业绩考评体系、内外监督制约机制等有机结合起来。保障社会公众的知情权、参与权和监督权，立信于民。二是强化司法活动中的民主氛围，不断推进司法的社会化。发挥人大代表、政协委员、特邀监督员的监督作用和社会影响力，进一步完善公开听证、判后释明制度，使之真正成为法院司法民主、公开、公信的有力体现。三是正确接受和应对新闻媒体监督，畅通与社会公众沟通的渠道。要正确引导媒体报道，理性对待和正确接受媒体监督，防止不适当的舆论压力给司法办案带来负面影响，实现法院、媒体与公众之间的良性互动。

第 12 章

对中国征信业的思考

一、征信概述

（一）什么是征信?

征信 (CI/CR，Credit Investigation or Credit Reporting) 是指对信用主体（市场参与者）的信用或资信状况进行调查、报告的中介服务活动，主要作用是消除或降低信用交易双方的信息不对称。

根据《征信基本术语》，征信是对个人和法人、其他组织的信用信息进行采集、整理、保存、加工等处理活动，并对外提供与其信用状况相关信用信息产品的经营活动。

根据《征信业管理条例（草案）》，征信业务是指依法收集、整理、保存、加工个人、法人及其他组织的信用信息，并对外提供信用报告、信用评分、信用评级等的业务活动。

根据信用管理理论，征信的基本含义是以了解企业资信和消费者个人信用为目的的调查，包括对一些与交易有关的数据进行采集、核实和依法传播的操作全过程。根据调查对象的不同（法人或是自然人），征信可以分为企业征信和个人征信。

不同种类的征信服务，在操作方式方法上亦有不同。一般来说，个人征信是一种主动式征信。大型个人信用局力求取得所在国家或地区全部居民的信用记录，至少是一个城市全部经济活跃人口的信用记录，而不论被记录者本人是否愿意，也不在意是否有委托调查在前。如果授信机构需要了解一位信用申请人的信用记录，直接向个人信用局表明是合法的个人信用调查报告的用户，或者得到被调查人的认可，然后就可以订购到被调查对象的即期信用报告。个人信用局将消费者信用调查报告卖给客户时，不再对报告的内容进行核实。在各发达国家和地区，个人征信都在本国或本地区内进行，不允许将个人信用调查报告出售给外国人。

企业征信则必须受到信用交易中授信方的委托，才进行调查。即使征信机构的企业征信数据库中有被调查对象的信用记录，负责调查的人员也会再下现场，核实一些信息的有效性和真实性。

在信用管理行业内部，征信服务是一种基础性服务。它对受委托的调查，以一种或若干种调查和分析报告类的征信产品作为交代。在服务的深度方面，征信服务是最基本的信用管理服务，更深层次的征信服务是信用管理咨询服务。所谓信用管理咨询服务，是指征信机构帮助企业建立或改进其信用管理功能的服务，旨在完善一个企业内部的信用管理制度和必要的信用管理技术手段。它是信用管理专家在对企业进行诊断的基础上，根据对企业现行信用管理功能的评价和需求，提出规避客户风险的解决方案和预算，方案往往借助于包括多种调查报告、专业软件和小型数据库在内的各类征信产品的组合，来承担企业日常的信用管理工作。

事实上，进入 20 世纪 90 年代以后，征信行业的服务方式已经从主要经营征信产品转变为全方位地向客户提供信用管理顾问和策划服务，信用管理的全球一致服务和信用管理外包服务也开始盛行。这些新服务形式的发展，既可以为没有必要建立独立信用管理部门的小企业建立专业信用管理功能，又可以在帮助大型跨国公司降低信用管理成本的基础上，在全球取得与母国同等质量和价格的征信服务。

（二）征信有哪些方式与渠道？

从被调查对象的立场而言，征信方式有主动征信和被动征信。征信数据的公开，又分强制公开部分和自愿公开部分。对于征信机构，经常使用的征信方式有三种，分别是同业征信、联合征信和金融联合征信。

同业征信是由征信机构在一个独立或封闭的系统内部进行征信和提供征信服务的征信工作方式。在理论上，同业征信可以是同业个人征信，也可以是同业企业征信。采用同业征信的方法，征信机构主要从同属于一个行业的企业采集征信数据，信息资源仅在业内共享，所生产的征信产品也只在业内应用。在这个系统内部，原始信息的提供者，经常也是征信机构信息产品的使用者。也就是说，这种征信机构的主要信息源和客户仅来自同行业的企业，征信机构不会向行业以外的社会和公众提供其征信产品和服务。显而易见，使用同业征信方式的目的，就是在一个体系内部实现信息资源共享和会员式服务。

联合征信是指征信机构根据协议，从一家以上的征信数据源单位采集征信数据的形式。联合征信有两个特征，一是允许向所有拥有征信数据的单位采集征信数据；二是通过征信机构，提供征信数据的单位之间存在数据资源共享的关系。

征信数据源单位指的是任何掌握征信数据的政府和非政府单位，特别是商业银行、公用事业单位、邮政、移动通信公司等，它们有偿或无偿向征信机构提供征信数据。最理想的联合征信是包括十几个政府部门在内的所有掌握征信数据的单位都能向征信机构提供数据，并保证征信数据的更新速度。对于征信机构，其征信工作方式能从同业征信方式扩大到联合征信，除可以扩大其征信数据的数量以外，必然会改善其包括信用评分在内的征信产品质量。

联合征信取得的成果，如果是属于企业征信性质的联合征信，征信成果应该是完全商业化的，在传播方面完全没有障碍，社会上任何人都可以使用。如果是属于个人征信性质的联合征信，产生的消费者信用调查报告的传播受到法律法规的限制，信用交易的授信方、个别政府部门和当事人本人可以订购。理论上，几乎所有提供征信数据的征信数据源单位都有机会使用。

金融联合征信是一种个人征信形式，既不同于同业征信，也不同于联合征信。其实质是要采用联合征信的方式，制作美国信用局式的“全面信息”信用调查报告，但是仅对金融机构提供服务，并不支持零售信用领域的授信工作。从采集信息角度看，金融联合征信是一种联合征信，金融联合征信机构需要广泛采集个人征信数据，因为金融机构的授信决策需要全面的消费者信用信息。从用户角度看，金融联合征信又像同业征信，因为只有会员性质的金融机构（甚至只有商业银行）和当事人是征信产品的唯一限定用户。金融联合征信的成果用于支持金融机构的授信决策，消除金融机构与申请信用工具的消费者之间的信息不对称。

金融联合征信的操作是金融机构向指定的征信机构提供企业或消费者的信贷记录、偿贷记录、信用卡付费记录、与银行往来情况记录等，由征信机构将征信数据处理后，生成调查报告，然后再向所有金融机构提供征信服务。由于企业征信的情况不同，金融联合征信一般是一种个人征信，因为消费者个人与金融机构的交易数据是形成消费者信用调查报告的最重要数据项，而且非常不易获得。

（三）三大征信领域

征信领域是针对某种征信服务的主要用户所在领域定义的。每一种征信业务都服务于特定的征信领域。目前我国正逐渐形成三大征信领域，即金融征信领域、商业征信领域和行政管理征信领域。

金融征信领域以金融业主管部门为主导进行建设，以金融机构为主要用户，以授信申请人为主要征信对象。该领域的信息来源也是金融机构，从其获取企业和个人的正面与负面授信信息，用于金融机构的授信信用风险管理，并在金融体系内信息共享。

商业征信领域以行业协会组织及其会员为主导进行建设，以政府、企业、个人为主要用户，以企业和个人为征信对象。该领域的信息来源较为广泛，一般是交易性交换或有偿性获取的，主要由征信机构、信用评级机构等信用服务中介机构对企业的信用信息进行采集、筛选和评估等，为企业授信、雇主用工、投资合作、贸易融资等商业活动提供决策信息。

行政管理征信领域以政府及其主要职能部门为主导进行建设，以政府及其各职能部门为主要用户，以企业和个人为征信对象。该领域以电子政务为基础，以信用信息整合为切入点，实现政府及其职能部门之间信用信息共享，形成反映企业和个人综合信用状况的基础数据。

表 12-1 三大征信领域

领域	主要用户	征信对象	信息源
金融征信	金融机构	金融授信申请者	金融机构
商业征信	政府、企业、个人	企业、个人	信息源广泛，交易性交换或有偿性获取
行政管理征信	政府及其职能部门	企业、个人	政府各职能部门

（四）征信发展的基本条件——法律

能否在一个地区开展征信服务，最基本的条件是征信机构是否可以合法取得当地各种真实的企业、消费者个人信用和各行各业的行业发展数据，并能够合法销售对这些数据的分析和处理结果。换言之，由法律法规保障的企业、个人和社会数据的商业化是建立征信服务的绝对必要条件。否则，征信机构即使取得质量合格的征信数据，在销售根据所采集数据制作的征信产品时，有可能受到来自社会和政府的指责。关于数据的真实性问题，从发达国家的实践看，只要征信机构被允许合法取得数据，而法律又有“提供假数据是违法”的相关条款，征信业者总是能够通过各种技术手段，取得或筛选出高比例的真实数据。

所谓征信数据开放的法律保证至少应该包含以下四个方面的内容。一是由有关法律界定可以开放的数据，即由法律规定何种征信数据可以公开的取得，反之确定必须保密的或自愿公开的数据。在发达国家，被视为应该保密的数据一般是涉及个人隐私的数据。二是由法律规定是否有必要限制征信产品的传播范围。例如欧盟规定，欧洲的消费者个人信用调查报告只可以在欧盟国家范围使用，信用报告机构不可以向欧盟以外的国家直接销售消费者个人信用调查报告。三是法律强制性规定掌握征信数据的机构和企业必须向社会开放有关征信数据。例如很多欧洲国家规定，所有企业和相关政府管理机构必须在限定的时间区间内，向社会开放企业财务报表。四是各征信数据源提供的数据必须相当真实，否则将受到法律制裁。以上是最基本的法律保证，它涉及信用管理行业能否顺利发展。根据征信国家的经验，我国信用管理相关法律的建立还有一段相当长的路要走（即使将其列入立法的五年规划之中），但政府的有关法规是应该先行建立的。

（五）征信发展的保证——标准

信用管理行业的发展，需要建立新的市场规则，需要得到必要的管理体系的控制，征信产品、征信数据库、信用管理咨询、信用管理软件开发和网上征信服务等都需要有统一的国家标准。

国家标准可以分为通用标准和专用标准两类。通用标准，适用于许多行业，也适用于信用管理行业，例如行业分类、行业规模分类、职业分类、网络安全、保密协议等。专用标准是指那些只适用于信用管理行业的标准。根据征信产品和信用管理服务的特征，专用标准主要包括征信数据库检索系统、企业资信评估符号体系、普通企业资信调查报告版本、普通消费者信用调查报告版本等。世界各国的信用管理行业发展情况不同，在设立国家标准问题上的差异也很大。

就国家标准建立的方法而言，一种是根据自己的国情，设立独立的国家标准体系；另一种是全面接受合适的国际标准，并对国际标准做出在本国通行使用的认定。采取前一种方式的优点是国家标准适合自己国家行业发展状况，有利于使征信产品和信用管理服务本地化；主要缺点是不利于征信产品的海外销售，同时还需要投入一定的研究费用。这种方式下，征信机构及其用户企业可能采用适应"双轨制"的软件和产品。全面接受国际标准的优点是可以一次性地与国际接轨，而且长期稳定，无须经常修改；主要缺点是对本国的一些征信机构可能要求过于严格，使技术和管理水平较低的企业无法生存，不利于市场的迅速发展。

标准中的技术问题之一是行业分类编码。对于信用管理行业，行业分类编码的基本作用是客户分类管理和数据检索。确定这样一套行业分类系统非常重要，不仅信用管理行业需要，其他行业也需要。对于这样一套编码，首先要求它必须能充分反映一国的工商业发展状况，并且要有一定的预见性。它还必须长期稳定，不能经常修改。在主干设计上，它最好能够与其他国际标准对应。最后，还应该申请国家标准化组织和地区性行业联盟的认可。目前，世界上最常见的行业分类编码是标准工业编码（Standard Industry Classification, SIC），它是美国最主要的编码体系之一，也是一种美国的国家标准。半个多世纪以来，SIC 编码已成为世界各国广泛的使用习惯，并且为国际标准化组织接受。在各国出版的国际流行的工业、商业、贸易、市场工具书、文件等出版物上，SIC 编码都是主要的检索点之一。

1997 年，北美洲的美国、加拿大、墨西哥三国分别批准了建立北美经济区的 NAFTA 协议，三国希望促进北美的经济一体化进程。为适应北美新经济结构，NAICS 的管理和预算办公室于 1997 年 4 月正式批准了北美工业分类系统（North America Industry Classification System, NAICS）作为新分类法取代 SIC，这个分类系统简称 NAICS 编码。比较 SIC 编码体系，NAICS 编码体系更注重实践性，可对新兴行业和合并的行业进行比较方便的确认和分类，其适应性更加广泛。它具有更强的辅助企业信息分类处理功能，甚至考虑到人力资源方面的应用需要。

（六）征信的一般内容——企业、个人

征信是按照一种标准或以流行版本的调查报告为蓝本进行数据采集的，即对目标企业和个人就其信用状况进行逐项调查，所取得的结果被填充到某种征信数

据采集表中。现代征信都是电子数据形式的调查数据积累。征信数据分为量化数据和非量化数据。企业财务报表给出的数据是量化的，可以直接用来进行定量分析。非量化数据是指一些定性分析数据，它需要经过一个量化过程后，才能被统计模型所接受。

企业征信数据是为了帮助授信企业准确判断客户企业的信用程度，是否可以与其进行信用交易，以及做多大额度的信用交易能够安全收回货款。国际流行的普通版本企业资信调查报告主要内容包括：企业发展史、注册信息、当年经营情况、付款记录、银行往来记录、公共记录（经济纠纷、刑事处罚等）、财务报表、主要产品、进出口报关、主要经营者简历、对外形象、现场核实等信息。

个人征信主要看一个人的能力、行为、声誉、社会评价。个人信用报告的主要信息项一般包括：付款记录、收入、纳税与开销、就业、婚姻状况、年龄、处于分期付款状态的资产、抵押品、申请信用的目的。

根据对国内外常见个人信用报告的总结归纳，个人信用报告的框架一般包括个人身份情况、银行信用记录、社会信誉记录、特别记录、查询记录。表 12-2 是根据中国人民银行征信中心提供的个人信用报告样本（2011）整理出的个人信用报告详细框架。

表 12-2　个人信用报告框架

信贷记录（包含信用卡、住房贷款和其他贷款记录）				
信息概要		信用卡	住房贷款	其他贷款
	账户数	**	**	**
	未结清 / 未销户账户数	**	**	**
	发生过逾期的账户数	**	**	**
	发生过 90 天以上逾期的账户数	**	**	**
	为他人担保笔数	**	**	**
信用卡	发生过逾期的贷记卡账户明细			
	透支超过 60 天的准贷记卡账户明细			
	从未逾期过的贷记卡及透支未超过 60 天的准贷记卡账户明细			
住房贷款	发生过逾期的账户明细			
	从未逾期过的账户明细			

（续表）

<table>
<tr><th colspan="4">信贷记录（包含信用卡、住房贷款和其他贷款记录）</th></tr>
<tr><td rowspan="2">其他贷款</td><td colspan="3">发生过逾期的账户明细</td></tr>
<tr><td colspan="3">从未逾期过的账户明细</td></tr>
<tr><td>为他人担保信息</td><td colspan="3"></td></tr>
<tr><th colspan="4">公共记录（包含最近5年内的欠税记录、民事判决记录、强制执行记录、行政处罚记录及电信欠费记录）</th></tr>
<tr><td>欠税记录</td><td colspan="3">主管税务机关、欠税统计时间、欠税总额、纳税人识别号</td></tr>
<tr><td>民事判决记录</td><td colspan="3">立案法院、案号、案由、立案时间、诉讼标的、诉讼标的金额、结案方式、判决/调解结果、判决/调解生效时间</td></tr>
<tr><td>强制执行记录</td><td colspan="3">执行法院、案号、执行案由、立案时间、申请执行标的、申请执行标的金额、结案时间、结案方式、案件状态、已执行标的、已执行标的金额</td></tr>
<tr><td>行政处罚记录</td><td colspan="3">处罚记录文书编号、处罚内容、处罚金额、处罚生效时间、是否行政复议、行政复议结果、处罚截止时间</td></tr>
<tr><td>电信欠费信息</td><td colspan="3">电信运营商业务开通时间、业务类型、欠费金额、记账年月</td></tr>
<tr><th colspan="4">查询记录（包含该信用报告最近2年内被查询的记录）</th></tr>
<tr><th>编号</th><th>查询日期</th><th>查询操作员</th><th>查询原因</th></tr>
</table>

二、我国征信业的发展现状

我国征信活动在20世纪90年代初期起步，当时人们对征信的认识还比较肤浅，主要限于基本的调查与简单的报告。经过十几年的发展，随着征信业务活动的日益拓展，现在人们对征信活动的理解日益加深，已拓展到信用档案建立与维护，甚至形成大型专项信用信息数据库，并衍生出一些以信用信息为基础的专项信用服务。

（一）对征信内涵与外延的认识逐渐清晰

征信活动在中国的发展速度之快是世界少见的，在快速发展中人们对征信的外延认识也逐渐清晰，认识过程基本上分两个阶段：

第一阶段，从 20 世纪 90 年代到 2009 年，区分了政府行政管理部门的信用监管征信与商业性征信活动，以《征信管理条例（征求意见稿）》为标志性区分。在 2009 年 10 月，国务院法制办公室公布了《征信管理条例（征求意见稿）》，条例所称的征信业务是指依法收集、整理、保存、加工个人、法人及其他组织的信用信息，并对外提供信用报告、信用评分、信用评级等的业务活动。行政机关、司法机关以及法律、法规授权的具有管理公共事务职能的组织收集、整理、保存与履行职责相关的信用信息，或对外提供本单位在履行职责过程中形成的、依法应当公开的信息的活动除外。

第二阶段，从 2009 年到 2011 年，区分了金融征信与一般商业性征信活动，同时区分了征信与信用评级。标志性事件是 2011 年 7 月国务院法制办公室会同中国人民银行修改形成《征信管理条例（第二次征求意见稿）》。该条例主要规定了一般商业性征信活动的范围、内容、机构及相应的管理等，同时肯定与约定了国有金融征信机构的作用、征信活动内容、机构等，特别对国家设立的金融征信与一般商业性征信做了区分。该条例还特别指出国家机关以及具有管理公共事务职能的组织为履行职责所进行的行政性监管征信除外。这样，在认识上，至少在国家管理层面上，就把一般商业性征信、金融征信、监管征信严格地区别开来。

值得注意的是，在该条例征求意见说明中提到，“考虑到信用评级业务与一般征信活动有较大区别，需另作专门规定”。这样，事实上在管理层面上已经默认征信与信用评级都属于一个大的征信活动范畴，同属征信业，将由中国人民银行统一主管，但是在管理上也有明确的要区别对待的认识与态度。

2013 年 1 月 21 日，国务院公布了《征信业管理条例》，并从 2013 年 3 月 15 日开始实施。这是我国征信业发展史上的一个里程碑。作为我国征信业法律体系的基础与核心，该条例从规范非政务信息的采集和使用入手，区分了商业性征信和金融征信，解决了征信业发展中无法可依的问题。该条例还特别强调保护个人信息安全，对个人信息安全做了较为全面的规定，包括对从事个人征信业务的征信机构设立严格的准入门槛，并要求征信机构对个人不良信息保存期为五年，个人信息主体有权每年两次免费获取本人的信用报告，个人信息不得用作约定以外的用途，不得未经信息主体同意向第三方提供等。该条例属于原则性法规，下一步央行将制定实施包括征信机构管理办法、个人及企业征信业务管理办法在内的多项配套规定。

（二）征信活动市场细分格局逐渐明朗

我国征信活动虽然发展时间较短，但是到目前为止，国际上的一些基本征信活动在我国市场都已出现。随着我国市场经济的快速发展和日渐成熟，征信活动也日益活跃，市场正在被深化、细分，格局逐渐明朗，主要征信活动业务类型已经逐渐清晰。大体上可以按照四种不同的分类标准划分。

按被征信对象划分，可分为企业征信和个人征信两类。据中国人民银行征信中心统计，截至 2010 年年底，企业征信系统累计收录企业及其他组织 1691 万户，其中有信贷记录的超过 790 万户；个人征信系统累计收录自然人数 7.77 亿，其中，收录有信贷记录的自然人数 2.2 亿多。

按应用与服务领域划分，可分为金融征信、商业征信、监管征信。金融征信主要是指全国性的国有信贷征信机构的征信，如中国人民银行设立的征信中心。商业征信应该包括两种形式，一种是专业机构征信，主要是指民间资本投资设立的企业法人征信机构，如新华信商业风险管理有限公司等；另一种是行业协会等组织机构开展的征信，主要是指行业协会、同业联盟、俱乐部、商会等自发、自律的组织。监管征信主要是指政府相关机构的征信，一般由政府的相关信息中心实施。

按征信活动的地理范围划分，可分为区域征信、国内征信、跨国征信。区域征信一般规模较小，只在某一特定区域内提供征信服务，这种模式一般在征信业刚起步的国家存在较多。国内征信是目前世界范围内最多的机构形式之一，尤其是近年来开设征信机构的国家普遍采取这种形式。跨国征信这几年正在迅速崛起，由于世界经济一体化进程的加快，各国经济互相渗透和融合，跨国经济实体越来越多，跨国征信业务的需求也越来越多，为了适应这种发展趋势，跨国征信这种机构形式也必然越来越多。

按征信产品与服务的性质划分，可分为公共征信、准公共征信和私营征信。公共征信主要是指由政府机关以及具有管理公共事务职能的组织进行的非竞争、非排他性的征信活动，目前我国的监管征信就具有这个性质。准公共征信主要是指具有有限的非竞争性或有限的非排他性的征信活动，它介于纯公共征信和私营征信之间，如金融征信以及商业征信中的行业协会等组织机构开展的征信。私营征信主要是指具有竞争性和排他性的征信活动，一般是由市场提供，商业征信中由专业机构提供的征信就具有这种性质。

（三）金融征信逐渐成熟，防范金融风险作用彰显

金融征信，目前最典型的就是中国人民银行组织的征信活动。早在1997年，人民银行就着手建设银行信贷登记咨询系统。2004年2月，人民银行正式启动了个人征信系统建设，同年4月成立了银行信贷征信服务中心。到2006年1月，全国集中统一的个人信用信息基础数据库建成并正式运行。同年7月底，原有银行信贷登记咨询系统升级成为全国集中统一的企业信用信息基础数据库。在此期间企业和个人征信系统一直作为人民银行的金融信息化项目管理，与人民银行征信管理局合署办公。

2006年11月，中国人民银行正式注册成立了直属事业单位法人即中国人民银行征信中心，负责全国统一的企业和个人信用信息基础数据库和动产融资登记系统的建设、运行和管理，并组织推进金融业统一征信平台建设。次年4月，征信中心与原征信管理局分设。2008年5月，人民银行征信中心办公地点拓展至上海。2010年6月，企业和个人征信系统成功切换至上海运行，并正式对外提供服务。2010年9月，国家发展改革委员会正式批复征信中心自2010年10月1日起试行收费。

我国金融征信从1997年发展到现在，短短的十四年，从无到有，从小到大，企业征信量已进入世界前列，个人征信量达到世界最大。征信活动及其数据库管理越来越专有化，从内部机构到专业、独立机构，无论是征信业务水平还是数据库技术水平都日渐提高。对征信的认识与操作思路越来越明确，从原来把征信划在行政管理领域发展到认为征信是一种专业服务，再发展到现在认为征信应该是一种市场化、国际化的商业服务。从人民银行分离、单设机构、开展收费、自负盈亏、自主运行、切换至上海，这十几年来一系列的发展动作清晰地表明，我国金融征信正在从行政监管走向为市场服务，将来还要走向国际化。我国金融征信比其他征信活动发展得更快速、稳定、成熟。

目前，中国人民银行企业信贷登记咨询系统和个人征信系统在金融系统中已广泛应用。征信查询已经成为所有银行授信流程中的一个必需的关键环节，几乎所有的银行都把征信查询的结果与本行的授信审批、授信额度调整挂钩，表明这两大系统已经在维护金融安全与防范金融风险方面发挥着重要作用。根据中国人民银行征信中心调查显示，仅2010年第三季度，商业银行利用征信系统拒绝高风险客户信贷业务申请661.9亿元，预警高风险贷款480.7亿元，清收不良贷款47.3亿元。

（四）商业信用征信已起步，市场化征信已开始萌芽

目前，征信机构大体有四类：第一类是中资民营资信调查公司，目前有 50 多家，以中国诚信、华安、华夏、大众、远东、联合、新华信以及中国联合信用网、中国信用信息网、中国商业信用网等社会信用中介机构为代表。第二类是相关政府部门所属的、专门提供企业资信调查活动的机构，如外经贸部门、国家统计部门、工商部门以及各专业银行所属的机构。第三类是行业协会征信机构，以会员制的形式收集商业信用信息，以各行业协会为代表，起步较晚，但发展迅速。第四类是外国征信公司设在中国的分支机构，提供商业征信服务，如邓白氏、科法斯等国外征信机构相继登陆中国市场，这类公司在中国的征信业务不断扩大，特别是在承接国外跨国公司的信用咨询业务方面具有较强的市场竞争力。

我国最初出现的商业征信活动是在政府有关部门的支持和指导下开展起来的，但是当时无论是业务规模还是操作方式都有一定的局限性。后来发展起来的商业征信主体，则以民营经济成分占绝大多数，市场化运作的模式正逐步形成。各类征信主体按照市场的需求公平竞争，为社会提供客观、独立的征信报告。尽管目前中国征信市场还不够成熟，但商业征信报告已作为商业产品，按照商业化原则进行市场运作。政府在这一行业的市场准入方面管制相对比较宽松，这也为民营征信机构的发展提供了良好的条件。但是政府信息作为重要的商业信用信息来源，其开放程度很低，各部门之间也不能够共享，又造成我国政府信息采集的难度大、成本高，在很大程度上制约了市场化征信模式的发展。

（五）监管征信体系悄然构建，应用日益广泛

与国际相比，中国的征信活动有自己的特色，政府行政监管的征信活动就是一道中国风景。监管征信主要是指国家机关以及具有管理公共事务职能的组织为履行职责所进行的征信活动。在目前的中国市场上，监管征信可以视同为公共征信。

到目前为止，我国监管征信活动的发展大致可以分为四个阶段：

第一阶段，从 1999 年到 2003 年，本阶段的主要特点是征信平台与数据库搭建。

2000 年 11 月，中共中央、国务院“中央经济工作会议”提出，要在全社会强化信用意识，依法严厉打击制假售假、偷税骗税、经济欺诈、恶意逃废债务等行为，创造良好的市场秩序。开展征信活动，搭建信用数据库，构建征信平台，

成为基础工作。

在这段时间里，国家各大部委和地方政府在全国范围内，在各自的职权范围内，开始基本的征信活动，征集信用主体的信用信息，建立信用主体的信用档案，进行基本的信用评价，并按照信用评价的结果进行分类。这些活动不仅填补了我国企业和个人在政府行政监管部门信用记录的空白，更重要的是，大规模、强力推进的监管征信建设就像长征一样，本身就是播种机和宣传队，在较短时间、较大范围内，对企业与个人进行了较有效果的征信宣传与教育。

2003 年，国家工商总局以提高监管效能为目标，在全系统内全面推行企业信用分类监管，以辖区为征信范围，以信息化为手段，在全国迅速、全面地完成了工商行政监管职能所必需的企业征信活动。2003 年 7 月，为加强税收信用体系建设，规范纳税信用等级评定管理，促进纳税人依法纳税，国家税务总局发布《纳税信用等级评定管理试行办法》，在全系统内全面推进纳税主体信用分类监管，以此为契机在全国范围内迅速高效地完成了税务信用监管所必需的纳税主体征信活动。

从 1999 年开始到 2003 年，上海、深圳、北京、广东、浙江、江苏、安徽、辽宁等省市，在地方政府的统一领导下，先后开展了地方性的征信建设工作。有的从企业征信开始，有的从个人征信开始，也有的齐头并进。总体来说，在这个阶段，这些发达省市主要启动并推进了地方征信平台与数据库搭建的工作。

第二阶段，从2003年到2007年，本阶段的主要特点是征信互联互通、共享推进。

2003 年 10 月党的第十六届中央委员会第三次全体会议通过《中共中央关于完善社会主义市场经济体制若干问题的决定》，首次提出建立健全社会信用体系，指出形成以道德为支撑、产权为基础、法律为保障的社会信用制度，是建设现代市场体系的必要条件，也是规范市场经济秩序的治本之策。社会信用体系建设在全国上下受到了高度的关注，加强征信、实现信用信息互联互通成为共识。2003 年 11 月，国家发改委原则同意并批复了《北京、天津、黑龙江、安徽、湖北五省市社会征信服务体系联合建设示范工程规划》。国家发改委希望通过“五省市试点工程”在全国开展信用信息互联互通试点工作，打破地区壁垒，在全国范围内推进信用信息资源整合与共享。2004 年，又进一步扩大了试点范围，增加了辽宁、浙江、福建三个省份。事实上，在推进中还有很多省市有意愿主动加入试点。2005 年 4 月，国务院《关于 2005 年深化经济体制改革的意见》（国发 [2005]9 号）

明确要求出台并组织实施《社会信用体系建设总体方案》，探索建立政府监管信息共享机制。全国各地方政府纷纷响应，设立地方社会信用体系建设领导小组，开展深化征信活动等。

第三阶段，从 2007 年到 2011 年，本阶段的主要特点是统筹协调。

2007 年 4 月，国务院办公厅发布了《关于建立国务院社会信用体系建设部际联席会议制度的通知》（国办函〔2007〕43 号），建立国务院社会信用体系建设部际联席会议制度。该会主要负责统筹协调社会信用体系建设工作，研究拟订重大政策措施；协调解决推进社会信用体系建设工作中的重大问题；指导、督促、检查有关政策措施的落实；完成国务院交办的其他工作。联席会议由国务院领导，参与成员包括 14 个相关委办局负责人。至此，我国社会信用体系建设工作进入到了一个由国务院统筹领导的全新时期。2008 年 11 月，国务院批复了人民银行《关于国务院社会信用体系建设部际联席会议有关问题的请示》（银发 [2008]260 号），将社会信用体系建设部际联席会议牵头单位指定为中国人民银行，参与成员单位增加至近 20 个。

在这段时间里，社会信用体系建设的参与单位都积极推进信用建设，特别是在征信领域。大部分参与单位都在各自的职能范围内开展了企业或个人信用档案建设工作，有条件的还能够按信用进行分类，进行区别监管，把信用与自己的监管职能很好地结合起来。由此，社会各界对信用的认识和重视都明显提高。

第四阶段，从 2012 年起，本阶段的主要特点是全面推进征信。

2012 年 11 月，国家发展和改革委员会副主任连维良、中国人民银行副行长潘功胜主持召开全国征信服务体系与国家级信用信息共享平台建设座谈会，8 个中央国家机关及多个省份的代表参加。连维良副主任强调在下一阶段，可从以下几方面开展研究和具体工作：一是鼓励各信用服务机构协调竞相发展；二是充分论证多种形式的国家级信用信息共享平台建设方案；三是研究将统一综合共享平台和专项平台相结合的思路；四是建立差别化的分类、分层、分步共享模式；五是依法规范信用信息共享机制；六是要发挥各类信用服务机构的作用；七是做好统一标准建设的工作；八是建立政府部门间提供、共享信用信息的绩效评价和考核机制；九是要大力推动信用信息的应用，大力开发信用信息的需求；十是切实加强信用服务机构自身信用建设。

在这一阶段，中央和地方政府对征信体系建设工作开始高度重视，并重点部署征信体系建设内容，鼓励发展信用服务机构和规范信用信息共享机制，并建设信用信息共享平台。在政府的重视、引导和监管下，我国的征信体系建设将全面推进。

三、我国征信体系现存的主要问题

我国征信业从无到有，从薄弱到逐渐壮大，发展较为迅速，目前已逐步形成一个结构大体完整、覆盖面比较广泛的征信体系。但是目前我国的征信体系还与征信发达国家相差很远，在统一规划、行业监管、市场供需等方面还存在诸多问题。

（一）全国征信体系建设缺乏统一规划

规划的意义与作用在于可以全局性、方向性、长远性、战略性地构建、描述、指导征信体系的发展，可以使全国上下明确征信建设的指导思想、主要任务、阶段、步骤、措施等。建设征信体系是一项庞大的系统工程，覆盖社会和经济的各个领域，需要政府统一协调和建设规划。但我国政府在征信体系建设的角色定位始终没有到位。我国征信活动发展至今已有近 20 年，发展初期征信行业归属、市场是否要准入、产业政策、主管部门一直都没有特别明确，直到近几年监管部门逐渐明确为中国人民银行，这在《征信业管理条例》里有明确表述。

但是，这几年国务院相关委办和人民银行，一直把主要精力都放在了征信条例的研究和制定上，关于全国征信体系建设的规划一直没有纳入任何一方的日程，对我国征信行业发展的总体目标、市场结构与布局、人才培养、产品与服务要求、机构监管、人员监管、整个征信系统在国民经济中承担的任务等重要方向性问题上，都没有统一的认识和具体的规划。因此，征信业发展的重大问题和宏伟蓝图仍是一片空白，这种局面是很难吸引资金进入这个领域的，没有资金的投入就不能形成一个真正的产业，这是征信业目前发展的最大桎梏。

（二）征信行业监管缺失

我国信用制度基础性薄弱，法律制度不完善，监管制度不健全，造成政府对社会征信行业监管无力。第一，在我国已经出台的《征信管理条例》中，对各类征信机构的设立条件、退出办法做出了明确规定，但是对具体的征信业务实施细则还需要下一步的配套法律法规加以规范。第二，政府对征信业进行不当干预，各征信公司虽然基本上都采取了市场化运作方式，但在征信体系的运作实践中，往往会出现政府大包大揽的现象。一方面政府习惯采取计划或者准计划的形式介入市场运作；另一方面由于我国信用市场基础薄弱，竞争机制不完善，形成了社会主体对政府行为的依赖性。所以在市场化运作机制尚不健全的情况下，政府既是规则的制定者，又是规则的使用者，职责不分，造成行业监管的严重缺失。第三，行业自律机制的形成有利于政府对征信行业的监管，但目前我国政府缺乏针对征信行业自律机制形成和发展的行政法规，也缺乏鼓励和指导征信行业协会等自律组织发展的相关政策措施。

（三）征信市场结构与产业布局没有形成

首先，由于缺乏统一规划与具体的产业发展政策，到目前为止，中国征信市场没有形成比较成型的市场结构和产业布局。中国人民银行应尽快制定征信产业政策，规划与明确征信产业结构、产业组织与相关技术及产业布局战略，以此弥补征信市场发展不足的缺陷，有效配置征信信息资源，保护幼小民族征信企业成长，发挥征信业应有的作用。

其次，中国人民银行征信中心金融信贷征信系统的发展方向一直没有确定下来。人们有理由进行各种各样的猜疑，比如人民银行的征信中心会逐步扩大，不仅做金融信贷征信，还会逐渐把一些职能部委的信用信息都纳入自己的系统中。因为人们确实看到，人民银行征信中心不断与有关部委签约，这是否意味着中国人民银行征信中心将建成全国唯一的、垄断的、航母型的数据集散、加工、整理、报告中心？如果是这样，那么现在各自做系统、集散数据就都没意义了。

目前的格局是中国人民银行征信中心做金融信贷征信，国务院各职能部委因自己职能管理需要做职能征信，主要经济发达城市的地方政府在本区域内建立统一征信，当然这种统一也基本上是非金融的、政府行政监管部门的信用信息的整合。那么未来人民银行征信中心是把各地方、各部委的信息全部汇总进去，做成航母型的数据中心，还是就固定在当前金融信贷征信不再扩大？总之，中国人民银行征信中心就像悬在征信市场各参与群体头上的一把剑。从心态上来看，有些职能委办感觉要花力气花工夫去做相关的征信，但是将来有可能拱手送给别人，所以有些部门就保持观望。民间的一些商业化的综合征信机构不敢大规模进行资金、人才的投入，担心人民银行征信中心扩大征信范围，扩张征信职能，抢了他们的饭碗。

现在市场上对征信信用信息整理加工和报告的需求越来越清晰，并且需求量在迅速增大。国务院虽然提出要在“十二五”期间建立健全覆盖全社会的征信系统，但是这个征信系统怎么建却并不清晰。虽然发展征信在全国上下已达成共识，但是究竟怎么发展，大家还都只是观望。

（四）征信市场供求双重不足

我国征信市场存在供给和需求双重不足的问题。从征信服务的需求方面来看，我国几乎所有的国有商业银行和全国性股份制商业银行都有内部的信用评价体系，信用服务机构的第三方评估结果得不到商业银行的尊重和使用。我国的企业和个人普遍缺乏信用理念，缺乏使用信用产品的意识，在市场交易活动中不重视调查交易对手的资信状况，对征信服务的需求不足。另外，企业信用评级在扩大信用交易方面的作用不明显，不能直接给企业带来融资效益，导致主动申请评级的企业数量较少，从而对征信调查的需求小。

从征信服务供给方面来看，由于缺乏统一的技术标准，征信行业的信用产品和服务质量参差不齐，公信力很差。信息披露机制的缺乏也制约了这些企业多渠道获取有用信息进而加工出高质量的征信产品的可能，增加了征信机构的征信成本，严重阻碍了其业务和规模的扩张。此外，征信行业整体水平不高，有能力提供符合市场需要的高端征信产品的机构少。

（五）法律法规全面性与应用指导性不够

市场经济是法制经济。加强和完善社会信用体系建设，必须有完备的信用法律体系作保证。征信活动直接涉及商业秘密、个人隐私等敏感问题，需要法律作为基础与支撑。近十几年来，虽然国家和地方政府已经发布了一系列关于建立社会信用体系的政策、法规和规章，但是，在社会信用体系建设中这些法律、法规与政策并没有发挥应有的作用。总体上看存在三个方面的问题：

1．全面性、系统化不足

从 2000 年到 2011 年，国务院及相关委办局每年都会发布一到两个与社会信用体系建设相关的要求、通知，政府工作会议也必每次提及，《征信业管理条例》也在公开征求两次意见之后推出。从这些文件中，我们可以明显看到政府对社会信用体系建设持续关注，并越来越重视。但是，从其具体内容来看，虽然一直强调社会信用体系建设要总体规划，但是在法律法规与具体政策层面并没有具体落实与体现。到目前为止，应该颁布哪些法规、哪些是基础性的、哪些是应用性的、哪些先颁布、法理与精神应该包括哪些等，都没有全面性、系统化的法律规划与实践。

2．具体应用性与操作指导性不足

目前我国已发布的这些法规与政策，反映了社会公众对信用建设的需求。但是从实质内容上来看，并没有明显的递进与深化，基本还停留在诚信宣传教育、打击假冒伪劣等不良信用行为、整顿市场经济秩序的层面上。对于如何利用信用工具与手段，如何通过发展信用中介服务业来促进消费、拉动投资、推动经济增长等基本没有涉及。对征信服务业从业人员的道德与法律约束、机构的权利与义务、信用信息采集过程中的开放与保护的界定、产品与服务质量的法律责任等既没有具体规定也没有基本约定。这些在很大程度上制约了征信活动的发展。

3．潜存国家法律、法规、政策与地方的冲突

目前在信用领域，在国家的层面上仅仅出台了《征信业管理条例》，在此之前的基本情况是地方信用法律法规的制定与实施先行。由于各地发展情况不同，对信用建设的认识不同，各地方出台的法律法规及政策也各有不同，有些还有很大差别。未来国家层面将出台更多的统一法律，那么势必就会和部分地方出台的法规产生冲突。也就是说，事实上我国信用法律建设目前在地方之间已经悄悄出现了沟壑，未来在地方与中央政府之间也已潜存沟壑。

（六）商业征信步履蹒跚，市场发育尚未成熟

我国征信体系的建设目前还是以公共征信系统为主，民营征信市场的规模和经济效应还比较小。与金融征信的成熟和监管征信的蓬勃发展相比，我国的商业征信可谓步履蹒跚。目前我国商业征信存在着需求没有真正释放、有效需求不足、征信业没有真正确立、缺乏权威性和公信力、机构与从业人员不稳定等问题，具体表现在以下三个方面：

1．商业征信机构总体数量较少、规模偏小、发展缓慢与不均衡

国内最大的商业性征信公司年营业收入一般也就在一两千万元左右，与国际

上大型征信公司相差甚远。商业征信市场需求主要集中在发达地区，如北京、上海、深圳等一线城市，而二、三线城市的商业信用需求基本上很弱。

2．征信机构服务单一，产品质量不高，缺乏权威性和公信力

目前，我国大部分征信机构并没有自己的信用信息数据库，主要业务是调查和提供简单的、基础的征信报告，不能像国际上特别是美国的大型著名征信公司那样，根据数据库提供有深度的、各种各样的专项报告。可以说我们现在的征信机构产品与服务还是比较低端的，技术含量并不高，质量也不尽如人意，因此还缺乏应有的公信力与权威性。商业征信市场并没有完全打开。

3．专业人才匮乏，从业人员素质偏低，人员流动大

现阶段我国征信业人才短缺情况非常严重，并且人员素质普遍没有达到应有的要求。很多征信机构的从业人员并不具备基本的信用常识，缺乏制作征信报告应有的专业征信知识与技术分析能力。很多机构的高管人员面临的一个普遍的困惑是不敢花大力气投入资金培养业务骨干，不敢在员工培训上花时间和金钱，但是不培养专业人才机构的业务水平又上不去。形成这种困惑的主要原因就是这个行业并没有真正确立，行业收入不稳定，人员流动大。

4．信息环境恶劣

征信体系建设的核心和基础就是要实现信用信息充分共享、互联互通。现阶段由于缺乏法律约束与强制，信息拥有者或过度公开，或不当出售，或不开发不使用，整体上数据开放程度较低。征信业发展所依存的信息征集整合的环境并不乐观，具体体现在以下两个方面：

一方面，客观上数据是割裂的。受行政体制限制，许多信息相对封闭和分散于各个部门、行业和机构中，使用信息缺乏透明度，各部门条块分割难以信息共享。

另一方面，主观上参与征信意愿不强。或因现实利益影响，或有“多一事不如少一事”思想作怪，或担心无法律保护与界定，特别是个人信息采集和共享方面缺乏相关的法律支撑，很容易引起纠纷，很多掌握信息的部门不愿意共享信息资源，参与征信的主观意愿不强。

目前，我国信息环境的总体情况是：来自正规渠道的政府及公共部门掌握的信用信息，公开与共享不足；来自非正规的、甚至是非法获取的个人信息被侵害与滥用，手机、邮件等无处不被骚扰。信息环境恶劣得像是满街都是垃圾，到了必须清理整治的时候了！

（七）行业专业化程度不高

我国征信行业缺乏自律机制。国际上各征信国家均成立了行业协会，如美国的信用管理协会等。这些行业协会在各国征信体系建设的过程中都起到了很大的作用。我国征信业目前尚无规模大、覆盖面广、影响力强的行业协会，征信行业自律机制尚未形成。行业内的沟通交流、从业人员的教育培训、行业执业技术标准和执业规范的制定、整个行业利益的保障等都十分缺乏，严重制约了我国征信行业的发展。

我国征信行业的执业技术规范不统一。征信报告的格式、征信数据库的建立等基本的执业技术标准都没有统一规范，使得征信业产品与服务的标准和质量参差不齐，产品与服务缺乏专业性，甚至会使征信机构本身面临失信问题。

我国征信行业的从业人员素质有待提高。征信行业是知识密集型和技术密集型行业，征信业务涉及不同品种、不同行业、不同法律等，对从业人员的理论水平和技术素养有很高的要求。而目前我国征信行业的从业人员较少且素质普遍不高，有能力从事行业研究和产品开发的人员很少，有些从业人员甚至是大专以下学历，专业知识和技能极为匮乏。

四、关于我国征信模式的思考

目前，全国上下对信用的重要性和信用建设的必要性已达成共识，但因对信用问题的认识层次不同而对如何建设我国社会信用体系产生了争论，主要焦点就是我国征信体系建设应采取什么模式，是市场模式还是公共征信。

（一）市场化征信模式的内涵与条件

市场化的征信模式指信用体系中的征信系统和评级系统由独立于政府之外的民营机构构成，这些机构的管理和运作完全按市场化模式进行。目前采取这种模式的国家主要是美国及以英国为代表的欧洲发达国家。这种模式有以下一些特点：一是信用信息来源较为广泛，征信机构的信息除来自银行和相关的金融机构还有来自信贷协会和其他各类协会、财务公司或租赁公司、信用卡发行公司和商业零售机构等；二是信用信息提供的有偿性，民营信用中介服务完全依市场化原则运作，征信机构提供的信用报告是商品，按照商品交易的原则出售给需求者。

但是，市场模式的采用受较多经济社会因素的限制，具体表现为：

——市场化的征信模式必须以健全的法律作保障。征信体系的全部内容必须由具体法律约定，并且征信机构的全部征信活动必须在以法律为基础的政府监管之下。例如在美国，信用数据的获取和使用要受国家《公平信用报告法》及其他相关法律的约束，只有在法律规定的原则和范围内，才能使用相关的消费者信用信息。

——市场化的征信模式必须以活跃的信用交易为基础。一个行业的发展，要有足够的社会交易活动支撑。在美国等发展国家，信用交易在全部市场交易活动中已占有了相当大的比重。只有信用交易得到发展，才可能对征信报告产生较大需求，才能促进征信行业的发展。

——良好的市场需求是市场化征信模式存在的前提。在市场模式下，征信机构作为独立的经济主体，完全按市场化的模式有偿运作，独立进行风险和收益的权衡。信用商品与服务由专业中介机构向社会有偿提供，全部源信用信息提供者均可采用有偿的方式向专业中介提供，征信机构通过对其生产的产品即征信报告的收费必须能够满足该机构的正常运转。源信息与数据的提供、信息商品与服务的提供均不能单一与垄断，并且相关专业机构至少应有两家以上。

（二）我国目前尚不具备市场化征信的几点分析

信用活动是一种特殊的经济和社会关系，构成信用经济成熟发展的社会环境受以下一些因素的影响。

内因方面，一是授信机构要真正承担风险、享受收益。市场化征信模式的前提是授信机构必须是独立的经济主体，必须按市场模式有偿运作，独立承担风险并获取收益。二是受信人守信有益、失信受罚。只有这样才能做到赏罚分明，坚持正确的价值导向，保证市场化运作进入到一个良性循环。三是中介机构以信息商品与服务为业务能维持经营，其收益的大小取决于信用交易商品提供与服务需求的活跃程度。

外因方面，法律要划定权责范围，界定利益边界。具体而言，政府有自己的权责范围，不能干预到经济主体的独立运行。

在市场化征信模式的发达国家都已经具备以上这些因素，并且法律对政府的运作过程划定了权责范围，界定了利益边界。

从上述市场化征信模式所需的条件来看，我国采取市场化征信模式所需的条件还未被满足，表现为：

我国目前尚未建立起完善的信用管理的相关法律体系。我国的《征信业务管理办法》经过两次讨论稿，于 2013 年 3 月 15 日开始施行，但是相关的配套法律法规以及实施细则还不完善，这使得信用中介机构在信用信息采集时遇到了极大的法律障碍，也使得信用中介机构业务开展缓慢，极大阻碍了我国的信用体系模式沿着发达国家的成熟市场模式继续发展。

我国的信用交易还较为滞后。到目前，我国大部分的商品交易仍是货币交易，在一些偏远省份还存在物物交易的现象，信用交易只在北京等一些特大城市有一定发展，信用交易总体规模还非常小。对于我国而言，信用交易规模更小，信用行业利润更为低下，非常不利于征信行业的发展。

我国征信产品的需求量小。由于我国信用体系发展较为缓慢，信用交易发展滞后，社会对征信报告的需求仅限于特定行业和部门，远不能满足征信机构正常运作的需要，征信产品的收入远不能补偿征信机构的正常开支。征信机构仅依靠出售征信报告的方式经营尚不能独立生存。

因此，就我国目前情况而言，征信模式市场化尚不具备可行性。

征信问题不仅是经济问题，更是社会性问题。从信用的特点来看，信用本身并不局限于经济领域，更是一个社会性问题。信用的基础是“诚信”，涉及文化、道德等社会多个方面。信用的本质是一种契约关系，涉及法律、管理等社会问题。

首先，作为一个社会问题，征信体系的建设首先要从信用文化做起。在建设我国市场经济的过程中，要大力宣传与确立诚信原则，并且以诚信原则为本建立市场经济条件下的各种交易规则，以诚信为本进行各种交易活动。具体而言，就是要建立完善的信用文化，包括人们的信用意识与观念，以及信用行为规范、信用交易规则和信用交易方式。

其次，征信数据库的建设要以文化为支撑，并满足我国的国情。目前我国已经开始形成行业性、区域性两大信用信息体系互相补充的格局，同时也存在信息相互封闭、交流不畅的实际问题。目前中国的各大部委大部分都在建设自己的数据库，但是这些数据库由于目前缺少相关法律，以及部门利益的存在并没有相互连接起来，其数据也不对外公布。目前各部委中比较有影响力的数据库有中央银行贷款登记结算系统，商务部建立的外贸企业数据库，工商总局建立的企业注册信息数据库等。这些数据库的完善必须以信用文化为基础，符合我国的基本国情。

最后，征信体系的建立需要时间与过程。作为一个社会问题，信用体系的建立涉及社会的多个方面，需要面对不同社会主体的利益博弈。信用体系的建立是一个长期的过程，远不是被当做一个经济问题能很快解决的。信用问题说到底涉及的是社会各界在社会活动中的信用关系。信用的好坏、信用关系的优劣说到底也是要靠参加信用活动的主体自己去建立与维护，而不是靠法规的强制、政府的管制来建立与实现的。良好的社会信用关系是建立在社会各界的因信用而带来的利益平衡基础上的，这个平衡的过程是市场自发调整实现的，需要相当长的一段时间。大体估算，征信体系框架的建立可以用大致五年的时间来完成，但信用文化体系的有效运行则需要更长的时间。

（三）公共征信与市场征信并进

这几年，我国的征信体系建设工作在方方面面取得了重要进展，正在逐步形成征信体系的"中国模式"。从目前情况看，中国征信模式是公共征信与市场征信同时起步，共同发展。公共征信主要表现在政府职能部门、地方政府的相关征信活动上，市场征信主要表现在出现和成长出一批民营征信机构，以资信调查、信用信息整合、加工整理报告为主要征信活动。未来应该保持这个模式，不能出现公共征信挤出市场征信的局面，这不符合市场经济规则，将影响市场效率；也不能出现市场征信完全替代公共征信的情况，这不符合中国社会主义市场经济的国情，将影响社会公平。

市场化征信模式需要法律、社会环境、文化与意识、行为约束、社会管理、信用交易、信用产品与服务需求等多种条件。从目前情况看，我国采取市场化征信模式并不具备条件，征信中介机构、征信活动、征信产品与服务、征信管理等相关的基本法律问题尚未明晰，征信机构在信用信息采集时还有很多法律障碍，使得征信业务开展缓慢。同时，我国社会信用体系发展较为缓慢，信用交易发展滞后，社会对征信报告的需求仅限于特定行业和部门，远不能满足征信机构正常运作的需要，征信产品与服务的业务收入不能支撑征信机构的正常开支与经营运转。中国的征信体系建设模式不能按发达国家的成熟市场模式发展。

纵观改革开放历史，我国几乎所有的改革都是在当时历史潮流的决定下、在综合考虑各方面因素后，由政府积极推动的。在这个过程中，往往是最容易成功的、最不浪费社会资源的、最集合大众利益的改革模式被大家认可。因此，对于征信体系建设这一全新的改革而言，也只能走这条路，即在起步阶段必须政府推动公共征信，同时政府以足够的发展空间和扶持政策鼓励市场征信。未来在征信业本身已有较大发展、征信市场供给与需求完全市场化时，政府可以逐渐淡出。

任何经济体制和制度的选择都要顺应历史潮流，要符合所在国家的具体国情。因此征信体系的建设不仅是征信数据库公营与私营层面上的问题，而且应上升到与国家经济模式和状态相适应的层面。如果仅仅要求征信体系市场化、政府行政征信信用信息共享和开放，而没有考虑我国的宏观环境与社会管理状况，那就仅仅是一个纯理论化的问题。征信模式的选择应该是由我国现阶段客观的经济模式和市场经济发展状态所决定的，而不是照搬某个国家或地区的发展模式所能完成的。

（四）我国征信模式的未来

我国的信用体系建设是道德文化的建设与信用交易活动的经济制度安排，是有浓厚中国特色的复杂社会系统工程。制度层面的信用建设说到底是信用行业的建设与发展问题。既然我国信用管理行业已应运而生，说明市场对其产生了需求，市场已产生的需求会引导供给，影响和决定供给。我国信用管理行业既然已经是市场运行的组成部分，那么该行业的发展，以及信用体系建设的模式与路径就只能由市场决定，别无选择。

但是这并不意味着无论遇到什么问题，只要政府干预退出，把问题“交给市场”，问题就会迎刃而解。在这种“市场万能论”思潮的裹挟之下，很多原本并不单纯属于经济领域的事务如教育、医疗、体育等，也被一概要求置于市场的逻辑之下。实际上，这种肤浅和极端的论调早在几十年前就被西方成熟的市场经济社会证明是行不通的。信用问题也是如此。解决社会性问题最终的目标是能给国家和人民带来最大的福利。

另一方面，目前我国金融体系主要以银行为主导，而银行业主要以国有为主导，这一现状也决定了必须采取公共征信的模式。因为银行的社会信用活动具有公共性，关系到国家的金融安全。如果银行以国有为主导，银行和征信体系本身就是在为公共服务，根本就不涉及垄断的问题。因此，在目前以及未来一段时期内，由于市场征信发展尚不成熟，公共征信作为一项重要的制度安排，有其存在的必要性。而最终征信模式的选择将是多方长期博弈的结果。

在此过程中，应坚持实事求是原则，部分地区、部分领域可先走一步，全国统筹规划。我国各地区经济发展水平与民风、民俗差别较大，因此治理和整顿市场经济秩序、发展信用交易、加强信用管理必须照顾到各地区不同发展情况，不能一刀切，条件好的地区和领域可先做，带动其他地区和领域慢慢跟上。但也不能各自为政，无论先做的还是后做的，都必须在国家统一规划和统一部署下、在法律法规的指导下开展建设。

坚持平等原则，制度既约束需求者，也约束供给者，允许公共征信与市场征信并存、并进，在法治环境中公平竞争，在相关制度下合理运行，不允许有任何超越制度的群体和行为存在。社会信用体系建设必须给信用体系的参与者以平等的地位和在竞争中发展的机会；最大限度地提高信用产品与服务供给的充足度；反对任何形式的垄断，防止变相市场分割；减少直接或间接的行政干预，维护制度的权威和尊严，强化制度本身的约束力，提高各经济主体在制度框架内的自主性和自觉性。

我国已是“买方市场”，信用交易日益普遍，经济活动正日趋信用化。根据国际市场变化与很多国家的发展经验判断，在未来几年里，中国的信用活动将适应经济发展的要求，进入快速发展阶段。中国征信业将蓬勃壮大，为中国经济保驾护航。

五、对我国公共征信建设与政府征信管理的思考

政府为什么要搞征信建设？征信建设怎么搞？是不是各职能委办都要建信用数据库？如果都建，是不是就是重复建设？回答这些问题，要从我国征信体系建设的基本目的与政府的现实需求谈起。

（一）征信体系建设基本目的与政府需求

征信体系建设从根本上讲是适应我国现阶段市场经济建设与发展需要的，是

整顿市场秩序、改善社会信用环境、保障信用交易健康发展、建设信用经济的根本举措。健全有效的征信体系可以促进一个国家或地区的市场经济交易方式与手段走向成熟，扩大并创造市场需求，促进市场繁荣，保持经济持续增长，是市场经济健康有序发展的制度性安排。完善的征信体系将为改革开放的中国增强国际经济竞争力提供有力的制度保障。

从国外的情况以及我国征信建设的社会实践来看，有两个具体的阶段性答案可供选择：为政府管理服务；为市场交易服务。经济学关于市场失灵的理论解释了政府管理的必要性。我国市场经济发展到现在，市场失灵现象时有显现，还不能自发形成市场交易的管理制度。

市场失灵的经济环境下，公共产品不能自发、有效提供。长期来看，建立征信体系就是为未来市场经济提供一个公共产品。不过短期来看，解决市场失灵问题就必须先解决政府监管问题，把征信数据库作为监管的平台。当然，成熟的市场经济应该同时具有公共产品和私人产品，即使是将来信用信息作为私人产品由私有部门生产制作，政府仍然可以提供公共产品。

我国征信体系建设从本质上来说，应该是社会管理制度建设的发展与完善，是在新的市场经济条件下，政府对社会信用环境、社会信用秩序等新型社会性问题管理水平的改善与提高。我国社会信用问题是在市场化程度加深、相关法制管理空白、行政监管缺乏的情况下充分暴露的，我们要解决的问题就是在市场逐渐发展的情况下，建设配套的信用管理法律和具体的行政监管手段，而这一切决定了我国征信体系建设首先要解决政府管理问题。所以现阶段我国征信建设的首要目的是为政府管理服务。

当然，从理论上说，市场经济条件下一切社会活动的核心都应该是为市场交易服务，而市场交易是有充分的需求与供给的提供。这种市场交易应该都是内生的，至少是由内在需求决定的，外部因素只起到推动或者约束作用。明确地说，征信需求与供给的出现都是自发的，不是政府指定就能成形的。正如最基本的经济学理论所界定的那样：需求决定供给。我们现在没有足够有效的对征信产品与服务的需求，当然也不能形成合理的供给。

所以现阶段我国征信市场建设离市场交易服务还有一定距离。一方面是因为市场交易需求动力不足，另一方面是因为政府监管需求强烈。

值得注意的是，目前对我国征信体系的认识与理解还存在很大差异，很多人把征信建设归结为建设一个数据库、一个信息平台，或者是归集一个黑名单。这种理解是有一定局限性的，我们应该认识到征信体系建设是我国深化市场经济建设过程中完善社会管理制度的一个重要工作，是在构建一种新型的社会运行规则。

（二）转轨经济、政府职能转变与政府征信管理创新

在经济转轨与政府职能转变的过程中，各职能部门都在建立自己的信用信息数据库，有不少人提出了“重复建设”的问题。我认为这个问题的提出本身就带有明显的计划经济色彩。所谓“重复建设”，其实是一个计划经济概念，而各职能部门的信用信息数据库建设都是以市场为导向的，政府职能调整的导向都是市场和社会的需要，都是为社会服务的。在这个过程中，信用问题成为社会性问题，信用管理自然成为国家各职能部委管理职能的一个重要组成部分，只是各个职能部门管理的侧重点不同。信用管理的基本前提就是拥有信用信息，从这个角度说，目前各职能委办着手建立为自己管理服务的信用信息数据库是合理的，无所谓“重复建设”。这个问题不需要讨论是与否，我个人认为各信用信息数据库应加快建立，因为这直接决定了政府各职能部门现阶段管理能否迅速到位。信用管理的最大特点就是突出的数据化、电子化、系统化，信息化。从某种程度上讲，以加强信用管理为契机，提高政府的现代化管理水平，是有社会现实意义的。

随着市场经济的不断发展，政府职能会不断随着市场经济发展的需要而不断转变和重新定位。也许有些政府职能部门的信用管理职能会在市场要求下不断强化，有的则会不断弱化，这其实也是一个优胜劣汰的过程。换句话说，有些政府部门的信用管理职能及其拥有的信用信息不再被需要，退出这个领域是理所当然的，届时信用信息将相对有限地集中于几个相关的政府重要管理部门。但是究竟集中于哪几个部门，不是靠政府计划的，而是市场与社会选择的结果。这是一个必然的过程，不能用所谓的“重复建设”概念来简单归置和理解。现在有人提出的“不要重复建设，计划指定几个相关部门统一建设”，未必是将来市场和社会的选择。这种做法的后果可能比所谓“重复建设”的后果更可怕，资源浪费更严重，效率更低下。

当转轨经济基本完成，市场经济基本成熟的时候，政府职能将进行变革性调整与重新定位，而部分职能会更加相对弱化，其中政府各相关部门信用管理职能的调整和转变可能会尤为突出。届时曾经拥有大量信用信息的重要政府职能管理

部门或是深化本部门的信用管理职能，或是逐渐退出信用管理领域。与此同时，市场化运作的社会中介机构会迅速发展，逐渐接替原来由政府发挥的信用管理职能，从而为信用管理行业导入竞争机制。市场化中介机构的信用管理职能更加全面，涉及的领域更广，运作的效率也更高。届时完善的市场化竞争机制还会进一步引导政府信用管理职能向社会中介机构转移。

（三）征信建设中的因地制宜和区域协调作用

现在有些人认为，没有必要搞区域征信建设。因为在市场经济条件下，个人和企业活动大多为跨区域活动，在一定区域性范围内建立征信体系并无太大意义。

我认为恰恰相反。其理论依据还要从征信活动的实质谈起。从根本上讲，征信活动就是要解决社会管理和市场交易中的问题，至于解决的形式和手段在某种程度上并不重要。目前之所以会产生征信体系的区域建设，是因为很多地方在经济发展和社会管理中已经面临社会信用管理问题，信用管理已经成为区域建设的重要问题，迫在眉睫。所以从服务于区域经济发展的角度讲，建设区域性征信体系是符合市场和社会需要的，也是符合转轨经济时期政府管理职能改革与发展需要的。至于未来，转轨经济结束后，则一切由市场经济决定。

从实际来看，我国市场经济运行并不充分，绝大部分个人和企业，特别是中小企业的经济活动还主要在本区域进行，跨区域经济交易也还受到种种行政管理的限制。从现在各地进展的情况来看，在区域性征信体系的建设中，政府主要起推动作用。政府在很大程度上只是投入少量资金启动具体的建设项目，后续工作以及征信建设的全面发展事实上都逐渐交给了社会，基本上按照中央的“政府推动，市场化运作”原则操作。我认为发展形势是良性的，是应该肯定并且支持的，各区域、各部门之间应相互交流经验。可以看到，在区域性征信体系建设中，政府投资并不多，但是创造的社会效益明显。

在国家层面上，征信体系建设的总体方案迟迟未推出，各地根据经济与社会发展的需要先行开展信用体系建设是必要且合理的。征信体系建设是个庞大的社会工程，由于各地区、各行业发展不平衡，统一框架模式在中国很难开展。征信体系建设应充分考虑到各地区之间经济发展不平衡、信用基础状况不尽相同的实际情况，应注重统筹协调，不能以统一模式一步到位。因此，只有在地方先行建设区域性征信体系，才能为今后进一步建设全国性征信体系提供实践依据。目前个人征信建设应该首先从大城市起步，中小城市和欠发达地区不急于推展；企业征信建设应以中小企业为主，大企业则应选择财务相对透明的。

（四）保护公共利益与发展现代征信服务业

在我国征信体系建设的全过程中，特别是建设过程后期，政府作用的重心要放到保护企业和个人利益不受侵犯和保护隐私权上，同时要发展现代信用服务业。

保护公共利益主要是保护我国的国家信息安全，保护我国征信企业健康发展，保护我国公民的个人信息和隐私安全等。保护国家信息安全，要增强国家信息安全保障能力，建设和完善信息安全监控体系，掌握核心信息安全技术，完善信息安全的基础支撑和法律保障等。保护我国征信企业健康发展，要给企业营造良好的市场环境，为企业提供优质高效的服务环境、规范的法律环境、平等的竞争环境，还要合理抵御国外企业对我国征信企业的冲击。

发展现代征信服务业主要是推动我国征信服务业市场化发展，鼓励竞争，积极培育征信企业和征信产品，并适度对外开放。我国信用交易发展很快，企业和个人的信用信息正在随着信用交易在社会中传递与散播，发展健全、规范的现代征信服务业有利于合理、规范地加工与报告企业和个人的信用信息，有利于保护合理、适度的信用交易，有利于促进消费与投资的健康发展，稳定与繁荣市场经济。

在征信市场国际化和竞争激烈化的趋势下，政府将面临的一项重要课题是妥善解决保护国家信息安全、抵御外国征信企业对我国征信行业冲击与征信国际化背景下我国征信领域必须对外开放的矛盾。要积极通过竞争来培育我国征信企业发展壮大，使本国征信企业能够抵御外国企业的冲击，同时要稳妥地根据我国加入世贸组织的承诺，根据信用信息采集、加工、使用等环节的不同特点，有重点、有步骤地推进对外开放。对信用信息基础数据领域的经营开放应加以一定限制。征信产品设计、评级评分模型开发等信用信息加工领域，可适时对外开放，形成有效竞争的格局，促进服务水平的提高，帮助我国征信企业技术进步。

（五）正确认识“征信活动”与“诚信评价”

搞好征信体系建设，首先要明确其在社会经济管理中所处的地位和职能。从宏观上讲，投资、消费都是影响一个国家和地区经济发展的重要因素。因此，从社会经济管理制度建设上看，两个方面都必须建立与完善。目前，我国进行的社会信用体系建设，就应该重点体现在这两个方面上，即一方面抓诚信建设，为商品市场服务，为消费者服务；另一方面，抓征信体系建设，为货币资本市场服务，为境内外投资者服务。

从市场经济运行来看，信息不对称存在于各个市场。市场主要分为商品市场、货币资本市场等。在商品市场上，解决信息不对称问题主要是为消费者服务，解决的方式主要是监管者的管理和社会机构对生产者与商家的诚信评价披露。在我国市场经济秩序尚未完全建立起来的现阶段，商品市场的秩序比较混乱，厂商诚信问题比较突出，消费者在消费过程中信息不对称，很容易受到侵害。消费者对解决诚信问题的呼声很高，监管者进行的市场秩序整顿和社会咨询管理机构进行的诚信评价活动都是必要的。

这种诚信评价的内容主要是围绕着“诚”，评价活动揭示的核心是合理消费的风险，评价的指标体系与具体方法与征信及资信评估是不同的，考虑的内容主要是政策规定、消费者习惯、宗教、文化、民风民俗、现阶段社会秩序状况等。目前这个市场上的产品需求很大，已经成形的具体产品及服务也很多，比如监管部门的诚信等级分类、行业管理的诚信标准及对诚信企业的分类等。

在货币资本市场上，交易的内容不是具体的商品，而是货币资金，形成的是以偿还为条件的债权债务关系，其实质是信用交易。征信与资信评估进行的是信用风险评价，不是为消费者服务而是为投资者服务。评价的核心是偿还的可能性。所以，征信与资信评估的方法、内容及揭示的目标等都是围绕着偿还进行的，评估的内容与范围主要是交易者的信用能力、市场状况、竞争程度、行业发展、政策等。这些与诚信评价是完全不同的。在我国，信用交易商品种类少、规模小、投资者少、市场不成熟等原因决定了为货币资本市场服务的征信与资信评估的市场需求不会很大，服务种类也很少。

由于货币资本市场商品的特点是可以抽象的，在国际市场上各国货币资本市场产品有趋同的趋势，因此征信与资信评估的方法及产品的生产与服务也有趋同的趋势。简言之，征信与资信评估的产品与服务在国际市场上有可能统一、标准化。因此，各国征信与资信评估业的发展，不仅要考虑境内投资者的需求特点，更要兼顾到境外投资者的需求，也就是说，征信与资信评估机构的产品与服务更应该注重与国际接轨，必须坚持专业化。

由此看来，我国现有的以征信及资信评估命名的或者是从事这方面业务的一些机构应该朝着两个方向发展。一个是立足于商品市场为消费者服务，生产和制作诚信评价产品，提供相关服务。该领域的监管部门可能是多个，可以是各个政府职能部门。该行业的特点更具中国特色，行业发展规律将循着中国市场经济建设的轨迹。另一个是立足于货币资本市场为投资者服务，生产和制作征信与资信评估产品，并提供相关服务。其监管者应该只有货币资本市场的监管者。其行业特点更具国际化，行业发展规律将循着成熟市场经济国家的路径。

（六）关于政府信用信息开放：分类与有序

目前征信领域出现频率最高的关键词就是“开放”，主要是指政府信用信息开放，似乎“开放”是必需的、完全的、迫在眉睫的。其实这个问题涉及好几个层面，不能一概而论。总体上说，我认为政府信用信息开放应该是在市场成熟的情况下、在政府信用信息合理分类并实现分类管理的基础上，有条件地、有序地开放。关于政府信用信息合理分类及管理问题，辽宁省发展和改革委员会已委托我开展专项课题研究，已有部分成果，将另文讨论。在此简单介绍三种基本情况：

政府拥有的基础信用信息。我认为这类信息的“开放”问题不存在，无须讨论。因为政府职能部门拥有的信用信息多数是由监管职能产生的，是自然形成的，主要服务于监管，无须向市场开放，也不是一个要在全社会范围内讨论的社会性问题，而是政府内部的事情。至于各政府职能部门之间信用信息的交换与共享问题，是在政府管理体系内部信息互联互通的问题，也是一个政府内部管理问题，不涉及社会征信建设。目前我国政府的信用信息绝大多数还属于基础信用信息，暂时没有必要向社会开放，不应把这个问题社会化。

政府加工整理的信用信息。这类信息的“开放”问题我认为有必要讨论。这类信息可以有针对性地向具体的社会需求方开放。当然“开放”是要在可被公开的信息已界定的前提下，在公开方式、公开范围、公开渠道已具体化的条件下进行。如果这些问题都没有被界定和具体化，那么公开将带来恶果。

从理论上说，信用信息具有人工性，即信息是客观存在的但人要主观感知，同时信用信息具有有序性，即信息本身是杂乱无章的，要按照人的主观目的去采集和整理出来，所以政府职能部门在监管过程中必然要对信用信息进行加工整理，要付出超过监管职能需求的信用信息加工劳动，相关部门及其工作人员由此会付出超额劳动，产生成本，也会产生系列信用信息深加工产品，这是政府信用管理工作的附加值，而这也正是社会所需要的，会满足来自于社会的某一种具体需求。在这种情况下，这类信用信息深加工产品就应该开放，可以有偿转让以实现其附加值，使得政府相关职能部门的成本和收益平衡。

现阶段我国还尚未具备信用信息大量开放的条件，因为法律条件和社会环境还都不允许。信用信息的开放应该是循序渐进的、有秩序的，应该以不被滥用并且稳定发展为基本前提。

其他部门的信用信息。这里的“其他部门”主要指非政府职能部门，即公益事业部门、行政单位、事业单位、社会团体等。这些部门的信用信息开放问题很明确，完全由市场决定，无所谓开放或不开放。在市场有需求的情况下，这些部门可以自主决定是否开放各自的信用信息，是否采取有偿方式出售信用信息；在没有需求的情况下，这些部门的信用信息即使是无偿的，也不会有人要。实际上，这类信息的“开放”问题应交给市场，以需求为导向，由市场运行做出选择，同时法律上应鼓励把这些部门的信用信息开放且有偿开放。

（七）政府信用信息整合方式：数据库与平台

怎样对信用信息资源进行整合？这是一个复杂而重要的问题。社会上一直存在着一些困惑和争论，即要不要由某一个政府职能部门出面在全国搞统一的大型信用数据库，信用信息的整合究竟应该自上而下还是自下而上，整合方式是国家强制还是自愿联合。

其实，这些问题只在政府行政管理征信活动中存在，是政府管理的范畴。总体上看，每一个管理部门，无论是职能委办还是地方政府，都应该从自己的职能出发，建立自己的征信管理数据库，根据信用管理状况对被管理对象进行分类管理。各个管理部门之间应该建立交换平台，实现信用信息交换共享，不用再建数据库。比如省地县各级政府，都应该建立并使用自己的信用信息数据库，然后实现全省交换共享、互联互通。

征信数据库并不是规模越大、数据越多越好。信息是有自己的特点的。征信信用信息有四个特点。一是专属性。由于信用自身的特点，目前信用信息分散在很多部门，经贸委、海关、税务、工商局等都集中了一部分信用相关信息。这些信用信息都从不同侧面反映了信用主体的一些专属情况，所以都有征集与管理的必要。在一定程度上这些专属信用信息就能够满足专属职能部门对信用主体管理的需要，没有必要把这些信息用物理的方式集合起来。如果要把这些庞大、分散、有特点的信息在短时间内集合到一个指定的大型数据库里，在集合的过程中很容易出现信用信息失效、丢失、遗漏、匹配错误等各种问题。二是可复制性。信息可以跨越空间和时间传递，以低成本复制。因此，针对当前各部门已存在的、有需求的信息共享即可，即复制和传递信用信息，而没有必要建一个物理上的超大型统一数据库。三是不对称和不完全性。信息不可能完整刻画目标对象的全部情况，信息的作用恰恰是要尽可能地减轻信息不完全性的影响。因此，从理论上看，无论是多么完整的、大型的信用数据库都不可能完全解决信用信息不对称、不完全的问题。信用数据库规模过大、信息项分类庞杂反而会降低信息的传递速度，影响信息价值。四是有序管理性。信息浩如烟海，杂乱无章，需要将信息按一定目的集中起来，为管理服务。如果没有目的没有管理与应用，信息集中再多也没用。信用信息管理好才是信息，管理不好就是垃圾。

我个人的看法是，目前政府行政征信管理最主要的问题是互联互通，因此有必要建立国家级和省部级交换平台，并出台国家级和省部级征信交换平台管理条例及相关文件，有计划、有步骤、强制性地要求各个职能委办与地方政府的征信数据在平台上进行交换，实现以征信信息为基础的失信惩戒、守信奖励的具体管理，以此具体引导社会公众提高信用意识，注意自己的信用行为，最终改善社会信用环境。

（八）现有各政府职能部门信用信息数据库如何发展

目前，我国的信用信息较为分散，几乎各政府职能部门，例如人民银行、发改委、国家经贸委、海关、税务、工商部门等都集中了一部分信用相关信息。针对这个现状，各部门应该按各自的管理职能强化数据库建设，对现有数据库应该保留维护并继续加强。这其中确实也有对经济发展至关重要的数据库，比如中国人民银行的银行信贷登记咨询系统。目前我国金融体系还主要以银行体系为主导，整个融资活动中通过银行的间接融资活动占 80%，而美国等发达国家的证券市场、保险市场更为发达，社会融资不只在银行。我国的这一特点使信用风险更加集中于银行，对与风险控制相关的信用信息制作要求更加专业化、更有针对性，要求更能有效地解决银行授信资产的安全问题，保证金融机构的安全和金融安全。从这些情况来看，人民银行信贷登记咨询系统的服务更专业、更全面，社会各界对其需求也比较大、比较迫切。因此，可以以该系统的信息为基础，在有条件、自愿的前提下，逐步整合一些相关信息。也就是说，虽然各个政府职能委办都在搞数据库，但并不是说数据库建设都要有统一的蓝本。相反，金融领域数据库更核心、更专业，发挥的作用更大。人民银行可以牵头整合一些有用的数据库，而不用搞超大的数据库，也不用涉及数据库的所有职能。

未来我国可能会形成以工商、海关、税务、银行等几大部委为主的几大重要数据库。它们作为信用信息的重要拥有者，从事生产和制作部分公共信用信息产品的服务，并向社会提供，是整个信用体系的基础供应商。在它们周围将会存在并且逐渐发展出一批专业的信用中介机构，进行原始信息产品的采集和加工，并制作成满足终端市场需求的应用性金融报告产品或综合信用产品。这些产品或具有针对性，或具有综合性。

六、思考与建议：2013 中国征信元年

2012 年 12 月 26 日，国务院第 228 次常务会议通过了《征信业管理条例》，2013 年 1 月 21 日公布，3 月 15 日施行。从此，我国征信业开始了新的里程。中国征信业巨变在即。

（一）制定征信法律体系规划，加快政府信息共享与开放

2012 年及以后的几年，我国征信业在法律方面首先面临制定和构建法律体系规划的问题。规划的内容至少应包括：拟在多长时间内，出台哪些征信法律法规，出台的先后顺序等。从目前我国的情况看，一个完整的征信法律法规体系至少应解决如下关键问题：政府及公共机构内部之间信息共享的相关法律规定，如是否强制、共享程度等；政府及公共机构向社会公开的法律约束，如公开的范围、内容、具体方式等；对征信机构依法采集信用信息的支撑性约定及对个人隐私、商业秘密和国家安全的保护范围与内容等。

根据中国市场经济的发展轨迹和特点，我国征信市场也和其他很多市场一样，不可能完全依靠公众自发产生需求来慢慢形成，需要政府给予大力支持，通过行

政手段强力推进。政府在征信体系建设中有责任与义务建立市场规则，创造需求，培养公众消费征信产品与服务的习惯，逐步实现信用信息资源全社会共享，社会信用环境逐步得到改善。这一切，应从加快政府及公共机构内部之间信用信息共享、政府及公共机构向社会公开所掌握的信用信息开始。

目前，我国征信活动并不普及与深入，像美国那样制定与实施很多相关法律并不现实。但是，启动制定完整的征信法律体系规划是当务之急。《征信业务管理条例》已经出台实施，后续相关的配套法律法规应当尽快制定并实施。

（二）构建新型行政信用监管机制

未来在国家层面应设立专门的信用监管机构——“中国信用监督管理委员会”，专司信用监管的政府职能，从全局出发协调各方利益，最大限度发挥政府对信用行业发展的指导作用。“中国信用监督管理委员会”下设地方派出机构，可以按照行政区划，分省、市两级分别设置。其主要职责应该包括：1. 制定社会信用体系建设的方针政策、发展规划；2. 起草有关的法律、法规，制定有关规章；3. 监管信用交易，降低社会性信用交易风险及信用危机发生的可能性，保障社会安全；4. 监管信用中介服务机构，特别是征信机构；5. 受理与仲裁社会公众相关信用投诉；6. 监管信用信息的处理与传播。

征信是市场经济中一个重要的社会分工分支，是我国社会信用体系建设的重要组成部分。目前，我国社会信用体系建设政府监管缺位、法律法规不健全、缺乏统一规划，信用建设水平与快速发展的市场经济不相适应。征信业规模弱小，国际影响力不足，没有明确的监管部门，缺乏具体与长远的产业发展政策及规划，行业发展不稳定，产品种类单一，服务质量有限，征信行业整体发展水平不能满足日益多元化并迅速发展的市场需求。

信用是经济问题，更是社会问题。社会信用体系建设不是单一部门、一蹴而就的事情，需要在国家层面设立一个综合的管理部门。征信涉及社会公众诚信评价、政府监管部门合规评价、交易双方债权债务关系履约评价，既涉及社会媒体与公众监督，又涉及商业化的信用记录及政府管理部门的公共信息。事实上，征信业涉及政治、经济、文化等多领域，相应地征信行业的监管机构也应该是比较综合的部门，有综合协调职能。设立“信监会”是时代发展的呼唤，明确征信监管机构及其行政监督管理职能与产业发展政策是大势所趋。

（三）打造自主经营的征信航母机构

在不久的将来，国家必将重视和加强社会信用体系建设，将会把征信业的发展作为重要的切入点，应有计划、有步骤地打造四五家大型的、我国自主经营与发展的、国内外著名的、有足够影响力的权威性征信航母机构，为国内征信市场的需求服务，为我国的贸易、融资等国际经济活动保驾护航，从征信的角度为我国在国际舞台上争得最大话语权。

征信行业是掌握并运用信息、通过评级与定价引导市场资源分配的特殊服务业。一个国家或地区的征信业是否发达实际上标志着这个国家或地区社会管理的软实力程度。征信行业发展的产业政策与该行业的龙头及骨干企业都应该纳入国家、省、市经济建设的规划与纲要中。在“十二五”期初，国家相关职能部委、有条件的省、市、自治区，都应在自己的社会信用体系建设框架内出台明确的鼓励与扶持征信业发展的产业政策，应通过政府采购等合理方式，鼓励与扶持甚至新建立一批大型的、有影响力的公共或民营征信机构，通过市场方式优胜劣汰。“十二五”期末，在全国范围内可以形成四五家产品与服务种类齐全、经营管理良好、国内外知名的航母型本土征信机构。它们对内稳定国内征信市场，对外为我国企业以及国家债权投资开路护航，保持足够的参与，甚至在一定程度上掌控国际征信市场。

（四）重视专业教育，加快人才培养

从四个方面多层次、多角度地加强征信专业人才培养与教育工作：第一，在高等教育层面，充分利用现有教育资源，鼓励高校开设征信、信用评级等主要信用管理课程，有条件的应设置信用管理专业，为征信服务机构储备、输送专业管理人才；第二，在中等技术职业教育方面，应快速、大量培养操作人才，特别是应在一些大中专院校、职业技术学校开设相关技能培训课程；第三，监管部门应该考虑设立征信职业与岗位培训及相关考核，使从业人员有一个基本的职业道德与技术规范；第四，征信机构内部开展自我学习、自我教育与培训更加重要，有条件的、有长远发展眼光的征信机构应该设立专项资金用于职工的教育与发展。

七、思考与展望：未来中国征信将形成三大数据体系

征信体系建设改善了我国社会与经济的发展环境，为经济发展提供了必要的保障，为社会主义市场经济的运行建立了新规则。征信体系建设是我国社会与经济发展的必然要求，是我国市场经济的最新组成部分，是我国创新社会管理的重要内容之一。

征信体系（CRS，Credit Reporting System），主要是指在相关牵头部门的推动和组织下，按照一定的数据采集标准，对信用主体的信用信息进行采集、加工、核实和更新，以实现信用信息在体系内互联互通的一种信用管理运行机制。中国的征信体系建设历经十几年的探索，已经初见成效，在政府部门、行业组织和地方政府层面均以不同形式建设、存在，发挥着不同程度的作用。在不远的将来，我国征信将形成三大数据体系：金融征信体系、行政管理征信体系和商业征信体系。

（一）金融征信体系

金融征信体系（CRSF，Credit Reporting System of Finance）是以金融业主管部门为主导进行建设，以金融机构为主要用户，以授信申请人为主要征信对象，以信用信息在金融业内互通互联、共同防范信用交易风险为主要目的的金融业征信系统及信用管理运行机制的总称。

我国金融征信体系有两个基本特点：行业征信，准公共征信。我国金融征信体系主要采集的是金融机构传递的信用信息，主要的服务对象也是金融机构。这是行业征信，即征信是在行业内部进行的，征信的结果也主要是为本行业服务。作为一个行业征信体系，金融征信体系首先要在金融业内进行信息的共享，其次才是有选择地以有偿或者无偿的方式对外公开一些数据与信息，而公开这些信息的前提是不影响金融行业的安全。目前，我国金融体系主要以银行业为主导，而银行业主要以国有为主导。整个金融征信涉及银行、证券、保险、信托等，表现出多层次与多元化，集国有经济与市场化之大全，使得金融征信体系具有了准公共征信的特点。一方面要秉承银行为广大社会公众服务的公共性，保护投资者的利益，保护国家金融安全；另一方面也要考虑到股东的利益以及信用信息的市场需求与价值。

金融征信中心是这个体系的核心，是信用信息采集、加工、传播的专业机构，主要以金融机构为采集对象，获取企业和个人的正面与负面授信信息，用于金融

机构的授信信用风险管理，并在金融体系内信息共享，以降低交易风险，促进金融业的健康发展，保障金融安全。

目前我国金融征信体系粗具规模，尚待完善。中国人民银行征信中心是我国金融征信体系的数据核心。中国人民银行征信中心设立的目的之一是建设、运行和管理全国统一的企业和个人信用信息基础数据库和动产融资登记系统，但目前只是以金融信贷的信用信息为主，未来应扩展到证券、保险、信托等各种金融信用交易信息，甚至还应包括金融机构与上市公司高管人员的个人信用信息、上市公司信息披露与诚信监管信息、企业与个人骗保诈保等信用信息。

（二）行政管理征信体系

行政管理征信体系（CRSG，Credit Reporting System of Government）是以政府及其主要职能部门为主导进行建设，以政府及其各职能部门为主要用户，以企业和个人为征信对象，以信用信息在政府及其各部门间互联互通、实现统一的信用惩戒与预警监管为主要目的的政府行政管理征信系统及运行机制的总称。

行政管理征信体系的最大特点是公共性，为政府综合信用监管服务。行政管理征信体系事实上是以电子政务为基础，以信用信息整合为切入点，实现政府及其职能部门之间信用信息共享，形成反映企业和个人综合信用状况的基础数据，实现综合的、有针对性的、预先的监督与管理，以促进社会成员遵纪守法、诚信经营。

行政管理征信体系中的信用信息系统建设是政府的内部工作，只要符合有关行政管理规定即可，只为政府服务，不需市场化，也不参与市场。该征信体系主要用于政府部门对市场的监管与预警，其中有些数据只能在政府内部共享，不能被服务中介所利用。而有一些基础数据或者具有结论性的数据可以对外公布，主要是对失信者实行惩戒，比如信用公示、警告、行政处罚、取消市场准入资格等，应建立由政府部门、授信管理机构、公共服务机构共同参加的联控联防机制。

目前，我国尚未建立完整统一的行政管理征信体系。主要政府职能部门、地方政府，特别是与经济活动相关的政府职能部门，都已经建立了自己的行政监管征信数据库，数据多少、质量优劣等各不相同，但都在对自己的行政管理职能发挥一定程度的作用。在社会实践中，这些政府职能部门的数据互联互通，实现统一的失信惩戒、守信奖励是非常必要的。未来一定会在国家层面新成立一个主管机构或由一个政府职能部门出面牵头，建立能够互联互通的国家级行政管理征信体系。特别值得注意的是，国家级行政管理征信体系建设的主要目的是要把各政府职能部门、地方政府的数据库联起来，实现信用信息共享。能够达到这个目的的手段有很多种，其中最经济、最有效率的就是建立信用信息交换平台，而不是建立大型的、全国的、物理的综合数据库。

（三）商业征信体系

商业征信体系（CRSB，Credit Reporting System of Business）是以行业协会组织及其会员为主导进行建设，以政府、企业、个人为主要用户，以企业和个人为征信对象，以信用信息在组织内部及相应市场范围内互联互通、共同防范信用交易与管理风险为主要目的的商业征信系统及信用管理运行机制的总称。

商业征信体系的最大特征是市场化，它由独立于政府之外的民营机构构成并按市场方式运作。其信息特点是来源较为广泛，一般是交易性交换或有偿性提供的。商业征信体系主要由征信机构、信用评级机构等信用服务中介机构对企业的信用信息进行采集、筛选和评估等。企业的信用信息包括企业市场交易的信息，也包括企业在商业银行贷款的基本记录，这些信息主要用于企业之间的交易活动。

未来的征信服务行业既可以有公共征信机构，也可以有私营征信机构，具体有做企业征信的，也有做个人征信的。征信服务中介机构是市场经济发展、社会分工深化的产物，是征信体系的有效组成部分。它们按照现代企业制度建立，依据市场化原则运作，以独立、客观、公正的原则为市场提供产品与服务，为企业授信、雇主用工、投资合作、贸易融资等商业活动提供决策信息，是市场所需要的新兴现代服务业。

我国商业征信体系的建设和发展将取决于我国经济体制改革与深化的发展程度，即取决于市场化水平，具体地将取决于三大因素：一是授信机构是否真正承担风险、享受收益。这是我国商业征信体系生存的前提。在成熟的市场经济中，授信机构必须是独立的经济主体，必须按市场规则运作，独立承担风险并获取收益。二是受信人守信有益、失信受罚。这是我国商业征信体系发展的保障。只有这样才能做到赏罚分明，坚持正确的价值导向，保证市场交易与社会管理进入到一个良性循环。三是中介机构能以信用信息商品与服务为业务维持经营，其收益的大小取决于信用交易商品提供与服务需求的活跃程度。这是我国商业征信体系茁壮成长的条件。

我国商业征信体系将受到较多经济与社会因素限制，例如法律法规的保障程度、社会公众的信用意识，并且以信用交易活跃程度为基础。一个行业的发展，要有足够的社会交易活动支撑。在美国等发达国家，信用交易在全部市场交易活动中已占相当大的比重。只有信用交易得到发展，市场才可能对征信报告产生较大需求，才能促进征信行业的发展。

在未来我国征信体系发展到一定阶段、征信市场逐步成熟后，可以考虑以市场化的方式，多种投资主体投资建设一家或几家全国性商业征信中心，使其成为商业信用交易支付记录基础数据供应商。现在这种商业性征信基础数据供应商在全国还没有出现，国有企业没有进入这个领域，民营企业还不够规模，不能覆盖到地区，更覆盖不了全国。从征信市场结构来看，商业性信用交易支付结算记录，例如企业与企业之间的信用销售、企业与个人之间的赊销、供应商与代理商的信用结算等等，在征信市场中将占很大比重，也是市场经济商业贸易活动中不可或缺的产品与服务。这个巨大的需求是潜在的，但供给还没有形成，原因是多方面的。但是只要我们发展市场经济，只要我们的社会信用环境、法律体系、社会管理、人们的意识等不断改善，商业征信就一定会不断发展壮大，一定会出现全国性的商业征信中心。

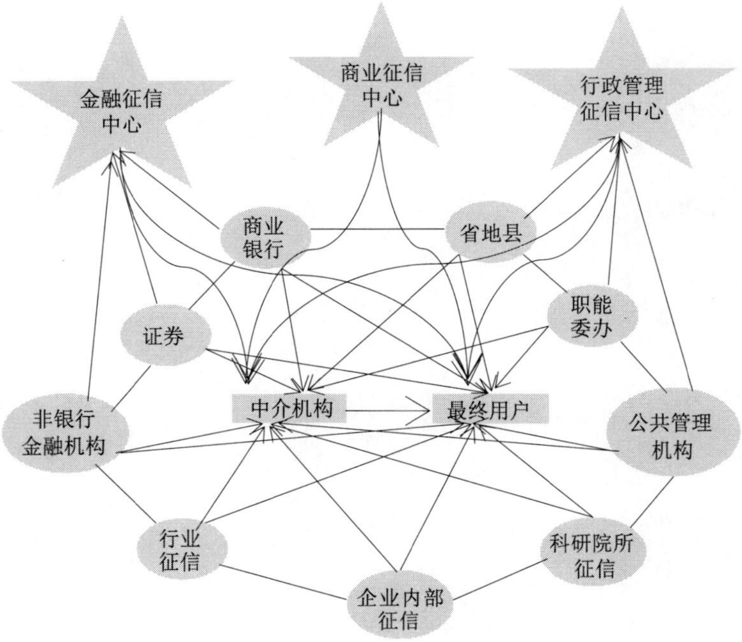

图 12-1　吴氏理论—中国未来征信三大体系示意图

金融征信体系、行政管理征信体系和商业征信体系这三大数据体系在征信体系中应呈现“三足鼎立”的局面。这三大体系之间不是竞争关系，而是相互补充，每个体系都有自己的侧重点，目的都是为整个社会服务，都是征信体系不可或缺的重要组成部分。

事实上，金融征信体系、行政管理征信体系是整个征信体系的基础供应商。在它们周围将会存在并逐渐发展出一批专业的、有一定规模的征信中介机构。这些机构以金融征信和行政管理征信开放的信息为基础，进行综合或深加工，制作出满足终端市场需求的专项征信产品和综合征信产品。

第13章

对中国信用评级业的思考

一、信用评级概述

（一）信用评级界定

信用评级活动是对被评级对象的资金、信誉，从质、量方面进行检验和计量，并科学、客观地做出全面评价的过程。信用评级机构接受委托人的委托，按照一定的程序、办法和标准，对委托人的偿债能力、信誉状况、履约的可靠性程度进行调查、研究和综合分析，作出定性定量的评估，确定其信誉等级，并将结果向社会公布。因此，信用评级活动可以说是一种社会活动，为投资者及社会各界提供科学、公正、准确、及时的信息和投资决策参考。

在资金市场上或商业合作交往中，投资人或合作者都有必要了解筹资人或寻求合作的一方，一般主要了解其资金实力及信誉状况。通常的做法是，要求对方出示信誉证明或自己进行调查。自己进行调查必须花费大量的时间、精力、人力、财力，而结果不尽全面准确。因此，最简便可行又较为准确、可信的方法就是要求对方出示信誉证明。而筹资人或寻找合作的一方为了顺利筹资或合作，必须要委托第三者，即信用评级机构对其资信状况作出分析、判断及鉴定。

因此，信用评级机构实际上是社会经济活动的中介机构。作为独立的信用评级机构，应该从自身的机构性质和任务出发，只要委托人发出委托，信用评级机构即可从政治、经济、法律、环境等各方面对其信誉进行评价，以达到保护投资者利益、保护信用关系、降低风险损失等目的。委托人可以是一切自然人、法人及经济主体，包括工商企业、机关单位、社会团体、部队、学校及年满18岁以上的合法社会公民。

（二）信用评级机构

信用评级机构是根据投资者、筹资者、管理者及市场上各种与融资活动有关的参与者的需要自然产生的组织机构。目前，关于这一机构在法律上如何设置、如何定义与管理、其名称的确切含义与根据等，尚无经典定论。评级制度传入我国，被广泛研究并使用也只是近十几年之事。就是在评级制度起源地欧美国家，关于评级机构的定义及其法人资格亦无一致公认，只是习惯上把这一机构确定为“将债券能否按合同还本付息的相对可靠性程度用简单的符号提示给投资者的情报机构”。但实际上这并不确切，范围太小，至少没包括其他有价证券的评级及企业信誉评级，更不包括特定信用关系评价。那么到底怎样定义信用评级机构呢？其法人资格属于哪一类？

按照国际惯例，对机构定性并归类，一般以法律条文做根据，其中以美国最具代表性。

在美国，对于评估机构没有特殊的法律规定与限制。最早根据美国商法规定，美国的评估机构属于一般股份公司，当时比较著名的五大评估机构即穆迪公司（Moody's）、标准普尔公司（Standard & Poor's）、惠誉公司（Fitch Ratings）、达夫公司（D & P）、麦卡锡公司（MCM）都是股份公司。

1940年美国投资咨询法颁布，其中第203条规定，投资咨询机构是有偿向顾客提示证券的实际价值，以及分析引导证券买卖交易的组织机构，或者对证券本身进行分析并提出报告的组织机构。评估机构的业务范围相当于投资咨询业中的后一种业务。据此，穆迪公司和标准普尔公司于1940年向美国证券交易委员会（SEC）进行了注册登记。

其中有一点必须引起注意，即评估机构虽属投资咨询公司，但一般投资咨询公司的法律限制却不适用于评估机构。目前，在美国，做评估业务的机构分为四大类：被确定的一般公认评估机构如Moody's、S & P、Fitch Ratings、D & P、MCM公司；被确定的一般公认的评级机构以外的评级机构，如专门从事商业票据评级的公司；一些规模较小的评级机构，主要为投资者提供有关各行各业发行债券信誉情况的情报；虽不被称为评估机构，但也向投资者提供投资情报服务的机构，如投资银行、投资咨询公司。

评估机构的法人资格不仅在美国得到确认，在被美国金融与实业覆盖到的国家也同样得到确认。以受美国金融、实业甚至文化影响较深、较典型的加拿大为例。在加拿大，主要的评级机构是 1972 年在蒙特利尔成立的 CBRS 公司，及同年在多伦多市成立的 DBRS 公司。几乎所有在场企业，在发行公司债券时，都要取得这两家公司的评级。这种做法虽然没有明确的法律规定，但作为习惯，已根深蒂固。据统计约有 80%的公司债券接受评级机构的评级。

从以上介绍的美国、加拿大评估机构的情况，我们可以看出，虽然评估机构的定义还未有定论，评估机构的法人资格普遍未被明确，但是评估机构的存在以及评估活动的深入开展已在民间扎下深根。可以说，评估机构的资格已为广大投资者所接受。

在欧洲，有很多国家根本不需要具有一定含义及法人资格的评估机构。如德国、法国、瑞士等。

在德国，债券信誉的评价由银行进行，银行在企业发行公司债时，往往运用其掌握的交易情报进行信誉分析，并将该信誉状况分别通知机构投资者及个人。

在法国，公司债的发行采取许可制，由政府控制，具体由发债委员会执行，没有独立的评估机构。但是发债委员会在决定公司债的发行顺序及条件时，要考虑企业的信誉状况。因此发债委员会仍很关心以美国为代表的债券信誉评估方法。

瑞士、瑞典的情况与法国类似，没有独立的评估机构，但有信誉评价活动，由银行执行。在这些国家，没形成独立评估机构的原因很简单，主要是企业债券市场很小而且不活跃。同时，银行的活动影响很大，完全掌握企业情况，还兼营证券业务。另外，企业经营较封闭，不愿公开企业信息。

综上所述，在全球范围内，有关信用评级机构的定义与法人资格情况分为三大类：

一类如美国，评估机构的定义与法人资格被广泛研究及有明确的法则规定，形成了一套评级制度，评估机构依法注册，作为独立的、专业的机构开展业务，其评估结果为社会服务，评估活动在经济活动中产生不可估量的影响。

一类如法国，没形成评估制度，也没独立的具有法人资格的评估机构，但评估活动却广泛存在。在这些国家里，具体的评级业务由与评级有关的其他机构开展，但这些机构通常是非专业评估机构。

还有一类则既无评估制度，也无评估机构，更无评估活动。

信用评级对投资者与资本市场的贡献与作用是明显的。确定信用评级机构的性质与归属不是简单的，建立一个成功的信用评级机构更是不易。宏观经济发展趋势、市场环境、微观经济基础都有影响，单就信用评级机构本身，在设立中就有很多必须注意的重要问题。

首先，这个机构一定要完全独立于市场的所有参与者，其中特别是债务发行者、金融中介机构以及政府。只有完全独立，才能抵抗和减免来自于各方面对评估结果的意见与压力，才能取信于投资者。

其次，信用评级机构要有充分的发表评估意见和评估结果的自由，要有公布这些结果和意见的固定地点和方式，如报刊、杂志或其他大众传播信息手段。评估意见和结果要由评估机构控制和公开，而不能受债务发行者的控制，这样才能保证评估信息被社会使用，使投资者不受蒙蔽。约翰•穆迪先生认为，投资者需要一条看门狗，他坚信一条好的看门狗应该是硕大的，能大声吠叫的，有时还能狠狠地去咬。

同时，信用评级机构还要有严格的组织，这包括两个方面的内容。一方面是这个组织的内部构成应该尽量脱离于市场的所有利益主体，让投资者不会感到评估机构受某一种力量的影响和控制，使评估结果与意见不失客观公正。另一方面是评估机构的组织构成中，必须有一支完全胜任的专业人才队伍，不但要形成阵容，而且要形成较高的稳定性，甚至永久性，使评估在保证质量的同时，能够持续、连贯。因此，建立一家信用评级机构的难度和费用很大，发起人要有足够的实力与耐心。

（三）信用评级分类

从不同角度可以将信用评级划分为不同的种类。按评级对象的不同，信用评级可分为金融工具评级、工商企业评级、金融机构财务实力评级、公用事业评级和政府评级。按债务工具期限的长短，信用评级可分为长期债务评级和短期债务评级。按评级对象债务的范围，信用评级可分为债务发行评级与发行人评级。按被评主体是否自愿接受评级，信用评级可分为主动评级和被动评级。按债务计价货币币种，信用评级可分为本币评级和外币评级。按评级结果的适用范围，信用评级可分为国内标准评级与全球标准评级。这里主要介绍按评级对象不同的分类。

1．金融工具评级

金融工具评级是对各种有价证券完整履行金融合同要求的相对风险的评价，如债券信用评级是对债券按期足额还本付息可靠程度的评价，主要包括企业债券、可转换债券、普通股、优先股票、证券投资基金、结构融资债券的信用评级。

2．工商企业评级

工商企业评级是对企业偿还无担保债务的能力和意愿的综合评价，它衡量的是企业偿还非特定债务的违约率及损失严重程度。与债券信用评级不同的是，企业信用评级不是针对具体债务，而是对企业目前和潜在总债务偿还能力的综合评价，反映了企业依靠自身能力维持正常经营而不会陷入财务困境的可能性。

3．金融机构财务实力评级

金融机构财务实力评级是对金融机构综合财力或内在安全性的评价，它衡量的是金融机构陷入债务困境时需要外部支持的可能性。金融机构信用评级包括对期货经纪公司、保险公司、商业银行、财务公司、担保公司、基金公司、证券公司、信托投资公司和典当行等的信用评级。

4．公用事业企业信用评级

公用事业企业信用评级是对公用事业单位履行债务或其他合同的能力与意愿的评价。公用事业信用评级与一般企业有所不同：一般企业信用评级是从企业的角度进行分析，强调企业自身对债务的保障程度；而公用事业信用评级在考虑企业财务实力的同时，特别注重政府支持对公用事业企业债务的保障程度，包括在偿债资金来源上的支持、政策支持以及在企业发生偿债困难时的特别支持等。

5．政府评级

政府评级是对一国中央政府或地方政府如约偿还债务本息的能力和意愿的评价。其中，对中央政府的评级又称主权信用评级，它反映的是该国偿还其全部对外债务，包括公共事业和私人借款的能力和相对风险。主权评级是该国债务人及其债务工具信用等级的“主权上限”，该国管辖的任何经济主体所发行的外币债务的信用等级不会超过该国的主权信用等级。

（四）信用评级的方法和程序

信用评级的方法和程序是信用评级专业性的集中体现。恰当的方法和严谨的程序是信用评级结果客观性、准确性的重要保障。信用评级的程序描述了信用评级活动的全过程，而信用评级方法则贯穿于这一分析、综合、评价的全过程。

1．信用评级的方法

静态与动态分析相结合。没有具体的历史指标和定量数量检验、计量，就不能正确分析企业的生产经营和信用状况。因此，静态评估是完全必要的。但由于社会经济环境不断变化，企业自身也不断运作，完全用静态指标定一个企业的信誉是远远不够的，必须结合动态分析。对企业的发展前景、筹资项目效益、企业应变能力、市场竞争能力、履约能力等很多可变、难以确定的因素，应注意多采用动态分析。例如，企业的发展前景可以从企业在产业政策、区域经济规划中的地位、该行业的发展趋势及市场预测、企业发展战略及规划的可行性方面进行评估，尽可能分析与企业前景相关的动态因素及对企业发展前景的影响。

定量与定性评价相结合。所有制形式、产业政策、社会效益、财务效益、行业、地区、时间不同，都会产生很大差异，只用定量指标很难对不同企业做出公正、科学的评价。特别是在很多情况下，有很多因素无法量化计量，只能定性判断。因此必须定量分析和定性分析相互交叉，使定量分析中有定性分析，定性分析中含定量分析。

一般来说对企业的财务质量分析，依靠企业资产负债表、利润表中提供的数据，用一套较有针对性的指标来计算，因此可以说财务分析是以定量为主的，即主要采用财务比率分析法进行。财务比率分析法是评级的重要方法，它是利用各个财务指标之间的内在联系求得它们的比率关系，并与有可比性的参照值进行对比分析，以衡量财务质量水平的一种方法。

但是很多国家的很多企业，特别是我国的绝大部分企业的无形资产，一般很难以定量的形式从账面上反映出来，经常会出现账面财务状况完全相同但无形资产不同，使企业将来的财务成果差异很大。因此要正确评价一个企业的财务水平，除了财务定量分析外，还应从业务的其他方面做定性判断。而有关企业素质、筹资投向、履约能力这三方面内容，则很难定量分析，一般以定性分析为主。

2．信用评级的程序

一般情况下，评估公司只有在得到广泛的信息和充分分析以后，才决定是否评估一家公司或债券的发行。而上述的广泛信息和充分分析必须是可靠的、有一定数量和质量的。评估过程不仅仅是检查、分析各种财务状况与措施，更重要的是要考察涉及经营基本情况的全部问题，例如行业前景、技术变化、职工安定情况、管理当局的干预、经过审计的连续五年财务报表、财务和现金流动预测、交易文件等。

评估过程一般为：申请评估→确定评估小组，进行基本分析与研究→会见被评估人或发行者→评估委员会会议→评估发行→监督。

其中，评估小组和评估委员会给出建议，并在会议上讨论有关事实，最后由委员会对评估结果与建议进行表决，然后向被评估者如债券发行者通知评级结果以及评级主要内容。被通知人可以在评级结果向公众公布之前，对评估等级提出申诉，也可以补充一些新的和有意义的信息，评估委员会可予以考虑。但这种申诉与补充的新信息，不一定会改变评估委员会的决定。

最终评估结果将通过新闻媒体传播到社会，例如将评估结果在公开发行的报纸上公告，在电视中播放，还会出版在评估公司创办与发行的一些刊物中，例如标准普尔的评估结果就经常公告在自己的《资信周刊》上。

评估结果公告以后，并不等于评估活动就此完结，评估公司还要进行跟踪、监督，即跟踪评估。评估公司的跟踪评估、监督和审查工作，历来被看做是比较重要的。以标准普尔为例，一般至少一年发表一次对大公司和大的债券发行者的书面评估。尽管这些对象没有新的债务发行，评估公司每年仍要召开评审会议。这种会议的目的在于跟踪评估，使评估分析员不落后于客户的发展，并且能够及时讨论潜在的问题和客户发展计划的变动。

评估的变动。评估结果虽被确定而且公布，但有时由于被评估对象的变化，要求按照变动的条件重新考虑评估结果。在这种情况下，主要评估员与分析员应先提出初步审议，随之要进行综合分析，并向评估委员会提出报告。最后，由评估委员会评价分析，并做出评估决定，通知发行单位或被评估人，也可以接受申诉。

信用评级机构是咨询服务类经营机构，独立自主、自负盈亏，因此对评级服务有偿收费。从社会经济循环角度看，是信用评级机构与欲发债券的企业之间两个经营机构的商业往来，因此协议书仍然是评级中的重要亦是首要步骤。

一般来说，评估机构接到委托者的请求，初步决定进行评级后，首先要组成专门小组，与委托者即企业会谈，初步了解其发债目的及企业概况，同时企业也了解评估机构的水平与状况，了解其评级的权威性、科学性及公正性。互相满意后，双方签订信誉评估协议，信用评级关系正式成立。一般协议书中载明委托人应向评估机构提供资料的期限及资料种类、名称，评估机构评估的期限及具体收费金额。企业向评估机构提交的各种材料，主要是前两个年度和本年度的各项财务报表，包括利润表、资产负债表、立项文件、担保书、各种协议及合同。其中财务报表必须真实、可靠，而且经合法的会计师事务所、审计事务所确认，国有资产值必须经国有资产管理局确认。

专门小组认真分析上述材料，深入企业调查研究后，提出对该债券信用等级的初步意见。评估机构再根据该企业的特点及存在的问题，从专家组中聘请有针对性的或了解情况的专家，组成该项目的专家评委，对专门小组提出的信用等级初步意见进行讨论，投票确定信用级别，最后由专门小组以专家确定的信用级别为准向委托人发出评级公告。如委托人对信用评级结果有异议，可提出有关依据和资料要求复评，以复评结果为最终结论。但复评一般要加收复评资费。信用评级的最后结果是否向社会公告，由委托方自行决定，为公告花费的一切费用亦由委托人自理。

（五）信用评级的主要内容

信用评级的主要内容视评级对象而定，针对不同的评级对象，评级内容有所不同。

工商企业信用评级的主要内容包括企业素质、信用记录、财务状况、经营管理水平、成长性与潜在风险。其中企业素质包括策略性方向、财务观念、稳健倾向、业绩、母子公司关系、业务计划延续性和监管系统。信用记录主要包括企业多年的付款记录、银行往来记录、海关信用记录、工商行政管理部门的信用记录、商品检验检疫部门的信用记录、外汇管理部门的信用记录、公共记录和保险等。财务状况主要是通过对企业的财务比率进行分析以评价企业的信用状况和偿债能力。经营管理水平主要包括市场占有率展望、分散业务领域和收益来源、成本结构、公司架构、母公司担保及其他支持协议。成长性与潜在风险主要包括国家政策和监管环境以及行业发展趋势。

商业银行信用评级的主要内容包括经济风险分析、产业风险分析、市场地位、业务分散与营运多样化、管理与策略、信用风险、市场风险、资金的调度与流动性、资本管理、获利能力、风险管理、财务结构的应变性。保险公司信用评级的主要内容包括产业风险、商业地位、管理与公司战略、经营业绩、投资、资本、流动性、财务灵活性。

债券评级的主要内容包括营运风险分析、财务风险分析以及债券契约中的顺位和保障条款。其中营运风险分析包括产业风险分析、企业的竞争地位分析、企业内部管理分析；财务风险分析包括会计品质、财务政策、获利能力与收益保障、资本结构和资产构成、现金流量充足性、财务弹性。基金评级的主要内容包括基金资产的信用品质、交易相对人风险、流动性、基金经理人评估、基金管理公司评估、法规结构。

政府信用评级的主要内容包括政治风险、收入和经济结构、经济增长前景、财政弹性、政府债务负担、预算外负债和或有负债、货币的灵活性、外部流动性、公共部门和私人部门的对外债务负担。

（六）信用评级报告

信用评级报告是信用评级工作的最终成果。在对大量评级资料进行系统分析之后，将综合判断得出的结果用文字报告形式表达出来，供社会参考。通常信用评级报告除了本报告外，还附一份信用评级分析报告。信用评级报告是对评级结果的总结，而分析报告则是信用评级报告的具体化，围绕信用评级报告的评估结论系统地表述信用评级的情况、指标分析的数据以及评估结论形成的根据等。

表 13-1 信用评级报告框架

评级结果：AA-	评级观点
评级展望：稳定	优势
评级时间：2012 年 8 月 26 日	主要风险
主要财务数据（表格）	

二、市场经济需要信用评级吗?

（一）市场经济自我调节与缺陷：信用评级生存之根

市场经济调节资源配置主要依靠价值规律和竞争机制。价值规律以明确的供求关系作为平衡器，引导资源流向，为企业指明投资与生产的方向。这就会迫使各个有独立利益追求的企业遵循等价交换的原则，以社会必要劳动为目标值，努力提高劳动生产率，提供社会所需要的产品。竞争机制不只是给企业以外在的提高效率的压力，更为重要的是在优胜劣汰的过程中配置资源。因此可以说，竞争机制使有限的资源配置到最有效率的领域，而价值规律又使有限的资源在最有效率的领域得到最充分的利用，毫不浪费。

世界经济发展的历史和经济理论证实，市场不是万能的。市场经济本身存在一些固有的缺陷，经常会失灵，使自我调节不能尽善尽美，还会顾此失彼，甚至陷入危机。市场缺陷与市场失灵主要表现在如下几方面：

1．自然垄断

市场效率是以完全自由竞争为前提的，然而现实的市场并不具备这种充分条件。当某一行业在产量达到相对较高水平之后，就会出现规模收益递增和成本递减的趋势，这时就会形成自然垄断。垄断者可能通过限制产量提高价格，使价格高于其边际成本，获得额外利润，从而丧失市场效率。

2．外部效应

完全竞争市场要求成本和效益内在化，产品生产者要负担全部成本，同时全部收益归生产者所有。但由于外部效应的存在，当出现正外部效应时，生产者的成本大于收益，得不到应有的效益补偿；当出现负外部效应时，生产的成本小于效益，受损者得不到损失补偿，因而市场竞争就不可能形成理想的效应配置。

3．信息不充分

竞争性市场的生产者和消费者都要求有充分的信息，生产者要知道消费者需要什么、需要多少以及需求瞬息万变的变化，消费者要知道产品的品种、性能和质量，生产者之间也需要相互了解。而在市场经济条件下，生产者与消费者的生产、销售、购买都属于个人行为，都不可能掌握必要的信息。

4．收入分配不公和经济波动

市场经济虽然有一定效率，但却不能兼顾公平。失业、通货膨胀、经济波动是市场经济的固有弊端。

政府的职能和社会监督力量就在于，全力矫正市场的广义失灵与缺陷，增进微观效率，促进社会公平，保持宏观经济稳定。其中，社会监督力量在减少经济震动、全方位促进微观经济、提高效率、实现全社会各层次的公平、保持经济稳定持续发展等各方面，比政府的宏观调控更温和、具体、全面、直接有效。

给市场经济以监督、协助和保护，主要有三股外力。

一股外力来自于政府。在市场失灵或市场自我调节不理想的状态下，政府干预市场，进行宏观调控。这股力量表现为政府监督管理。政府监管的执行机构主要是国家权力机构，一般为政府各职能部门。其监管的内容即是这些职能部门的日常工作，其手段主要是依据法律、法规与各项规章制度。政府监管是三股外力中的核心力量。政府监管的优势在于猛烈、直接、见效快。但是这样往往也带来一些副作用。市场对于过多的政府干预往往比较反感。政府不能代替市场。

一股外力来自于行业。市场经济是商品经济的发达阶段。在市场经济中，各行各业已基本形成相对有序的运行秩序，已建立起一批维护和调节这一秩序的相对公认的行业组织。这些行业组织日常发挥着协调、监督和管理的作用，形成行业监管。行业监管是一种具有自省功能的自我监管，其手段主要是通过制订各类行业内部纪律性制度来规范行业内部成员。其主要目的是控制、协调成员之间的不完全理性错误，避免或降低成员及其之间不合理行为所造成的风险或损失。行业监管是三股外力中的基础力量。行业监管与政府监管职能不同，其监管的形式与力度也多种多样。从总的效果来看，没有政府监管那么简捷有效，但是也具有一定的行内约束。

一股外力来自于社会。市场经济是社会化的商品经济，其经济的组织、运行与协调的社会化程度远远高于人类社会所经历的任何经济形式。因此，在市场经济中，来自于社会的监督管理无论从深度、广度还是力度都强于其他经济形式。在当今社会中，社会监管机构主要包括并表现为：社会审计、会计、评估、公众组织等。社会监督以公开、公平、公正及客观、权威为原则，发挥着预警和监控的功能。社会监管是三股外力中范围最宽、弹性最大、包容性最强的力量。

这三股外力从不同的角度以不同的方式观察并影响着市场经济运行。信用评级在市场经济中的作用，就像一股来自于社会的外力，是监管市场运行的第三只眼睛。美国与欧洲的发展经历已证实，信用评级是对债务或商业票据倒债风险的良好指示器，在保险方面，能够为投保的投资者起警告作用，在某家公司财务状况恶化时，能及时对投资者发出警告。信用评级为融资以及资本顺利运行打开通道、消除顾虑、保驾护航，使筹资者与投资者顺利实现各自的目的，双方的利益都有了信息保障，最终提高了资金以及资本市场的运作效率。

(二)债务交易与信息需求：信用评级生存之土

1800年至1850年，美国开始发行国债、州债和铁路债。债券的发行创造了债券投资者对债券统计信息和债券统计分析的需求。债券的发行和债券市场的发展为信用评估提供了物质基础，是信用评估产生的前提。

1909年，穆迪公司出版了一本各家铁路公司债券的刊物以供投资者参考，开创了利用简单的信用评级符号来分辨250家公司发行的90种债券。正是这些简单信用评级符号的利用将信用评级机构与普通的统计机构区分开来，因此后来人们普遍认为信用评级始于穆迪的美国铁道债券信用评级。

市场经济发展到20世纪70年代末80年代初，开始了一场新的革命。这场以计算机为核心的高新技术革命，与以往的任何一次产业革命不同，它给人们的生产生活带来了巨大变化，推动着整个社会进入了信息时代。市场机制在这场自我更新与自我完善的革命中迅速发展，同时产生了新的问题，创造了新的行业，带来了新的机会。

首先，科学技术的进步与信息产业的发展要求大规模的资产重组、产业升级。而从经济发展史中，我们可以看到，任何一次经济变革及大规模的重组与升级，都必将伴随着大规模的资金运动与债务市场的开放。技术进步的加快对世界金融市场的意义是不言而喻的。根据美国马萨诸塞州科技研究所的调查表明，20世纪50年代末以来，美国信息技术工业每年以30%—40%的速度增长。而最近美国的一项研究则进一步表明，20世纪70年代以后，信息产业真正崛起，INTER、MICROSOFT、YAHOO等成为牵引美国经济、科技发展的火车头。技术的发展带动着经济发展，并且呈加速度，一般情况下，每隔两三年信息技术产品就会更新换代一次，资产重组与债务规模就要重新开始和放大一次。这为信用评级的发展提供了空间。

其次，债务市场的“非中介化”发展趋势。在本次产业升级与资产重组中，要求资金运动与债务市场配合。这种要求基本上集中于资本市场，而非银行体系。就在产业领域高新技术革命的同时，金融领域也发生了巨大变化。资本市场在产业革命中应运而生，并迅速崛起，以其高效率、低成本、快捷、简化的优势，迅速占领了银行体系的服务领域，笼络了大批的客户。资金的借贷大量脱离了银行中介，转而进入非中介化的债务公开市场，资金的运动证券化了。这为信用评级的发展提供了基础。

再次，债务市场急剧膨胀、借款方式证券化，越来越多的机构大量发行债券、股票、商业票据和其他证券，各种信用工具铺天盖地，投资者一时间难以辨认。科技革命、证券市场的发展给投资者带来了选择的机遇。他们可以对很多领域的各种债务进行投资选择，可以做不同的投资组合，追求更大程度上的收益满足。但是这一切必须以安全为前提。选择必须以一定的信息分析为基础，而在债务证券化、证券化种类纷繁复杂的情况下，这种选择更具有专业性。投资者在这样的时代，其投资决策越来越依赖于专业咨询与分析机构所提供的投资参考。这为信用评级的发展提供了投资者需求基础。

最后，20 世纪 90 年代以后，世界大多数国家对开放市场的效率给予了充分肯定，无论是以市场经济为基础的发达国家，还是正在进行市场经济体制建设与改革的发展中国家，都积极地推进市场的作用，同时也密切注意对市场的调节与完善。这种调节与完善已经不仅仅限于一个国家和地区，而是国际间的合作。这方面的国际组织比比皆是。目前，在证券全球化的趋势下，各国政府不约而同地简化证券程序，为流通提供方便，在淡化与弱化政府直接干预市场的同时，加强社会监督对市场的维护，其中得到默认或被认可的就有信用评级。这给信用评级的发展亮起了绿灯。

在高新技术迅速发展的现代经济中，政府的宏观管理变得越来越抽象，越来越从具体的行业管理与运作中逐渐撤出，甚至在某些情况下，政府的管理会力不从心。

目前，很多国家为了适应高新技术革命的到来，正努力改革政府管理体制，建立既能适应市场节奏又能克服市场自身缺陷的有效宏观调控机制。在这个宏观调控机制中，核心是市场，为市场服务是第一位的，发挥市场的最大效率是这个机制的主要目标。谁能以市场为首要，谁能尊重与发挥市场作用，妥善处理并且摆正自己与市场的关系，谁就能在这个机制中占领一席之地，甚至担当主要角色。

从逻辑上来讲，政府容易以自己为核心，为第一需求，往往容易凌驾于市场之上。因此，政府常常直接干预和控制市场，最终导致市场的报复。而市场中的主体——各种利益者们又很容易以自己为核心，往往为自己的需要而伤害他人，最终破坏市场的发展，导致市场缺陷的爆发以及对它们自身的淘汰，这种淘汰往往是大规模的、破坏性的，以经济危机形式表现。因此，作为社会监督机构，信用评级应以市场为核心、为对象、为服务目标，为社会各界提供咨询与指导，尽可能维护市场发展。

这种社会监督作用的存在与壮大，是市场经济规范发展的必由之路。

三、信用评级在市场经济中的地位与作用

信用评级是信息咨询服务业。如果说 21 世纪是信息高速发展的世纪、21 世纪的经济是信息经济的话，那么毫无疑问，信用评级业是信息产业的一员。

（一）信用评级在市场机制中的地位

如前所述，金融市场在市场机制中有着特殊的、不可替代的作用，而要充分发挥这一作用，必须对金融市场立法、依法管理、加强服务并宏观调控。其中，依法管理、依法监督检查是很重要的一环。中国证券监督管理委员会是国家管理金融的行政机关之一，主管金融市场，主管股票、债券等各种有价证券的发行与交易，是一个宏观管理机构。其具体职能是制定政策与制度、法规、条例等，并根据这些制度、法规、条例等审批、管理和监督。在这个过程中，金融主管机构受职能与精力的限制不可能进行非常深入的调查、了解和分析，而这些又是科学审批与管理不可缺少的。因此，必须建立一批企业和金融机构的信誉评级机构，实行经营和财务公开。同时，还必须建立一批机构对企业和金融机构发行的股票、债券等有价证券的信用度进行评级并向社会公布，然后再报证监会审查批准，未达到一定信誉等级的不准发行。可以说，进行信誉评级的信用评级机构实际上是准监督管理机构，是政府管理机关依法管理、科学宏观调控的有利依据。

站在宏观的角度看，信用评级是市场经济的必然产物，是融资机制不可缺少的组成部分，是金融市场的有机组织，是融资特别是直接融资健康发展的保障。

众所周知，深化金融改革的主题之一就是要大力发展直接金融，以改变信用过分集中于国家银行的社会资金流量格局，形成新的出资机制。具体表现即，在资金方面，企业不能依赖财政、银行，而必须到金融市场，通过向社会发行债券、股票等办法多渠道解决。由此，势必导致发行市场迅速扩大，对筹资者来说，大有鱼龙混杂、深恐百姓目不识君的感觉。因此希望有第三者，站在客观的角度，介绍、评估自己。对投资者来说，各路筹资者犹如八仙过海、各显其能，无法判

断优劣，更需智者指点迷津。信誉评估机构应运而生，它以鲜明的立场，科学、客观的态度，公开、公平、公正的原则为社会提供服务，间接而有弹性地引导社会资金流向，既保障了筹资者的正常融资，又为投资者提供了必要的信息和决策参考，提高了投资透明度，极大地推动了金融市场特别是证券市场的发展。同时，信誉评级也满足了国家依法管理金融市场的需要。信誉评级活动虽不是由国家行政管理机构直接操纵或干预，但它所具有的特殊性和专门职能，决定了它实际上是站在维护国家和公众利益的角度对证券发行质量进行间接监督和约束的。例如，资信评估机构可以以拒绝评级的方式，阻止非法和劣质证券的发行；以评级公告方式，提醒公众注意各类有价证券的收益率与风险度。另外，通过证券评级还可以督促企业发现问题，加强管理，努力用好筹集资金，提高经济效益。

在国际金融市场日趋开放化、自由化、国际化的今天，信用评级的地位已日益显著，并且代表了一种全球性的前景预测。资信评估机构在对某一国的委托人进行评估时，要考虑到某类公司、某种行业、某国的经济环境、政治环境在国家间的比较。因为在一定程度上，特别是在一定范围内，投资者所面对的是全球化的金融市场。资本在国家之间流动的限制越来越少，投资者希望能通过信用评级，了解投资对象，并对投资对象作横向比较，而信用评级机构也在全球范围内向各个金融市场提供有关的信息服务。

（二）信用评级在市场经济中的作用

1．为管理者提供科学管理的依据

特别是为证券主管部门提供发行有价证券的审批依据。企业向市场筹资，证券主管部门要按照国家的有关政策和企业的资信程度来审批。从理论上讲，社会的货币总额是有限的，表现为银行存款储蓄和手持货币两种形式。发行债券股票、银行贷款、财政拨款等都要形成商品购买力，需要在总量和结构上加以调控，防止引起信用膨胀、物价上涨。信用评级机构对申请发行的债券、股票采取科学的方法，按照公开、公正、公平的原则，进行定性与定量分析，可以为证券主管部门在审批时提供可靠的依据。

2．为融资者顺利融资铺平道路，创造条件

融资者本身或其发行的有价证券经过信用评级机构评估及评估的公告活动，可以使公众了解融资者本身或其发行的有价证券的特点与优越之处，加强了对融

资者或其有价证券的宣传，扩大其知名度，这样有关的融资活动就容易被公众接受，便于打开市场。

一般情况下，在缺乏信用评级的资本市场上，信誉好与信誉差的借款者或发行者之间的利差比较小，而有信用评级的资本市场利差会很明显，这对信誉差的借款者或发行者是极为不利的。这是来自市场的监督与调节。从这个角度说，信用评级是符合市场机制的，是一种能够使资本配置更有效率的机制。

一般债务发行人如果只是向当地投资者发行债务，可能并不需要评估。但是，如果准备在国际资本市场上发行债务，那么由于知名度没有那么响亮，信誉影响没有扩散那么远，国际投资者不会很了解，因此信用评级就变得极为重要了。特别是在以外币发行债务时，就更需要得到国际承认的资信等级。信用评级是进入国际市场的必要通行证。

3．为投资者正确选择投资对象提供科学依据，保护投资者利益

评估机构本着“公开、公正、公平”的原则，站在第三者的立场上，科学、客观地为投资者提供评估信息与投资决策的参考，减少投资的盲目性，提高投资透明度，防止欺诈行为．并可以参照评估机构的评估结果及有关信息，比较各种投资活动的利弊和各种证券的收益与风险，做出最佳决策，最大限度地实现以最低的投资风险争取最大的投资效益。

目前，资本市场越来越发达，业务专业化程度与国际化程度越来越高，有很多投资者依赖于传统的发行者名誉和净资产的方法评估信誉风险，已经不适用了。在发行过程中，投资银行常常作为组织、担保、承销和发行机构，为避免信用风险和方便债务发行与承销工作，往往推荐或要求发行者获得评估。这样做，一方面有利于投资银行的承销工作，另一方面也有助于公平合理地决定债务发行价格。

在金融日益全球化、国际化的今天，投资者的目标不仅在本国的信誉工具上，而且往往考虑在国际间分散投资风险，在整个国际资本市场上形成最佳投资组合。但是，正是资本市场不断国际化和规模化，以及在金融创新中不断增多的金融工具，使投资决策变得越来越困难。因此，不仅是单个的投资者越来越需要信用评级参考，而且世界上一些较大的、较著名的基金管理机构也常常需要信用评级结果作为其投资决策的参考。

4．为企业转换经营机制创造有利条件

转换国有企业特别是大中型企业的经营机制，把企业推向市场，增强其活力，提高其素质，这是建立社会主义市场经济体制的中心环节，是巩固社会主义制度和发挥社会主义优越性的关键所在。把企业推向市场，从资金角度讲，就是要求企业不能再依赖银行包供资金，而要到市场上筹集资金，自担风险，努力提高资金的使用效益。到市场上筹集资金，包括有发行债券、实行股份制并发行股票、发售票据业务等在内的多种形式。通过这些直接信用形式在社会上筹集资金，首先要取得投资者的信任，这种信任必须建立在对企业资产负债调查了解的基础之上。因此，信用评级在为企业融资铺平道路的同时，为企业转换机制、进入市场经济轨道创造了有利条件。

5．为宏观金融调控提供大量可靠的资料

中央银行对宏观金融的调控，集中到一点，就是要通过对货币供应量的调节使货币购买力与商品可供量基本平衡，也就是社会总需求与总供给基本平衡。这种平衡包括总量的平衡与结构的平衡。但是这种平衡不是消极的只控制总量和增量的投向，而是要加快货币流通的速度和提高货币资金的使用效益。因此，通过信用评级机构，了解企业的资金需求情况、投资者的心理状况、企业的信用状况等等，对宏观金融调控是十分重要的信息资料。

6．为金融市场规范化发展打下基础

对企业信用等级的评估，对债券、股票的评估，帮助企业进行股份制设计等，都是与发展金融市场有关的活动。债券、股票、股份制如果不规范，证券的一级市场、二级市场就不可能规范化，发行与转让活动就不可能健康发展。信用评级工作就是要使金融市场的有关活动向规范化方向迈进，使社会主义市场经济更加有秩序地健康发展。

20 世纪 70 年代以来，金融危机四伏，金融状况恶化，高信用风险随处可见，特别是商业银行及一些非银行金融机构，信贷业务与信贷质量严重下降，加之商业银行管理所面临的环境日益艰难，使银行往往不太愿意增加贷款，结果是越来越多的公司只有到金融市场上寻求其他途径解决资金问题。

在资本市场上，行情起伏变化加剧，交易风险明显，常常使投资者不得不依赖信用评级，加强了对信用评级的需求。这种需求有时可能会因某种特别事件，例如某个公司破产或宣布倒债而突然高涨。信用评级常常在经济发展的危难之时，在投资者最需要的时候，一显身手。

四、信用评级为什么会有话语权?

目前，全世界70多个国家都有了自己的信用评级机构。美国穆迪、标普、惠誉也在向很多国家扩张，在全球遍设分支机构。信用评级已全面渗透入货币、资本、贸易等诸多市场，成为国际惯例，成为身价标识与通行证，成为市场的指向标。我们经常看到：某国际著名信用评级机构一提高某发行人或某种有价证券的评级结果，其相应的股价或相关产品就会价格上涨，反之，评级机构只要降低某被评级对象的信用等级就会引起市场抛售，该产品价格就会下降、暴跌，甚至相关机构就会破产。人们惊呼：信用评级对市场能呼风唤雨！人们困惑：信用评级这样一个不买不卖的中介机构，竟然对市场有着决定性的话语权！为什么？吴氏信用理论认为主要答案来自以下五个方面：

（一）信用评级是金融市场上证券发行和流通的先决条件

在市场经济国家，政府监管部门一般都会要求对公开发行的债务进行信用评估，换言之公开发行债务的信用评估是强制性的。在美国，信用评级是证券发行和流通的先决条件。美国证监会认可了几家特定的信用评级机构，要求公开发行的有价证券要经过这几家信用评级机构评级，并根据这几家信用评级机构的信用评级结果实施分类监管。

对证券发行人来说，为了提高证券在市场上的流通性，几乎所有的发行人都必须寻求评级公司出具评级报告，并且在某些市场上，同一证券的评级报告数量会影响到该证券的定价和流通。比如，在长期公司债券市场上，同样评级的两个债券，只有一份评级报告的债券定价将低于有两份或以上评级报告的债券。

对证券的买方来说，信用评级将作为他们对证券分析和评估的重要参考。同时，信用评级也是他们用来遵守监管部门对其规定的证券投资最低信用等级要求的工具。对证券的卖方来说，信用评级也是他们进行证券分析和评估的重要参考。同时，通过信用评级卖方可以直接选择适合的交易对手，控制信用风险的发生。

信用评级在美国证券市场上有着举足轻重的地位，从证券发行到流通都离不开信用评级的支持。美国的监管部门通过对信用等级的相关规定，可以有效避免大规模信用风险的发生，从而维护美国金融市场的稳定性。

（二）信用评级是银行信贷信用风险判定的唯一依据

目前，银行在发放贷款之前先对申请贷款的客户进行信用评级已经成为惯例。信用评级成为银行信贷受理与审批流程中的重要环节。信用评级的结果直接影响银行是否授信的决策以及授信额度大小。

巴塞尔协议对于银行信用风险的相关规定集中体现了信用评级的重要作用与话语权。巴塞尔委员会出台的新资本协议规定了信用风险的定义与范围、信用风险权重与资产的确定及计量等，其中包含了对信用评级的认可和具体使用规定。巴塞尔协议进一步推动了信用评级作为监管工具在银行业的国际化应用。

无论银行采用标准法还是内部评级法对信用风险进行计量，被信用评级机构评定的各类投资产品的信用等级都将直接决定银行的投资组合。因为巴塞尔协议对各信用等级的投资产品的风险权重已经有所规定。所以，当信用评级机构调整某些投资产品的信用等级使之发生变化时，相应的银行信用风险权重与资产价值也会发生变化，当信用评级机构调整或给定的某些投资产品的信用等级结果较低或较高、信用风险超过了巴塞尔协议的规定值与规定范围时，银行必须对持有的投资产品做出抛售或买进的决策。当所有银行都做出这样的决策时，就会影响到整个银行系统的经济资本配置，并且这个时候市场的投资品价格就会发生剧烈波动。

（三）信用评级是金融投资的指向标与通行证

很多国家在政府监管的相关规定中，特别是有关投资法规或管理规定中，都直接规定使用信用评级，有的规定显示信用评级是市场准入的前置条件，有的明确规定信用评级结果是投资选择与可行决策的依据。很多国家的中央银行、证监会、保监会、银监会等部门或类似监管机构都对证券公司、保险公司、担保公司、基金公司等直接规定可投资范围。这些可投资范围都与信用评级有关，一般是所投资的产品必须经认可的信用评级机构评级、所评信用等级必须达到一定级别，方能投资。

美国金融市场在这方面最典型。在美国金融市场上，投资者选择投资品时会受到投资最低信用等级的限制。例如，美国证监会要求货币市场基金只能投资于信用等级在评级机构最高的两个信用等级以上的投资产品；在联邦存款保险法中则规定债务证券如果没有达到评级机构最高的两个信用等级即认定为非投资级。

所有在联邦注册的国民银行和在各州注册的会员银行被规定必须利用信用评级结果进行投资，且只能对评级机构评定的第 4 等级（BBA 或 BBB）以上的债券进行投资。

目前，大部分国家和地区政府监管部门都要求养老基金类资金投资时必须投资于 A 级以上的债券或金融工具；限制持有各种各类的信用等级较低的债务工具；投资者若持有经认可的信用评级机构评定的较低级别债券要增加资本；大多数银行监管部门禁止银行购买投机级证券（BBB 级以下）。

（四）信用评级是金融监管部门对机构考核的重要标准

自第一次世界经济大危机以来，特别是在美国财政部、美联储、储蓄保险局和货币监理署发布联合决议，规定使用信用评级，以此对被监管机构开展监管或分类以后，美国金融监管部门陆续发布对信用评级结果使用的规定，现在信用评级已经成为美国金融监管基准，相关规定也越来越明确和细致。

举一些例子来说明这种情况。以一些已通过的法案为依据，美联储、货币监理署、保监会、劳工部等政府机构或金融监管机构要求银行对 BBB 级以下债券即时跟踪关注；禁止银行购买 BBB 级以下证券；禁止储蓄信贷协会投资 BBB 级以下债券；不允许私人养老基金投资 A 级以下资产证券化债券等；抵押债券或外国债券必须被评为 AA 级及其以上才可以作为贷款的担保等等。监管部门按照这些细致的、具体的监管规定，监督检查金融机构是否符合监管规定，是否通过对其的考核。

这两年，在美国次贷危机以后，备受关注的信用评级愈来愈成为国际监管标准。2009 年 G20 伦敦峰会明确提出将信用评级机构纳入金融监管范畴，确保评级机构满足规范的国际执业准则。巴塞尔委员会、金融稳定理事会、国际证监会等国际著名组织开始注重推动信用评级标准化、国际化。

2013 年 6 月，世界信用评级集团（UCRG, Universal Credit Rating Group）成立大会在香港隆重举行，世界知名媒体及我国中央电视台进行了跟踪报道，央视新闻联播当晚即播出相关报道。UCRG 致力于推进世界评级业改革并在全球范围内推广双评级制度，其主要股东为中国大公国际资信评估有限公司、美国 Egan-Jones Ratings Co、俄罗斯 RusRating JSC，总部设在香港。这是信用评级国际化、标准化的最新动向。

（五）信用评级影响甚至决定市场价格

信用评级的结果直接影响投资产品的初始定价，进而影响其流通性。从上述（一）到（四）的规定中我们可以看到，一般来说，信用等级越高的投资产品，其定价也就越高，流通性也越好。因为投资人相信该投资产品的信用风险较低，资金回流比较有保障，从而愿意付出较高的金额来购买该投资产品，获得稳定的现金流。在市场上大部分投资人为风险厌恶者的情况下，高信用等级的投资产品的流通性就会大大优于低信用等级的投资产品。

信用评级的结果直接影响投资产品的市场价格波动。正是因为投资受到监管部门对投资的最低信用等级的限制、风险权重的规定、风险资本计量的要求，当机构投资者投资的产品的信用等级发生改变时；当被监管机构投资了不符合信用评级等级结果的产品时；当信用评级机构调整某个国家或地区的主权信用评级结果而导致相应的产品级别都发生系列调整与变化时，为了满足监管部门的要求，投资者们就不得不将低于规定信用等级的产品抛售，同时买进其他满足规定信用等级的产品。

美国穆迪、标普、惠誉这三大信用评级机构一调整信用等级，市场就波动。人们就说：看，美国三大多权威、多有市场影响力，我们的机构就不行，我们的机构评了什么、怎么调整了评级结果，市场都没什么反应！其实，这只看到了表象；只说对了一半的原因。事实上，商业银行、证券机构、投资基金们都有自己的研发与评价分析机构，有自己的专门人才，他们对相关投资品的了解可能比评级机构更深入，至少不一定少。特别是在最近的几次经济、金融危机中，信用评级机构的表现与评级结果的不准确性与滞后性一直受到这些投资机构的广泛诟病。在这种情况下，投资机构们仍继续使用评级机构的评级结果，更为重要的理由就是美国三大评级结果是美国金融监管认可的监管基准，投资者不按三大评级结果调整投资，就是违规了，违反合规监管规定就要受到经济处罚，甚至取消投资资格。

从以上论述可以看出，信用评级在金融市场和非金融市场都是一种话语权的象征，它影响并决定了市场的准入和定价。而信用评级的这种强有力的话语权产生，主要依靠监管部门的推动，比如对各类投资方所投资金融产品的最低信用等级规定，对银行信用风险中信用等级的规定等，一旦信用等级发生变化，直接影响到这些市场参与者是否能符合监管部门的规定，从而迫使这些市场参与者改变投资组合，在市场上进行大量抛售和买进的动作，影响市场的稳定性。

五、我国信用评级为什么发展不起来?

美国信用评级机构的成长，在很大程度上，与20世纪30年代和70年代的经济危机及剧烈经济波动有关。显然信用评级的发展需要有一个市场性很强的大环境与大趋势，要有一个灵活、有适应性的投融资机制，还要有一个存在真实风险的体制。

我国的信用评级活动，从大环境与自身的发展来看，都有很多问题。

（一）我国商业风险机制尚未健全

建立现代企业制度的重要内容之一就是完善企业经营的风险机制，把企业放到市场上，自主经营、自负盈亏，该破产的就破产，该倒闭的就倒闭，让企业真正置身于机会和风险之中。我国早在1986年就通过了《企业破产法》，但由于种种原因，没有得到广泛落实。人们对这种风险还没有感性认识，信用评级在这方面尚无用武之地。

推进国有企业改革，建立现代企业制度，健全社会的风险机制，这是发展信用评级的正路。在市场经济中，任何一个经济主体都面临赢利、亏损、破产、兼并的可能性，都必须承担相应的利益与风险。破产是风险机制的最高形式，也是风险机制运行的关键条件。破产法迟早要普遍实施，资不抵债的企业早晚要破产，届时企业与投资者也就自然有了风险意识，信用评级就有了需求，有了市场。

总之，在整个市场规则尚未最终确立、各路队员还在演习与操练的情况下，作为场外裁判的信用评级尚需等待，至多和练习者一起演练。

（二）行业发展规则尚未确立与健全

主要表现是没有正式法规支撑，缺乏行业发展战略与具体措施，主管机构及态度不明确。

目前，我国《证券法》虽已出台，但相应配套的各种规范市场建设和运作的具体规则尚不明确，证券市场管理体系尚未最终理顺。在这种情况下，信用评级活动的法律地位和准则也就明显不足。评级工作在市场发展中的角色没有明确的界定，评级机构的行业自律性管理体系也没有形成。机构之间的联系、协作、交流明显不足，工作的展开缺乏行业指导。

信用评级业是市场经济的一部分，中国的市场经济无论从深度还是广度上都有了很大发展，证券市场更是其中的佼佼者。而信用评级业一直徘徊不前，这说明了宏观经济形式不是制约信用评级业的决定性因素，那么根本性原因何在?

市场经济中，一个行业的存在与发展有两个必要的前提：其功能是其他行业无法替代的；市场对该行业的需求有一定的规模。从经济学角度看，这两个前提的存在与实现是社会分工的必然结果。而社会分工出现和发展与产业政策的支持密切相关。

这方面美国的经验可以借鉴。1933 年美国证券法规定，证券承销商对证券本身的评价必须由第三者评估机构完成。1936 年美国货币监理署规定，美国国民银行及加入联邦准备制度的州立银行所持有的证券资产，必须是一定等级之上的证券，必须依评估机构的评估结果作为联储对加盟银行检验的标准。1937 年和 1949 年美国货币监理署、联储委员会、存款保险机构、州立银行协会联合通告，在估价银行资产时，被评估机构评级四级以上的按市值估价，四级以下的或不宜投资的和报损证券按 50% 从资产估价中扣除。1938 年及后来证券委陆续规定，股票发行者向该委员会提供的资料及年金报告，必须使用该委员会指定的五家评估机构或被五家认可的评估结果。

（三）信用评级市场尚未形成

首先，迫切需要评估的企业与项目少，需求有限，目标市场小。一方面，真正能走到金融市场上通过直接融资手段筹集资金的企业并不多。另一方面，这部分企业收益不稳定，投资回报差，对评估需求不迫切，市场发展慢。同时，市场不规范，违规行为频繁出现，迫使管理层不得不使用行政手段对进出市场的企业严加管理，企业唯政令是听，客观上使评估的市场性受到限制。这样的目标市场显然不足以支撑信用评级业的成长。

其次，评估结果作为信息，卖不出去，评估机构无法生存。目前，证券市场上机构投资者有限，投资者群体弱小，大多数人参与证券投资，主要是追随“消息”，关注“热点”，在股市上赚取短期炒作差价。这些投资者关心的是政策、消息、主力动向，而不是评估结果。这是我国信用评级业难以蓬勃发展的市场原因。评估结果没有人要，不能化作收益，评估机构靠什么生存？只有一条出路，那就是依赖对被评估企业与项目的收费。这样，在经济利益的驱使下，评估结果将难以保持客观、公正，信用评级也就失去了意义。

另外，机构投资者对证券评级的重要性认识不够。目前，我国大的金融机构投资债券都没有充分考虑债券的资信等级，而将债券的收益性放到了第一位，安全性和流动性放到了其后。政府机构对保险公司、养老基金、劳保基金等机构或基金组织的证券投资也没有提出利用资信评级结果的要求。这样做的后果，都是把保护投资者的利益放在了一个不太重要的位置上，这与我们长期形成的关于金融机构投资的风险承受体的错误观念有关。金融机构投资，形式上是国家承担投资风险，实际上仍然是广大投资者承担风险，因此投资的安全性必须放在首位。

信用是现代虚拟资本，是资源配置的一种新的资格与手段。信用这种虚拟资本由经济主体自我创造，由社会综合评价确认并定价。信用评级就是一种定价服务，评价那些需要资源的经济主体的虚拟资本的多少，引导市场按评级结果去分配资源。因此，评级机构提供的不是简单的中介服务，而是作为社会的综合代表参与了对经济主体的信用资本定价，对经济主体甚至包括政府在内的信用资本评价就有了话语权。在以信用资本高低决定配置资源多少的市场上，如果评级机构与活动是垄断性的，那么这种话语权就是决定性的。

美国信用交易很普遍，信用作为资本、作为新的资源配置的手段与资格，已在经济发展中得到广泛应用，信用定价就成为经济管理的重要问题，信用评级早已被监管机构认同、大力扶植、做长效制度安排。我国和大多数国家一样，限于经济发展水平，对信用的理解还停留在文化道德层面，对信用管理仍停留在对社会的诚信教育上，对信用评级更是认为只是中介服务的一个小小的分支。在漠然中，我国市场上对经济主体的信用资本的定价权，已拱手让给美国“三大”！

六、对信用评级业的思考

（一）危机后的反思：信用评级的功能、作用与责任

在市场经济中，信用评级活动到底有什么功能与作用？能提供什么样的产品与服务？究竟能为客户解决什么问题？事实上，有些问题真的需要重新深入思考。

1．信用评级的预测功能

信用评级因可预测风险而被市场需要，但评级的预测是建立在经济人理性行为基础之上的，而理性行为是同质化的，由此必然导致信用评级预测趋势趋同，无差异化，从而使评级预测的实际应用价值大打折扣。

经济人的理性行为是在充分考虑收益与成本以后，最终决定其行为。而收益与成本是与经济形势、经济周期密切相关的。当经济形势向好，经济周期处于复苏与繁荣时，借款人的财务状况普遍向好，还款能力与意愿皆高，所有借款人及其债务的信用级别均上调；当经济形势不好或恶化，经济周期处于危机与萧条时，借款人的财务状况普遍不好，还款能力与意愿皆不高，所有借款人及其债务的信用级别均下调，甚至这种下调会导致市场信心下降，导致投资者抛售，更进一步影响到借款人的融资与经营管理，信用级别再次下调……信用评级如此的一致，如此的恶性循环，在最近一次国际经济危机中，更是看得很清楚，信用评级的预测价值几乎没有体现。具体事例不胜枚举，如安然（Enron）、世界通信公司（Worldcom）及帕玛拉特公司（Parmalat）、贝尔斯登（Bear Stearns）、雷曼兄弟（Lehman Brothers）等，在它们爆发危机甚至宣布破产当天，“三大”评级机构给予其债券的评级仍为较高的“投资级”。

到目前为止，信用评级能预测风险还只是个传说，我们从没看到过事实。从信用评级产生以来，经历了第一次世界经济大危机、拉美债务危机、美国信用卡危机、亚洲金融经济危机、美国次贷危机、欧洲债务危机。在历次经济危机爆发前，信用评级从来就没有预测出危机，从未提前发出过有价值的预警，未能预见并警告投资者大萧条的来临，甚至在危机发生以后，风险已完全暴露出来，评级才进行所谓的跟踪下调，其对风险的反应不是超前预测而是滞后被动调整。信用评级几乎不生产有价值的信息，只是反映了市场中已经体现出的信息。

2．对结构化金融产品的评级能力

目前，结构性金融产品评级主要借助计算机模拟技术，偏重于依赖统计模型。这些模型的主要缺陷就是依赖历史数据，而结构化金融产品自诞生至今时间很短，并没有积累起可支撑统计分析与计算机模拟的数据。同时，随着金融创新不断增加，构成资产池的资产不断花样翻新，刚刚积累起来的经验数据难以验证新资产之间的违约相关性。这就使结构性金融产品的评级质量埋下了隐患。依靠这些有缺陷的模型很难得到令人信服的结果。危机爆发后，穆迪和标普紧急修正了其评级的技术和方法，并在短期内大量降低结构化金融产品的评级，恰恰证实了这一点。

事实上，结构化金融产品的确复杂，其风险也确实难以评价。监管规则大力支持，评级机构本身也就没有积极性研究这类产品的信用风险，评级分析师们直接沿用了普通产品的评级方法和程序，结果使得对该类产品的评级结果普遍偏高，大量 AAA 级误导了投资者和监管者们，催生了资本市场泡沫。从这个角度说，信用评级对次贷危机的爆发及不断恶化有着不可推卸的责任。

3．信用评级的社会责任

信用评级活动是在证券市场的发展中产生的，立足于健全投资机制，以公开、公平、公正的原则为筹资者正常融资铺平道路，为投资者提供投资参考和决策信息，为管理者有效宏观调控提供科学依据。因此，既要同时为上述三者提供服务，又要客观、公正，信用评级机构就必须与上述三者以及一切与证券相关联的机构脱离，无任何挂靠，完全中立，站在整个证券运行机制之外，以旁观者的角度去分析、评价和判断。这样，信用评级机构应该具有社会性质，应该中立，完全脱离与评估有利害关系的各方。

首先，必须脱离发行者、经营者、筹资者及承销者。在一般情况下，评级机构与某个企业集团结合，必然导致该评级机构对隶属于其企业集团的企业的评级活动难以保持公正。

其次，必须脱离管理者，否则将有可能导致政府对自由的资本市场的干涉，或违背市场各方的意愿，而且极容易加入政策性因素。

最后还必须脱离投资者。虽然评估的目的是保护投资者，但评估仍不能由投资者操作。评级最突出的作用在于为社会各界提供服务，保证资本市场顺利发展。而投资者作为融资活动的直接利害方参与评估必然为本位利益着想，例如在债券投资中，筹资者和发行者希望以尽可能高的价格和低的利率卖出债券，与投资者形成矛盾，此时评估者本着推动市场发展、为社会各界服务的原则，对筹资者委托评估的债券的信誉进行客观、公正的评价，在此基础上，筹资者与投资者取得一致，由此才能形成适当的市场价格。如果由投资者进行评级，容易站在投资者角度，低估债券的信誉等级，从而形成一个比客观价格低的价格和不符合实际的高利率，从而扭曲市场价格，严重的甚至可能阻碍正常融资活动的顺利进行，阻碍资本市场的健康发展。

当然，完全无利害关系的机构只能在观念上存在，现实中如何建立一个无利害关系的中立的第三者是个难题。实际上，真正独立、超脱的机构是不可能的。中立是相对的，只是相对降低利害关系的相关程度，相对维护各方利益的平衡，从而相对提高评级的客观性与公正性。

信用评级机构应时刻信守其宗旨与任务，应尽最大的努力对投资者提供有关的资信风险信息与意见。

从很多事件中，我们可以得到这样一个经验，即在确定信用评级级别时，受影响最大的是投资者。一家公司风险的变化，受影响最大的也是投资者。这些情况都要求评估机构给予及时、客观、公正的评价。有时会根据情况的变化，经常改变原来的评估级别。这种评估及其改变，经常会给评估机构本身带来很大压力。有时评估级别的确定或评估结果的改变，还会引起债务发行者的不满，甚至抗议。面对这些情况，评估机构应该信守自己的社会责任，有勇气坚持己见，不屈服于压力，不随意改变评估结果。

评估机构之所以能够承担这样的社会责任，源于评估活动的目的与作用。如前所述，信用评级活动是在市场机制运行与发展中产生的，是融资市场不可缺少的组成部分。投资者为获利益，筹资者为寻找资金，共同来到融资市场。如果有关筹资者的各种信息与情报不能充分传达给投资者，投资者的投资活动很难进行。因而评估机构以中立者的身份传达信息与情报，同时为二者服务，保证了融资活动的顺利进行和市场的健康发展，同时为投资者节约信息费用。虽然专门的投资者，特别是大的机构投资者有能力负担调查、收集、整理上述有关信息，也有人、财、物力，但对绝大多数投资者来说是困难的，因为信用评级活动，特别是其中的风险测定是一套专业工作，需要一系列专门知识及独特操作。信用评级机构的产生正解决了这个问题。

当然，信用评级机构的责任只是对评估对象的信誉状况做出评价与判断，为投资者提供信息与情报，仅作投资决策的参考，不作投资推荐，不负任何法律责任。投资者必须对这些投资情报选择利用，并对自己所做出的选择承担全部责任。

对筹资者或评估委托人，评估机构则非常重视与其经常联系并交换意见，因为评估机构对委托人委托的评估对象的信誉级别判断将对其造成直接影响，因此应尽最大努力客观反映实际情况。而且评估机构对评估对象的社会影响与评估机构得到的社会信赖程度成正比，即评估机构得到的社会信赖程度越高，对社会的影响也越大，对评估对象能够造成的影响也越大。因此，一般情况下，评估机构为了避免由于对评估对象的判断失误而给委托人造成经济损失，经常与委托人联系通报情况，甚至可能根据实际情况随时调整信誉级别，以确保客观、公正，在保护投资者利益的同时，不损害筹资者利益。

自 1909 年穆迪开始公布信用评级以来，评级机构均以评级过程涉及商业秘密和客户保密信息为由，拒绝公布评级数据和评级方法，甚至也不公布其评级数据的来源。信用评级若作为法人经营性机构，不承担法律责任；若作为社会服务机构，不承担社会责任，甚至可以不公开自己的评级指标、模型等，不披露与评级生产过程及结果有关的内容。这就相当于对所卖的食品不标注所用主料、配料，类似于“三无”产品，消费者完全不知食品是怎样被生产出来的以及是否安全。不尽告知义务，也不承担产品责任，还有高额、垄断性收益，这是暴利。这在市场经济中，是很扭曲的。

事实上，公众一直深受信用评级活动外部性的影响，主动或被动追随评级引导，自主或不自主地改变预期心理与实践预期行为。到 20 世纪 90 年代，由于结构性金融产品的复杂性，在评级机构不公布相关信息的情况下，其他市场参与者无法了解结构性金融产品的信息，不能对其真正价值做出正确判断。同时，在监管制度安排下，结构性金融产品市场的发展对评级有高度的依赖性。

更大的问题是，当监管规则授予评级机构市场和业务机会的时候，评级机构对真实市场需求的依赖就开始下降，就不再努力地研究市场、做好预测服务、积累信誉，而是努力地去迎合与维护监管。只要监管认可就有业务，就有收益与利润，至于评级是否准确已经不那么重要了。20 世纪 70 年代以后出现的一系列公司财务丑闻，到次贷危机引发的全球性金融危机，再到欧债危机，无处不显示出评级机构存在着严重的道德风险。目前，全球呼吁社会责任，信用评级业的社会责任是应该重点讨论的，以法律为依据承担社会责任是必需的。

（二）来自美国金融监管的教训：拔苗助长

信用评级业最早的业务就是债券评级。起初，债券市场对信用评级的需求并不强烈，规模也很小。信用评级机构在当时的市场只是一个提供参考信息的一般性咨询服务机构，评级机构完全依赖投资者缴纳的会员费或评级资料订阅费获取收益。

在第一次世界经济大危机的中后期，为了监管银行的债券投资风险，美国财政部作为银行的监管者，通过货币监理署（OCC）首度使用信用评级，规定按信用评级结果监管债券账户，该监管规定于 1931 年生效。1938 年，财政部、联邦储备体系的董事会、联邦储蓄保险公司董事局和货币监理署发布了一个联合决议，规定对投资条件、投资构成、净资本计算、最低资本要求的监管使用信用评级。借助这些监管规定，信用评级机构开始受到市场关注。

1973 年，美国证券交易委员会（SEC）公布新的规则，规定该委员会有权认可特定的评级机构为国家认可统计评级机构（Nationally Recognized Statistical Rating Organization，NRSRO），提出了根据 NRSRO 的信用评级结果实施分类监管。NRSRO 的信用评级成为美国 SEC 金融监管的基准。从此，信用评级业的地位与作用发生了质的变化。2004 年，巴塞尔委员会出台的新资本协议对信用评级的认可和具体使用规定，更是进一步推动了评级作为监管工具的国际化。

如果说，市场是无形的手，那么监管就是有形的手。回顾美国信用评级发展历程，我们看到了这只有形手的力量。更为引人注意的是，美国信用评级的发展模式已经国际化，正影响着很多国家，其中也包括中国。反思美国正是为看清我们自己。

1．金融监管夸大了评级的作用

从上述信用评级的发展轨迹看，在还没有找到自己真正的市场需求、没有找到真正体现自己价值的产品与服务、没有被市场普遍认可、方法与程序并没有根本改进、没有对市场提供更有价值的信息的情况下，信用评级业被监管推动而迅速扩张。金融监管改变了评级在市场中的角色，夸大了其作用，评级机构变得过分重要，评级业从提供风险评估预测演变成提供“监管许可”。事实上，评级机构更像是监管部门的外包服务机构，正是金融监管对评级机构的严重依赖才使评级迅速发展。

2．金融监管扩大了评级的应用范围

2002 年美国参议院曾做过粗略统计，发现至少有 8 个联邦法律、47 个联邦监管规则以及 100 个地方法律及监管规则授予了评级机构数以百计的非常有价值的监管许可。以评级作为监管基准，一开始主要涉及证券投资、养老金、银行与保险，后来拓展到不动产、教育、交通、电信、结构化金融产品、主权国家评级等。

3．金融监管直接造成评级业的垄断

从发展阶段中我们可以看到，20世纪30年代之前评级市场自发形成，完全自由竞争，各信用评级机构拥有平等的竞争地位，评级机构完全依靠市场信誉赢得投资者的订阅费用。40、50、60年代间，随着评级被逐渐纳入监管规则，评级机构开始在不完全依赖信誉而是依靠监管认可的情况下，不断获取更多的市场与业务，但市场竞争还是普遍存在的，监管并不能决定一切。到70年代，美国证券交易委员会的规则出台以后，监管规定了评级市场范围并直接指认评级机构，评级机构在评级市场中产生了竞争条件的差异，有了地位区别。未被认可的机构几乎无法生存，获得指认的机构几乎完全不用依靠声誉及评级质量就直接获得业务机会。美国评级业开始进入了垄断时期。据不完全统计，至21世纪初，穆迪、标普、惠誉的市场份额超过95%。

4．金融监管在改革中

2006年通过的《信用评级机构改革法案》确立对信用评级机构实施注册、认可、监管制度，赋予美国证券交易委员会监管职能，细化了国家认可统计评级机构的注册程序，规定申请者必须提供能够代表其评级业绩的统计数据、评级的程序和方法、关于利益冲突的说明及解决政策。申请机构必须连续经营3年以上，并应提供至少十家合格机构投资者所出具的过去3年里其曾使用该申请机构信用评级的书面证明。要求国家认可统计评级机构需指定专门的人员担任合规主管，负责落实有关利益冲突的政策和程序，并确保后续的合规要求得到贯彻。

2009年9月，美国证券交易委员会通过了一些新规则，修订美国证券交易委员会的相关法规和规章，删除对国家认可统计评级机构评级的依赖内容，加强对评级机构的监管，要求其提供合规报告。目前，美国监管不断修正思想，最新法案已通过废除之前评级机构享有的司法豁免权，规定信息使用者享有私人控告权（Private Right of Action），由此确定了评级机构的民事责任，使得投资者可以“故意或草率”地未能进行合理调查为由，控告评级机构的“失职”行为，要求评级机构承担法律责任。

总之，经过近半个世纪的走偏，美国金融监管正在不断修正。毫无疑问，在市场经济条件下，市场需求是唯一的标准，任何产品与服务都要经历市场的洗礼，在市场需求中自然成长、升级换代、优胜劣汰。来自监管的制度安排必须尊重市场，超过市场需求的过度安排与无视需求的不安排都是错误的。现在，监管该回到原

点，把评级交给市场，在市场中没有完成的历史课，评级业必须补上。

（三）信用评级理念与技术

信用评级存在与发展的前提即债务人是按理性经济人轨迹行为，其信用风险可预测。一般情况下，经济人以收益大于成本来决定行为，当失信会付出高昂代价时，借款人会选择理性行为，按自己的实际能力借债并合理安排还款计划。信用评级从一百多年前产生以来，一直以发行人或其发行的某种债务为评级对象，预测违约的可能性及最大损失。20 世纪 50 年代以来，评级特别关注被评估人的财务实力、经营能力等。实质上，信用评级的理念主要围绕着被评级人的行为与可能的结果，技术上主要是预测其行为结果的违约概率。

债务人违约的可能性，既涉及其还款能力，又涉及偿还意愿、态度与诚信精神。并不是所有的债务人都是理性的经济人。无论在发达国家，还是在发展中国家，都存在着相当一部分人，他们在经济交易与社会活动中都有各种各样的非理性行为。21 世纪的今天，信用交易、信用关系日益复杂化、社会化，还沿用半个世纪前的评级理念，这显然没有与现代信用的发展与时俱进，评级失实、预测不准是必然的。2002 年，美国标准普尔发布对“安然”公司评级“BBB”，这是适合投资的等级，而“安然”公司 4 天后倒闭。2007 年美国金融危机爆发前，三大评级机构几乎刚刚给美国诸公司及其衍生品评为“AAA”级，两三个月后就都成了垃圾级“CCC”。

与迅速发展的信用经济相比，现在的评级理念与技术显然落后了。主要表现在两个方面：

一个方面是评级范围与内容。现在的评级主要关注的是偿债风险，主要基于被评估人的财务实力、融资能力等，这仍然是把信用当成是实体资本的一种表现，把信用交易看成是经济交易的一部分，这表明对信用的理解与认识狭隘、有限。事实上，随着信用的不断应用和信用交易的广泛化与深化，信用已成为一种新型的、独立存在的虚拟资本。信用资本的构成不仅包含财务、融资能力，更包含诚信意识与社会交往；信用交易不仅涉及经济交易，还涉及社会关系、道德与社会责任。一个主体的信用资本由他的基础诚信度、社会合规度、交易履约度三部分构成。相应的，信用评价的范围与内容就应该包括失信率、违规率、违约率。

信用评价应发现与预期信用资本运行的风险与特征，而不是实体经济运行的风险与特征。如果不能独立于实体经济与实体资产价格波动而开展评级，其评级结果必然是在实体经济向上时评级结果大都均好，下滑时结果大都下调，自然就有了从 AAA 降到 CCC 的闹剧。试想，欧债危机中被降级的西班牙、希腊、葡萄牙等国家主权的信用在短期内能有多大的改变？这样的信用评级不会令人信服，毫无意义，市场不需要这个没有任何独立价值或附加值的中介服务。

另一个方面是评级前提与假设。目前的评级模型均以实体经济的经济周期为前提、以实体经济的交易风险影响因素为基本假定，其评级结果必然是在经济周期向上时评级结果大都均好，经济下滑时评级结果大都下调。系统性风险、信用风险自身的规律性因素未纳入评级模型，致使评级预测在全面风险爆发时必然失效。

信用评级自产生以来，主要关注的一直是偿债风险，分析的着力点一直主要集中于财务实力、融资能力等实体资本方面，对诚信意愿、守信态度、遵守监管规则的情况等方面关注不够，而这些正是信用资本的重要组成部分。与日益复杂并社会化的信用关系相比，现在的信用评级理念显然过于狭隘了。

越来越多的事实证明，很多企业账面财务状况很好，信用评级结果都很高，但企业多次涉嫌违规，已被处罚或正被调查，他们的高管人员内心里的诚信意愿与态度很差。但是很遗憾，这些都没有受到信用评级机构的重视，以至于刚给出一个较高的信用等级不久，市场就传出被评级的公司被监管机构调查，甚至公司宣布破产。把信用当成是实体资本的一种附属，评价信用时只看重财务而忽视社会关系，这表明信用评级对信用的理解与认识还有限。如果不能独立于实体经济与实体资产价格波动而开展评级，信用评级毫无意义。

评级理念与技术严重落后，百年未变的信用评级业已经不能适应现代经济发展的需要，信用评级产品与服务已经不能满足多元的现代市场需求。在全球新一轮经济结构调整中，古老的信用评级正面临着生死抉择：或被淘汰，行业没落；或革命性地创新与升级。

（四）信用评级市场的划分、产品的性质与信用产业链

目前的信用评级市场，自然地形成了金融、商贸、政府管理三大块。在金融领域里，主要是货币市场与资本市场上的各种长短债评级与票据评级，信贷市场上的主要客户信贷评级。这些往往是以信用评级确定违约风险，由此信用定价，

配置融资资格与资金量。在商贸领域里，则是以信用评级确定与配置贸易合作资格及贸易条件。在政府管理领域里，主要是以信用评级配置政府手中掌握的各种项目、资金的资格与量。关于政府资源配置的评级，是公共品，不是商品，可以由政府直接主导，不用市场化。商贸、信贷市场上的信用评级，因交易双方具体、明确、平等，信息相对对称，授信方与受信方均参与信用资本定价及交易议价，授信方掌握最终定价权，评级只是中介，是信用交易中的中间定价，评级服务只是一般商品。

但债项评级与上述各评级活动不同，它服务于公众市场，面对广大投资人，交易双方不确定、信息不对称，投资人不参与信用定价、不参与评级、基本没有议价权，一切皆掌握在发行人、投资银行、评级机构手中。因此，在本应平等的交易中，由于投资人在议价过程中的缺位，使得作为中介的评级机构被市场选出，成为投资人事实上的代言人，发挥独立、客观的评级意见，代言投资者参与信用资本的定价与议价，以评级监督信用交易、预测风险。信用评级因此具有了外部性，具有了引导市场的社会导向性作用。

同时，由于资金资源的稀缺以及债券发行必须评级的制度安排，能够以高等级发行的债券融资品成为投资珍品，成为投资者、公众追逐的对象。如此，评级也即成为社会大众需要，制度也要求评级必须成为投资者的必要参考，评级服务成为事实上的准公共品。信用评级担负公众利益、满足公众意愿、富有社会责任，由政府适度监管是必需的。

信用交易与相关服务日益普及，正在形成信用服务产业链。确定关联交易、明确责任、明确上下游、建立防火墙，防止信用服务链断裂，这是危机后信用服务业及政府监管都必须面对并需理清的问题。打破垄断，不意味着有能力的机构都可以做信用评级。会计、审计咨询服务机构就不适合开展信用评级，毕竟它们是做实体资本定价服务的，与信用虚拟资本定价完全是两回事。信用定价必须独立于实体资本，否则只是实体资本定价的附属品，没有任何意义，这是两个各自独立的行业，不能混同。信用评级业改革在即，垄断与混乱竞争都不能要，明确行业链条、建立行业规则迫在眉睫。

（五）信用评级机构的治理结构、收费模式与独立性

客观、独立的评级是获得市场信任、生存与发展的根本。现在的评级机构做

不到这两点，主要源于治理结构的不合理与收费模式扭曲。

如果评级机构是以盈利为目的的企业法人，那么就应该按公司治理结构来经营、管理公司。股东构成不能与市场交易方有利益冲突，不能与评级活动或被评对象关联交易；董事与监事会构成中应设立独立董事、监事。鉴于评级产品具有明显的外部性、已成为事实上的准公共品，政府有责任加强对评级机构的监管，应向评级机构派驻政府观察员，加强监督，规范公司管理，加强评级透明度，强化评级披露制度。

现在的评级费用是从被评估对象收取的，不是向评级结果的使用人收取的。主要流程是被评估人申请、付费，评级机构初评，评级结果通告被评估人确认，或复评，无异议后公告最终评级结果，投资人等免费使用评级结果。被评估人可以对评级收费议价，可以事前知晓评级等级。而评级结果的使用人，如投资人等，不知评级方法、模型、指标与因素等，不支付费用，无成本，也无程序上的发言权与监督权。如此，人们有理由质疑，评级机构由于利益驱动，主观或客观地趋向于向其支付费用的被评估人。众所周知，拿钱买级别，这一直是评级业的行业诟病。

未来的评级业应彻底改革收费方式，改进评级流程。关于收费改革，以债项评级为例，费用应分拆成三项：一项是评级工本费，由被评估人或申请人支付；一项是评级结果公告费，由公告媒体支付；一项是评级报告费，由需要报告的专业投资人付费。所有付费的人都享有相应的消费者权益，评级机构有告知义务，并必须对其评级产品的生产过程与产品质量接受监督。

七、对信用评级业发展的预测与建议

（一）信用评级业态升级：从行为预测到资本定价

信用评级行业经历了百年沧桑，现存的所谓大的、著名的评级机构与从前的机构相比没有实质的发展，这些大型垄断机构存在很多问题，已经落后于日新月异的市场经济，不能满足多样化、更有深度的市场需求。种种迹象表明，市场已开始呼唤信用评级业的改变，信用评级自身发展应业态升级——从行为预测到资本定价。

从信用发展看，可能会经历两次蜕变：

第一次，信用从道德文化概念蜕变为经济现象与行为。在蜕变过程中，市场上的投资者、授信者们产生了要描述信用行为轨迹、寻找规律、预测信用风险的需求，信用评级产生了。这是市场经济的收获。

第二次，信用从经济现象与行为蜕变成虚拟资本，信用作为人文资本在政治、经济、社会活动中流通与交易，全社会需要对这种新型资本进行价值发现，并最终定价。通过信用资本定价，信用价值一旦被确定，就应像真实资本一样，能够保持相对稳定，有利于交易，而不会像信用评级那样，等级波动，价值不确定，投资者与授信者们经常无所适从。

未来的信用评级机构就应是信用资产评估机构，未来应创新一套新型的信用资产财务报表，由新型的信用资产公司出具评估报告，由信用资产评估师签字并承担相应法律与社会责任。未来一个企业要想融资应提供两份报告：会计师事务所提供的与实物资产相关的报告，资信评估公司提供的与信用资产相关的报告。

信用是资本，是人们财富总和的一部分。在现代社会中，人们可以凭借信用资本参与社会的交易、分配。信用资本带给人们的利益更强大、更多样化，既包括经济利益比如资金等，也包括社会利益比如信誉等。信用作为资本存在，是人类社会进步的表现，是社会经济运行方式从以自然资源为主导转向以人为本的标志。

信用资本的形成与积累由信用主体决定。信用主体既是信用资源的拥有者，也是信用资源和财富的生产者、创造者、维护者。信用资本的大小、多少取决于信用主体对信用的追逐、对信用的认识以及对信用行为的自我控制力和实现力。

信用评级的实质是资本定价。信用资本这种资源和财富是信用主体拥有的，每个人拥有多少不同，那么这笔资源和财富的价值量究竟有多大，不能由拥有者自我评定，而是由社会第三方或管理机构来界定，或直接购买和交易这笔资源和财富的交易方来决定，所以社会要有相关的评价机构，要进行各种各样的信用评价活动。

信用资本的价值由社会评价，这种评价大体有三类：第一类是评价信用资本的经济价值，进行信用交易风险评价，衡量的是违约概率与风险损失的大小；第二类是进行社会规则和秩序的评价，即合规性评价，衡量的是信用主体遵守政策规定和法律法规的守信情况；第三类是进行诚信道德和信用基本素质的评价，即诚信度评价，衡量的是信用主体是否具备诚信意识和精神原则。这三种评价都是社会需要的，都是客观存在的，都是为社会服务的，它们各有侧重，互相补充，构成信用资本价值评价的全部，为市场经济的成熟及多元化、为信用主体发挥信用资本作用及发现和确定信用资本价值提供了一种机制。

思考本次国际金融危机，我们发现市场需要信用资本定价，信用评级的等级结果已经不能满足市场的需求。信用评级的业态该升级了，应该从行为预测升级到资本定价。新的信用资本定价即将产生，这将是 21 世纪信用经济的收获。

（二）政府监管：按市场需求建立分级监管制度

在现代信用经济中，信用评级产品与服务不是普通的商品，信用评级机构也不是普通的中介服务机构。信用是资本，信用评级机构是对资本价值的定价机构。在新的信用经济中，企业与人们将在一定程度上，按照各自的资本价值参与社会资源的分配。信用价值定价的权威性、公平性将成为市场高度关注的焦点，成为社会性问题，直接影响市场秩序与社会稳定，资本定价的信用评级必须放在政府信用监管的框架下。在新的全球经济结构调整完成后，信用评级将成为各国政府信用监管的主要内容，在全球范围内将产生新的信用评级监管框架。

信用资本是信用主体私有的，信用资本的评价是由社会进行的，这种社会信用资本评价是多元化的。所谓多元化社会信用资本评价，就是指评价主体多元化、评价目的多元化、评价结果应用多元化。但无论怎样多元化，从性质上划分，大体上可以分为三大类：公共性、非公共性与准公共性。

1. 现代市场需求：广义的信用评级

公共性信用资本评价。凡是评价目的是出于社会管理需要的、评价行为对社会产生影响的、评价结果用于社会的，这些评价活动都属于公共性信用资本评价。评价过程应该公开透明，包含评价结果在内的报告与公告等就是公共产品。属于这类的，大体上包括诚信度评价和合规度评价。具体来说，行业协会、商会、联盟等民间组织开展的诚信评价、政府职能部门开展的信用监管评价就属于这个类别。这类评价往往是用于社会对信用主体的综合判断，是信用的一种综合形象反映，是社会信用监督的一部分，是社会对信用资本存在、信用资本价值认可的一种方式。

非公共性信用资本评价。凡是评价目的是为了自己管理需要的、评价行为不会对社会产生直接影响的、评价结果用于自己授信和管理的，这些评价活动都属于非公共性信用资本评价。其评价过程没必要公开，也不应该被要求公开，其评价结果就是非公共产品，是自用的商业性产品。属于这类的，大体上包括银行信贷授信管理中对客户的信用评价，企业信用销售中对客户的信用评价，担保公司、信用保险机构等在提供担保和信用保险服务时对客户的信用评价等等。这种评价活动不属于社会信用监督范畴，其实质是自我信用风险管理和控制，是授信主体对客户是否拥有信用资本、客户信用资本高低、信用资本价值大小确认的一种方式。

准公共性信用资本评价。这一类是备受争议的。这类的信用资本评价活动主要包括信用中介机构的信用评级活动。比如资信评级机构、征信报告机构、资信调查机构的信用报告、信用评价活动。他们与行业协会、政府职能部门等开展的信用评价有本质的区别，不是诚信度、合规度的社会综合信用评价，不用于社会信用监督，与银行信贷授信、企业信用销售的信用评价活动也有本质区别。

这种准公共性信用资本评价活动的准公共性体现在三个方面：

一方面，是指它评价的目的与行业协会、政府职能部门的信用评价不同，它不是为社会公共监督、组织自律、行政监管服务的，所以它不具有完全的公共性。

另一方面，是指评价结果的用途与银行信贷授信、企业信用销售的信用评价不同，它不是为了自我信用风险管理和控制，所以它不具有清晰的非公共性。

第三方面，是指它的评价目的和评价结果具有社会影响，影响社会公众的投资判断和选择，甚至影响投资行为本身。例如在债券发行过程中，资信评级机构对发债主体和债项的信用资本价值评定级别高，债券发行规模就会扩大，在二级市场上的交易就会更加活跃。美国的次贷危机也是由于资信评级机构对信用衍生工具的信用资本价值评定级别很高，才出现二级市场频繁交易，规模无限扩张的危机局面。所以，它具有一定程度的公共性。

2．区分广义与狭义信用评级，按市场需求特点做监管安排

公共性信用资本评价。应建立为公众服务的严格监管制度。这种公共性的产品作为社会信用体系建设的重要组成部分，应发挥其有效披露和揭示信用风险的警示作用，使得守信者受惠，失信者受罚，形成良好的信用奖惩机制。

非公共性信用资本评价。应建立内部监管制度。这种自用的商业性产品使得银行的信贷授信管理、企业的信用销售以及担保公司、信用保险机构的担保业务更加规范化和有序化。

准公共性信用资本评价。应建立行业监管制度。政府应制定监管规则，投资者、民间组织作为监督主体，评级机构承担责任与义务。

任何一个市场的承受能力都是有限的，供给与需求都是需要平衡的，资本市场也不例外。在资本市场上，债务发行人从自身利益出发，需要把自己的信用资本最大化，使自己的信用资本定价不断提高、债务发行规模无限扩张，这与市场能够接受的信用资本有限量之间必然形成矛盾。市场有一个合理的平衡区间，超出了这个平衡区间，就会爆发信用危机。现代信用评级业在市场经济中的生存与发展空间就在这里。

3．具体建议：鼓励竞争、特殊业务监管、明确法律责任

允许机构自由设立。事实上，从市场分工角度讲，资信评估就是一般意义上的咨询服务机构，除非监管赋予它特殊的责任。因此，应该按市场原则自然发展、自生自灭。在政策上应允许这类机构按普通咨询服务机构在工商局注册登记，然后在主管机构备案，鼓励行业自由竞争并自然发展。

特殊业务要审批。各监管部门可设立规则并认可特殊业务资格，建立问责机制及处罚规则，每年至少检查一次。检查主要针对其行为准则、利益冲突、营销行为，监管部门有权中止或永久撤销该业务资格。

加强对评级机构公司治理的监管。作为以盈利为目的的企业法人，评级机构应该按公司治理结构来经营管理公司。股东构成不能与市场交易方有利益冲突；不能与评级活动或被评对象关联交易；应当设立董事会，董事与监事会构成中应设立独立董事、监事；设置专门的合规总监，负责出具年度合规报告；建立信息披露制度。

明确评级机构法律责任。应在国家层面制定并出台信用评级相关法律法规，约定其责任、义务、权利等，明确法律法规允许的评级活动的边界。允许信用评级使用者控告评级机构，有权要求评级机构作为一般咨询服务机构承担相应的民事责任。

（三）政府主导：公共性与准公共性的信用评级

我国市场经济建设经历了20多年的发展与积累，逐渐打下了良好的经济基础，建立了具有中国特色的市场经济管理体制，取得了举世瞩目的成就。目前，我国正处在经济结构调整时期，面临“十二五”的良好开局，我国社会信用体系和信用制度建设的不断深化，社会各界对信用评级有了更加清晰的认识，信用交易日益普遍，资本市场快速发展，商业信用日益扩大，信贷规模稳定增长，信用评级业务需求不断增加，行业快速发展的市场条件初步具备。开放的、国际化的、日益强大的中国市场经济需要同样强大的、民族的、有国际影响力的中国信用评级业。

1. 打造两三家国际化的航母型信用评级机构

从国家层面，把信用评级业的发展作为重要的切入点，有计划、有步骤地打造两三家大型的、我国自主经营与发展的、国内外著名的、有足够影响力的权威性信用评级航母机构，为我国国内信用评级市场需求服务，为我国的贸易、融资等国际经济活动保驾护航，从信用评级角度，为我国在国际舞台上争得最大话语权。

信用评级是市场经济中一个重要的社会分工分支，是我国社会信用体系建设的重要组成部分。目前，我国社会信用体系建设政府监管缺位、法律法规不健全、缺乏统一规划，信用建设水平与快速发展的市场经济不相适应。信用评级业规模弱小、国际影响力不足、没有明确的监管部门、缺乏具体与长远的产业发展政策及规划，行业发展不稳定，产品种类单一，服务质量有限，信用评级行业整体发展水平不能满足日益多元化并迅速发展的市场需求。

虽然从行业划分上看，信用评级行业属咨询与报告服务业，应是一般性的竞争行业，但从业务范围与实质的功能与作用看，信用评级行业的很多业务属于掌握并运用信息、通过评级与定价引导市场资源分配的特殊服务。一个国家或地区的信用评级业是否发达，实际上标志着这个国家或地区社会管理的软实力程度。信用评级行业发展的产业政策与该行业的龙头及骨干企业都应该纳入国家、省、市经济建设的规划与纲要中。在“十二五”初期，国家相关职能部委及有条件的省、市、自治区，都应在自己的社会信用体系建设的框架内，出台明确的鼓励与扶持信用评级业发展的产业政策，应通过政府采购等合理的方式，鼓励与扶持甚至新建立一批大型的、有影响力的、公共或民营的信用评级机构，通过市场方式优胜劣汰。在“十二五”末期，在全国范围内，可以形成四五家产品与服务种类齐全、经营管理良好、国内外知名的航母型本土信用评级机构。它们对内稳定国内信用评级市场，对外为我国企业以及国家债权投资开路护航，保持足够的参与甚至在一定程度上掌控国际信用评级市场。

2．成立国家级信用研究中心

信用研究中心是不以盈利为目的的、非经营性的事业单位，其主要任务：一是开展主权评级、债项评级、主体评级等评级并报告，在国内外评级市场上主动争取并掌握话语权；二是研究国内外信用交易现状与发展趋势，特别是国有企业在海内外的信用交易，设置风险控制线及预警指标，提供监管办法；三是研究信用经济发展趋势，预测国内外信用风险，为防范信用危机提供对策；四是开展社会信用体系建设研究，提供政策建议。

从国家发展战略方面看，成立国家级信用研究中心开展信用评级专项研究有利于研究与把握未来信用经济的走向与发展趋势，预测与防范信用危机。可以预见，在国际金融危机复苏及之后、在国际经济结构调整中，美国、欧洲、日本等都将建立起新的信用管理制度，出台新政策，信用交易将更加普遍，经济信用化程度将提高，信用评级市场需求将急剧增长。但是，对于信用经济的运行规律、信用交易的风险与运行轨迹、信用评级的理念与技术支撑以及行业发展规律等，我们没有基本掌握，目前全球任何一个国家和地区对此都没有很好地把握。正因为如此，自20世纪70年代以来，国际上信用危机频繁发生，有时甚至是全球性的。所以，研究信用评级、预防信用危机、在市场结构调整中胜出，这是未来国家间竞争的战略之一。可以毫不夸张地说，未来谁更了解与尽可能地预测信用危机，谁就能在经济发展中长盛不衰。成立国家级信用研究中心、开展信用评级研究意义重大且迫在眉睫！

从信用评级行业的三大特性看，首先，信用评级涉及市场风险、社会秩序、管理制度、社会文化与人文环境等等，信用评级的研究在很多方面都具有宏观性与基础性，不是短期能见到效益的，不是很商业化的。其次，信用评级在很多方面、在很大程度上依赖于长期的信息积累与基础数据系统，实际上具有大型情报机构的运营特点，足够大的机构就要有足够的资金投入，且建设时间长、见效慢，普通的商业性质的公司是很难承担的。再次，信用评级的产品与服务在市场上直接具有引导性，信用评级等级预测与信用定价直接影响社会公众在市场交易中的利益，信用评级具有一定的公共性与社会责任。建立公共性的研究机构并经常发布公共性的研究成果与基础信用评级参考，有助于实现与满足信用评级市场公共性及多元化的需要，有助于引领与指导信用评级业健康发展。

（四）将信用评级纳入社会信用体系建设

每个信用主体生产创造自己信用资源和财富的过程就是信用活动过程。在生产创造的过程中，表现的三维不同，有时脱离、有时合在一起，有时双向、有时单向，有时很完美的结合、有时是分割的。也正是由于这个活动过程是不规则的，变化和起伏很大，有时对自己有利但损害社会，所以如果加入管理的约束和契约的约束，就会使创造的过程既符合社会的需要，同时又令自我完美、达到自我实现。

与自然资本、实物资本一样，信用资本发挥作用、发挥其资本功能，不仅仅是信用主体自身的事情，也是社会的事情，需要全社会合理、平衡统筹配置。比如，自然资源是全人类共同拥有的自然资本，这种自然资本的开发与利用是全人类共同的权利，是我们这一代人的权利，也是下一代人的权利。我们没有资格，也不能够以毁灭性的自然资源的开发来换取当代经济的增长，否则我们就剥夺了下一代人的权利。现在人们已经达成共识，最合理的方式应该是科学的、可持续性的开发自然资源，使经济实现可持续增长、绿色增长。自然资本需要社会管理。

与人们对待自然资源、自然资本的态度一样，对待信用资本，我们应该有同样的认识和态度：信用资本同样需要社会管理。信用资本是由每一个信用主体创造的。每一个信用主体都从自己的利益出发，用各种手段为自己创造更多的信用资本，以换取更多的与社会交往的资格、信用交易的机会。因此，站在微观层面，从信用主体的角度看，每一个信用主体都会尽力使自己的信用资本最大化；站在宏观层面，从社会角度来看，所有信用主体生产制造的信用资本，不一定是最合理化、最高质量化的，甚至可能是劣质的、泛滥的，这种情况就是全社会信用资本过度、信用交易过度，最终是信用危机。

信用资本需要社会管理。一方面，信用主体从自身利益出发，需要自己的信用资本最大化，与社会能够接受的信用资本有限量之间形成矛盾。由信用主体驱动的信用资本规模无限扩张，而社会可承受的信用资本规模并非无限扩张的，有一个合理的平衡区间。超越了这个平衡的区间，社会上信用资本泛滥无度，存在信用危机的隐患。另一方面，信用资本与自然资本有一定的平衡关系，就像虚拟资本与实物资本平衡、虚拟经济与实体经济平衡一样。信用资本与自然资本一样，同是社会资本和财富的一部分。人们运用信用资本获取自然资本，配置自然资源，使自然资本的运用更加充分，更有效率。但是在信用资本与自然资本之间，也必须保持相对的平衡状态。如果信用资本无限度的扩大规模，远远超过支配自然资本所需要的上限，那么也会带来信用资本的贬值，不仅不能提高自然资本的配置效率，反而有可能引发严重的资源配置失衡和信用危机。所以，我们需要社会管理来解决信用资本与社会能够接受的信用资本有限量以及自然资本之间的矛盾，控制信用资本规模的扩张稳定在合理的区间之内，维持信用资本自身及其与自然资本之间的平衡状态。

当人们忽视了诚信道德，甚至制造各种假的资质证明伪装诚信的时候，信用主体表面上骗取了信任，获得了社会的正面评价，但这种评价其实是虚假的和不科学的。这种情况下，信用这种资本的价值的确是由社会评价的，但评价结果与信用主体的真实情况恰恰相反，不但不能客观反映信用主体的信用资本价值，而且还容易造成一种假象和误导。所以，对于信用资本的管理是必要的，也是具有现实意义的，并且这种管理还必须形成体系化的一整套管理制度和机制。不仅对信用资本的价值评价，而且信用信息的归集和更新、信用奖惩机制的建立和运行、信用法律法规的健全和完善、信用意识的宣传和教育等一系列相关管理工作，都要形成完整的体系，才能发挥管理的真正效用。

美国的次贷危机就是一个最好的例证，信用主体实现了自身利益最大化，但是信用资本总规模超越了社会承受底线；信用衍生工具实现了无限交易，但是打破了信用资本与自然资本之间本应具有的平衡。信用资本本身以及信用资本与自然资本之间的矛盾激化，整个社会的信用资本基础轰然倒塌。从全社会来看，美国实际上忽视了诚信与合规的信用管理。

术语索引

图表索引

参考资料

1.《现代信用学》，吴晶妹，中国金融出版社，2002 年 11 月

2.《现代信用学》，吴晶妹，中国人民大学出版社，2009 年 9 月

3.《信用管理学》，朱毅峰等，中国人民大学出版社，2005 年 5 月

4.《做诚实守信的人》，吴晶妹主编，中国人民大学出版社，2007 年 8 月

5.《信用管理概论》，吴晶妹编著，上海财经大学出版社，2005 年 8 月

6.《“征信与中国经济”国际研讨会文集》，中国人民银行征信管理局编，中国金融出版社，2004 年 9 月

7.《三角债》，钟朋荣，中国金融出版社，1992 年

8.《企业信用管理》，林钧跃，企业管理出版社，2001 年 5 月

9.《企业信用管理典范》，蒲小雷、韩家平编著，中国对外经济贸易出版社

10.《信用消费》，李世谦等编著，经济管理出版社，2000 年

11.《信用经济中的信用控制》，骆玉鼎，上海财经大学出版社，2000 年 4 月

12.《国家信用》，张海星、张晓红、齐海鹏编著，东北财经大学出版社，2000 年 9 月

13.《预测》，2000 年第 4 期，信用风险评估方法发展趋势，张玲、张佳林

14.《信用风险评价模型进展及其对我国农村信用社适用性研究》，马九杰，2001 年 9 月第 1 卷第 3 期，中国地质大学学报（社会科学版）

15.《金融泡沫论》，李方，立信会计出版社，1998 年

16.《道德经济制度》，茅于轼，河南人民出版社，2002 年

17.《国家信用管理体系》，喻敬明、林钧跃、孙杰编著，社会科学文献出版社，2000 年 3 月

18.《资信评级》，朱荣恩、徐建新主编，上海三联书店，1996 年 4 月

19.《赊销管理手册》，（美）波特·爱德华，宇航出版社、科文（香港）出版有限公司，2001 年 9 月

20.《资信评估》，吴晶妹，中国审计出版社，2000 年 1 月修订版

21.《征信体系和国际经济》，（美）玛格里特·米勒，中国金融出版社，2004 年 9 月

22.《信用管理手册》，（美）赛西尔·邦德，中国人民大学出版社，2004 年 12 月

23. Managing Credit Risk, John B. Caouette,Edward I. Altman,Paul Narayanan / Hardcover / Wiley, John & Sons, Incorporated / October 1998

24. Credit Risk Measurement, Anthony Saunders / Hardcover / Wiley, John & Sons, Incorporated / June 1999

25. Credit Risk Modeling, Christopher Hudson,Elizabeth Mays (Editor) / Hardcover / AMACOM / January 1999

26. Credit Repair, Robin Leonard,Shae Irving (Editor) / Paperback / Nolo.com / July 1999

27. Corporate Credit Analysis, Alastair Graham / Hardcover / Glenlake Publishing Company, Limited, The / June 2000

28. 美联储 www.federalreserve.gov

29. 日本中央银行 www.boj.or.jp

30. 德国中央银行 www.bundesbank.de

31. 韩国中央银行 www.bok.or.kr

32. 加拿大中央银行 www.bankofcanada.ca

33. 中国人民银行 www.pbc.gov.cn

34. 中国统计局 www.stats.gov.cn

35. 超星数字图书馆 www.ssreader.com

36. 世界银行 www.bis.org